Ethik als Gegenstand der Elektronik 70
Hypothese 70
Neuro- u. Soziobiologie 11
Kohärenz-Theorie 12

Zahl
réelle        komplexe
Realität      Potentialität

Wirklichkeit 13 ff. 16
Erfolg (Def) 13
Beobachtung 14 ⟷ Beteiligung
Experiment 14
Objekt 14
empirisch 15
Dekontextualisierung 14, 15
Fakt 15/18 — die Realität 20 (als Folge)
↘ das Ding

Kommunikation 15
(Def) Information
Verstehen 15
Kode - Bedeutung 15 f. 17
System 17
Sprache 18

Die Quantentheorie 19 ff.
Potentialität 20 (als Methode)
Der ... 20

# Hans-Jürgen Fischbeck

## Die Wahrheit und das Leben

## Wissenschaft und Glaube im 21. Jahrhundert

Lieber Michael,
ich hoffe, Du findest in diesem Buch Anregungen,
weiterzudenken, was Du schon gedacht hast,
Treppenstufen, auf denen Du weiter steigen kannst
Freising, 9. April 2005

Hans-Jürgen

## Herbert Utz Verlag · München

**Münchner Theologische Beiträge**

herausgegeben von

Gunther Wenz
Friedrich Wilhelm Graf
Roger Busch
Ewald Stübinger

Band 11

Bibliografische Information Der Deutschen Bibliothek:
Die Deutsche Bibliothek verzeichnet diese Publikation
in der Deutschen Nationalbibliografie;
detaillierte bibliografische Daten sind im Internet über
http://dnb.ddb.de abrufbar.

Copyright © Herbert Utz Verlag GmbH · 2005

ISBN 3-8316-0482-7

Printed in Germany

Herbert Utz Verlag GmbH, München
089-277791-00 · www.utzverlag.de

Meiner Frau und meinen Kindern in Liebe zugeeignet.

# Inhaltsverzeichnis

**Zusammenstellung der mit Buchstaben bezeichneten Sätze**

# Ein persönliches Wort zuvor

Aufgewachsen in einem christlichen Elternhaus, bewegte mich die Frage nach dem Verhältnis von Glaube und Wissenschaft seit meiner frühen Jugendzeit. Die Schulbildung im SED-Staat gründete sich auf den Marxismus-Leninismus mit seinen drei „Säulen", dem „dialektischen" und dem „historischen Materialismus" sowie auf dem „wissenschaftlichen Sozialismus". Zwar wurde dieses drei-Säulen-Gebilde insgesamt als „wissenschaftliche Weltanschauung" gepriesen, aber die zweite und die dritte „Säule" waren jedem denkenden Menschen als bloße Ideologie erkennbar. Nicht so die erste „Säule", der sog. dialektische Materialismus, von dem gesagt wurde, er sei die „Philosophie der Naturwissenschaften". So kam der Atheismus des dialektischen Materialismus mit dem Attribut „wissenschaftlich" daher. Als junger Mensch, der ich von meinen Eltern her in den Glauben an Gott hineingewachsen war, hatte ich diesem anscheinend wissenschaftlich begründeten Atheismus nichts mich Überzeugendes entgegenzusetzen. Wie sollte ich ein ewiges und unendliches Weltall – damals als Stand der Wissenschaft behauptet[1] – als von Gott geschaffen denken können? Wie sollte ich das Handeln Gottes und die freie Entscheidung der Menschen, seinen Geboten zu folgen, in einer, wie ebenfalls behauptet wurde, vollständig naturgesetzlich determinierten Welt noch für möglich halten können?

Allerdings hörte ich auch als Heranwachsender in der DDR davon läuten, daß mit der Quantentheorie Erkenntnisse vorliegen, die neues Licht auf diese alten Streitfragen werfen. So war es neben meiner Liebe zur Mathematik der Hauptgrund für mich, Physik zu studieren, daß ich wissen wollte, ob es tatsächlich ein widersprechendes Verhältnis zwischen Glaube und Naturwissenschaft gibt. Da Physik die Basis aller Naturwissenschaften ist, sollten sich diese Grundsatzfragen von der Physik her klären lassen. So hat die Frage des Verhältnisses von Glaube und Naturwissenschaft mein Leben seit meiner Jugend begleitet.

Zu DDR-Zeiten war für mich der Zweifel am Geltungsanspruch des dialektischen Materialismus als selbst ernannter „Philosophie der Naturwissenschaft" Teil meines inneren und äußeren Widerstandes gegen das SED-Regime, das seinen totalitären Machtanspruch auf den Marxismus-Leninismus mit seinen drei „Säulen" als angeblich „wissenschaftlicher Weltanschauung" gründete. In mancherlei Diskussionen während meines Studiums und danach, also während meiner Tätigkeit in der Abteilung Theoretische Physik des Zentralinstituts für Elektronenphysik der Akademie der Wissenschaften der DDR, berief ich mich auf die in der Fußnote 1 angegebenen Argumente, auf die Revision des physikalischen Weltbildes durch die Urknall-Hypothese und vor allem natürlich auf den Indeterminismus der Quantentheorie, der die marxistischen Philosophen zu z.T. grotesken Ausweichmanövern zwang. Später übte ich Kritik an der Erkenntnistheorie des dialektischen Materialismus, die mit ihrer Widerspiegelungstheorie Antwort zu geben versuchte auf die verzwickte Frage, wie denn die Materie sich selbst erkennen könne. Mehr als die bloße Behauptung, die höchstentwickelte Materie des menschlichen Gehirns sei eben in der Lage, die

---

[1] Die damals schon wohlbekannten Einwände, daß nämlich der Himmel in einem unendlichen Weltall mit einer im Großen und Ganzen gleichmäßigen Verteilung von Sternen und Galaxien auch nachts taghell sein müßte und daß ein ewiges Weltall sich im thermodynamischen Gleichgewicht befinden müßte, wurden ignoriert.

Strukturen der „objektiven Realität" immer besser und vollständiger „widerzu-
spiegeln", hatte sie im Grunde nicht zu bieten.

Nach der demokratischen Wende in der DDR, an der ich aktiv beteiligt war, habe ich
mich wie fast alle Arbeitnehmer(innen) der DDR um eine neue Arbeitsstelle bewerben
müssen. Ich ergriff die gute Gelegenheit und bewarb mich für den Arbeitsbereich
Naturwissenschaften als Studienleiter an die Evangelische Akademie Mülheim an der
Ruhr, sah ich doch hier die großartige Möglichkeit, die Fragen meines geistigen
Lebensweges in Tagungen zu thematisieren, zumal da mir ausdrücklich als Aufgabe
gestellt wurde, Dialoge zwischen Natur- und Geisteswissenschaftlern zu veranstalten.

Ich begann meine Arbeit mit einem interdisziplinären Fachgespräch zwischen
Physikern, Biologen, Informatikern, Kognitionswissenschaftlern, Soziologen,
Philosophen und Theologen unter dem Titel „Nachdenken über die Ganzheit des
Lebens", das mir geradezu ein Exposé für meine insgesamt 10-jährige Tätigkeit an der
Ev. Akademie lieferte. Sodann gründete ich einen interdisziplinären Arbeitskreis, mit
dem ich die Tradition eines Ostberliner Arbeitskreises zwischen Naturwissenschaftlern
und Theologen, an dem ich teilgenommen hatte, fortsetzen wollte und den ich deshalb
ebenfalls Kepler-Kreis nannte. Er beriet mich bei der Vorbereitung einer Reihe von 13
Tagungen unter dem Rahmenthema „Mit dem heutigen Wissen den Glauben denken"
und war bei der Durchführung mit Referenten beteiligt.

Als Ostdeutscher lernte ich – wie ich glaube unvoreingenommen – den westlichen
Zeitgeist der Postmoderne im allgemeinen und den von der Biologie dominierten
wissenschaftlichen Zeitgeist im besonderen kennen. Am ersteren erstaunte mich, daß
er den Wahrheitsbegriff in Verruf gebracht und weitgehend eliminiert hatte. Was den
letzteren betrifft, so war ich verblüfft, im wesentlichen der gleichen objektivistischen
Denkungsart zu begegnen, wie ich sie im dialektischen Materialismus erlebt habe, nur
daß sie sich hier Naturalismus nennt. Der Materiebegriff des dialektischen
Materialismus war als die „objektive Realität" durchaus so verallgemeinert, daß er mit
der Grundgegebenheit des objektiv Feststellbaren der monistischen Ontologie des
Naturalismus übereinstimmt. Das, was in der Engelsschen Naturphilosophie
„dialektisch" genannt wurde, nämlich der „Umschlag von Quantität in Qualität", wird
im Naturalismus als „Emergenz" verhandelt. Was Erkenntnis eigentlich ist, kann im
naturalistischen Monismus ebenso wenig gesagt werden wie im dialektisch-
materialistischen. Was im letzteren „Widerspiegelung" genannt wird, heißt im ersteren
„Repräsentation". Selbstverständlich ist Atheismus gleichermaßen die Konsequenz
beider nahezu übereinstimmender Weltanschauungen.

Den vielen, auch kontroversen Gesprächen, die ich in Tagungen und Fachgesprächen
der Ev. Akademie führen konnte, verdanke ich für mich neue Erkenntnisse, besonders
die Einsicht über das Wesen des Lebens als Kommunikationsphänomen auf den vier
einander umgreifenden Stufen seiner Autopoiese: Zelle, Organismus, Artgemeinschaft,
Biotop. Dabei erkannte ich, daß Wahrheit und Leben aufs engste zusammengehören,
wobei der Wahrheitsbegriff durchaus im Einklang mit dem üblichen Wortsinn bleibt,
aber doch wesentlich weiter zu fassen ist, nämlich als „Gesamtheit sinnvoller
Informationen". Damit wurde mir auch die zentrale Bedeutung des Informationsbegriffs für das Wirklichkeitsverständnis klar. Die eine Wirklichkeit erfahren wir doch
auf zwei deutlich unterscheidbare Weisen, nämlich durch Beobachtung und durch
Beteiligung, die demgemäß eine Doppelstruktur aus empirischer Faktenwirklichkeit

und transempirischer Beziehungswirklichkeit hat. Beide hängen wechselseitig und untrennbar zusammen im Zentralbegriff der Information als kodierter Bedeutung. Damit klärt sich auch das Verhältnis von empirischen und hermeneutischen Wissenschaften, insbesondere das Verhältnis von Naturwissenschaft und Theologie. Diese Erkenntnisse einsichtig und schlüssig darzulegen, ist das Anliegen dieses Buches. Die wichtigsten Argumente stützen sich auf die Quantentheorie, die grundlegend für das Verständnis von Wirklichkeit überhaupt ist und daher viel breiter kommuniziert werden sollte, als es bisher geschieht. Damit ist freilich das große Problem verbunden, daß diese Theorie unanschaulich ist und nur in mathematischen Begriffen dargestellt werden kann. Ich komme daher nicht umhin, einige dieser Begriffe zu gebrauchen. Den geneigten Leser, der über solche Kenntnisse nicht verfügt, bitte ich daher um Nachsicht, wenn er solche Passagen überspringen muß. Vielleicht erhält er aber doch eine Ahnung von der zu Grunde liegenden Denkstruktur, auch ohne diese Begriffe voll nachvollziehen zu können.

Ich verdanke die Einsichten dieses Buches hauptsächlich den Gesprächen im Kepler-Kreis der Ev. Akademie Mülheim. Zu besonderem Dank bin ich dem Philosophen und Informatiker Prof. Dr. Bodo Wenzlaff wegen seiner lebensbezogenen Klärung des in der Informatik weitgehend ungeklärten Informationsbegriffs und seiner philosophischen Erkenntniskritik verpflichtet. Ebenso sehr danke ich Prof. Dr. Hans-Peter Dürr für seine Explikation des Wirklichkeitsbegriffs der Quantentheorie. Prof. Dr. Wolfgang Jantzen verdanke ich die Einsicht, daß Leben erst lebendig wird durch „transempirische Kommunikationsräume", die die Lebenswelten durchdringen. Für ausgezeichnete und produktive Arbeitsbedingungen habe ich der Ev. Akademie unter der Leitung von Dr. Dieter Bach zu danken. Die Ev. Kirche im Rheinland schließlich war so großzügig, mich im Rahmen einer Reorganisation der Akademie für die Anfertigung dieser Arbeit freizustellen.

## 1. Mythos, Ethos, Logos – Einleitende Bemerkungen zur Krise des Christentums in der Postmoderne

Der Mensch ist Teil der Natur. Wie alle Arten ging er aus der Evolution der Arten hervor. Und doch ist er als das „erkenntnisfähige Tier" herausgehoben aus allen anderen Lebewesen. Die biologische Gattungsbezeichnung sagt es: *homo sapiens*. Die Bibel schildert die Menschwerdung des Menschen, das Heraustreten aus dem Tierreich, dem paradiesischen Reich der Unschuld, mit der großartigen Geschichte vom Sündenfall. „Ihr werdet sein wie Gott" versprach die Schlange, und der Mensch – Mann und Frau – aß vom verbotenen „Baum der Erkenntnis". Der Baum der Erkenntnis war zuerst der Baum der Erkenntnis des Guten und Bösen. So wurde der Mensch schuldfähig, verantwortlich und folglich auch schuldig. Das ist es, was ihn heraushebt aus dem Tierreich.
Gut und Böse, also Ethik als Gegenstand von Erkenntnis? – Das sieht der moderne, aufgeklärte Mensch anders. Man meint, Ethik sei nicht wahrheitsfähig und entweder Sache heute nicht mehr verbindlicher religiöser Überlieferung oder – eben deshalb – Sache gesellschaftlicher Konvention, die jedenfalls dem wissenschaftlich-technischen Fortschritt nicht im Wege stehen dürfe.
Religion – so wird man sagen können – begründet Ethik in Gestalt eines mythischen Welt- und Menschenbildes, indem sie den nach Gut und Böse fragenden Menschen einordnet in übergeordnete Sinn- und Schicksalszusammenhänge. Religion ist – das lehren archäologische und ethnologische Befunde – die älteste Form der „Erkenntnis von Gut und Böse", um beim biblischen Terminus zu bleiben, und die war lebenswichtig, weil sie das Zusammenleben der stets bedrohten Stammesgruppen regelte und stabilisierte.
Aber sie ist natürlich nicht die einzige Form menschlicher Erkenntnis. Die griechische Antike entdeckte den Logos, die Vernunft. Sie wurde im Abendland zur Richtschnur des Denkens, auch des religiös-christlichen in Gestalt der Theologie. Die Scholastik des Mittelalters versuchte, die christliche Dogmatik und die Vernunft – vornehmlich in Gestalt der Aristotelischen Philosophie – in Einklang zu bringen.
Doch dann tat sich in der Renaissance eine neue und unabhängige Quelle der Erkenntnis auf, nämlich systematische Beobachtung, also empirische Forschung. Die Aufklärung des 17. und 18. Jahrhunderts erschloß sie mit den Mitteln von Logik und Vernunft, womöglich in Form von Mathematik. Die moderne Naturwissenschaft entstand als die wohl größte Errungenschaft der Aufklärung und des abendländischen Denkens überhaupt. Ihre große und bezwingende Stärke ist die objektive Beobachtung, das Experiment, zur unmittelbaren Prüfung ihrer Hypothesen im Sinne des Aristotelischen Wahrheitskriteriums der Übereinstimmung zwischen Aussage und Sachverhalt. Eine gleichermaßen überzeugende Möglichkeit der Bestätigung bietet religiöse „Erkenntnis" nicht, auch nicht in Gestalt christlicher Dogmatik. Hier wurden Schrift-„Beweise" geführt, hier berief man sich auf Autoritäten, z.B. die des Aristoteles, oder gar auf das päpstliche Lehramt. Da sich, wie gesagt, religiös-ethische Erkenntnis in der Sprache mythischer Welt- und Menschenbilder ausdrückt und auch empirische Wissenschaft zu immer umfassenderen Aussagen über Welt und Mensch kommt, die als wissenschaftliches Welt- und Menschenbild zusammengefaßt werden können, mußte es zum Konflikt zwischen den Wahrheitsansprüchen christlich-

religiösen Denkens und der naturwissenschaftlichen Erkenntnis kommen. Davon hallt die europäische Geistesgeschichte der Neuzeit und der Aufklärung wider von Galilei über Darwin bis in unsere Tage, wo die dritte „metaphysische Kränkung" des Menschen angekündigt wird, die dem christlichen Glauben wohl endgültig den Boden entziehen würde. Die erste dieser Kränkungen war ja die Kopernikanische, die die Erde als Heimstatt des Menschen aus dem Zentrum des biblischen und Ptolemäischen Kosmos an einen x-beliebigen Ort in einem, wie man dann glaubte, unendlichen und ewigen Universum versetzte. Die zweite war die Darwinsche, die den Menschen seiner Sonderstellung beraubte und als intelligenten Affen in das Tierreich einordnete. Die besagte dritte Kränkung geht nun von der modernen Neurobiologie aus, deren Vertreter, auf Beobachtungstatsachen gestützt, mit großer Mehrheit behaupten, der freie Wille des Menschen sei eine Illusion und der Mensch eben doch ‚nichts weiter als' eine biochemisch-neuroelektrische Maschine.

Viele sehen in dieser Entwicklung den endgültigen Triumph empirisch-rationaler Erkenntnis über das vorwissenschaftliche mythisch-religiöse Denken. Hier wird nicht mehr differenziert und Religion pauschal für obsolet erklärt. Das vorwissenschaftliche religiöse Verständnis der Wirklichkeit habe sich als falsch erwiesen und könne nun durch das nachprüfbare und dementsprechend korrigierbare wissenschaftliche Welt- und Menschenbild ersetzt werden. Viele Naturwissenschaftler(innen), insbesondere die große Mehrheit der Biolog(inn)en glauben, daß die ganze Wirklichkeit, auch die des Lebens bis hin zum menschlichen Bewußtsein, im Prinzip vollständig naturwissenschaftlich erklärt und „verstanden" werden kann. Sie erheben damit einen Allerklärungsanspruch, der sich mit Neuro- und Soziobiologie auch auf den Menschen als psychisches und soziales Wesen erstreckt und so auch Kultur und Religion, die Domäne der Geisteswissenschaften, zu neuro- und soziobiologischen Phänomenen macht. Das übergreifende Paradigma dieses Allerklärungsanspruchs heißt Evolution[2].

Mit dieser nunmehr vollständigen „Naturalisierung des Menschen" sei – so meint man – die Aufklärung endlich an ihr Ziel gekommen. Neben diesem allumfassenden Geltungsanspruch hat dann in der Tat kein anderer Wahrheitsanspruch mehr Platz, sei es ein religiöser, sei es ein philosophischer.

Zwar denkt die Mehrheit der Menschen in der postmodernen Gesellschaft des Westens durchaus nicht so – neue Religiosität und Esoterik greifen um sich – wohl aber mehrheitlich die, die in den Schlüsselfunktionen des wissenschaftlich-industriellen Komplexes tätig sind und damit über Wirkungen und Wettbewerbszwänge des technologie-hungrigen Marktes die wissenschaftlich-technische Zivilisation prägen wie niemand sonst und in die Richtung einer Objektivierung und Verdinglichung des Lebens drängen, weil es sich so patentieren und proprietarisieren und folglich kommerzialisieren läßt[3]. Eine Wissenschafts- und Wirtschaftspolitik, die Wettbewerbsfähigkeit zum leitenden ethischen Prinzip macht, assistiert ihnen dabei nach Kräften.

Es gibt aber noch einen anderen, mindestens so gewichtigen Grund, der es dem christlichen Glauben trotz Sinnkrise und Orientierungslosigkeit in der postmodernen

---

[2] Interessant ist, daß Biologen dazu neigen, in vielen Sätzen ‚Evolution' grammatikalisch zum handelnden Subjekt zu machen und damit unterschwellig gleichsam zu personalisieren.

[3] „Du bist Chemie" suggerierte der Verband der chemischen Industrie mit einer Installation im Themenpark der EXPO 2000 in Hannover den Besuchern.

Konsumgesellschaft schwer macht, den Wahrheitsanspruch des Evangeliums zu vertreten. Zwar sind, wie gesagt, religiöse Bedürfnisse, die mit der menschlichen Existenz nun einmal verbunden sind, keineswegs verschwunden, aber die vermarktete säkulare Gesellschaft des Westens ist offenbar dennoch im Begriff, sich von ihren christlich geprägten religiösen Wurzeln zu lösen. Warum sollte gerade die christliche Orientierung die richtige sein? – so fragt sich der Zeitgenosse, der sich auch in dieser Hinsicht auf einem globalisierten Markt der Sinn-Angebote vorfindet. Zum Trend des marktgeprägten und daher traditionslosen Individualismus gehört es wesentlich, auch auf diesem Markt zu suchen und zu nehmen, was einem am besten gefällt. Gerade dies gilt als der wohl höchste Ausdruck individueller Freiheit. Dieser Einstellung postmoderner Beliebigkeit gelten Wahrheitsansprüche als suspekt. Sie stehen unter Ideologieverdacht. Mit dem Begriff Ideologie aber verbindet man nach allgemeinem Verständnis Intoleranz gegenüber Andersdenkenden. Dies ist so ziemlich der schlimmste Vorwurf, den man erheben kann in einer Zeit, in der Beliebigkeit der Wahl als Vorbedingung der Freiheit gilt, einer Freiheit, die primär als Freiheit ‚von' und nicht als Freiheit ‚zu' angesehen wird. Damit wird einem Wahrheitsanspruch, wie ihn der christliche Glaube erhebt, unterschwellig der Vorwurf von Freiheitsberaubung gemacht. Man hält weithin den Wahrheitsbegriff überhaupt für obsolet, weil man meint, daß er notwendig mit Ausschließlichkeitsansprüchen, d.h. Überzeugungsnötigung verbunden sei. So verkündet der postmoderne Zeitgeist im Namen der Freiheit: Wahrheit gibt es nicht, sondern nur Interessen.

Diese beiden großen Herausforderungen, die den Wahrheitsanspruch des christlichen Glaubens heute bestreiten, nämlich den Allerklärungs- und Allgeltungsanspruch des Naturalismus für die Naturwissenschaft sowie den Ideologie- und Intoleranzverdacht des postmodernen Zeitgeistes, möchte ich im folgenden annehmen und zeigen, wie man diesen Wahrheitsanspruch formulieren und erheben kann, so daß er

- erstens nicht in Widerspruch zum Geltungsanspruch der Naturwissenschaft gerät, sondern diesen zusammen mit den Einsichten anderer Religionen komplementär ergänzt, und daß
- zweitens recht verstandene Toleranz zum Kriterium seiner Wahrheit wird. Dies wird
- erstens erreicht durch eine sorgfältige Diskussion des Wirklichkeitsbegriffs im Lichte des Informationsbegriffs nach Bodo Wenzlaff mit der Rückendeckung des Wirklichkeitsbegriffs der Quantentheorie, wie Hans-Peter Dürr ihn expliziert hat, und
- zweitens durch eine daraus resultierende Erweiterung des Wahrheitsbegriffs nach dem Vorbild der Kohärenztheorie der Wahrheit von Nicholas Rescher. Sie enthält ergänzende Wahrheitskriterien, an denen sich der Wahrheitsanspruch des christlichen Glaubens messen lassen muß und gemessen werden kann.

## 2. Wirklichkeit: Die eine Wirklichkeit ist zweifach

### 2.1 Was ist Wirklichkeit?

Bei genauerem Zusehen ist gar nicht so klar, was wir mit dem so wichtigen Wort Wirklichkeit alles meinen. Jedenfalls – so viel ist klar – meinen wir damit all das, was festgestellt werden kann. Manchmal unterliegen wir einer Sinnestäuschung oder irren uns und sagen dann, wenn wir es merken: „In Wirklichkeit aber war es so und so ... " . Dann ist mit Wirklichkeit immer das Faktische, das objektiv Feststellbare im Unterschied zu dem bloß Eingebildeten oder Vorgestellten gemeint. Für viele reduziert sich stillschweigend die Bedeutung des Wortes Wirklichkeit auf das, was wir dann auch gern Tatsachen nennen. Es ist die Wirklichkeit der Dinge, Fakten und Sachverhalte. Aber ist das alles? Sind nicht auch Vorstellungen, Einbildungen, Irrtümer, Interpretationen usw. Wirklichkeiten, weil sie unser Verhalten mitbestimmen? Sind nicht auch Vertrauen oder Mißtrauen, Freundlichkeit oder Gehässigkeit usw. höchst wirksame Wirklichkeiten, die nicht objektiv feststellbar sind? Die Reduktion der Wirklichkeit auf das Faktische greift zu kurz, und es ist wichtig, diesen Begriff genauer zu betrachten.

Ich beginne mit einer fast tautologischen, kaum bezweifelbaren Definition:

(D)  Wirklich ist, was auf *uns* wirken *kann*.

Mit ‚uns' ist die menschliche Kommunikationsgemeinschaft gemeint. Wirklich ist also auch, was auf andere Menschen wirken kann, denn die können es mir ja sagen. Mit ‚kann' wird ausgedrückt, daß nicht nur das aktuell, sondern auch das potentiell Wirksame als wirklich angesehen werden soll. Was prinzipiell von niemandem je erfahren werden kann, ist damit unwirklich. Das ist sinnvoll, um unprüfbare metaphysische Spekulationen auszuschließen[4]. Nicht unwirklich sind natürlich Spekulationen als solche, denn sie können ja wirken, z.B. indem sie Zustimmung oder Ablehnung erfahren. Wirkung auf uns nennen wir auch Erfahrung, und so kann die obige Definition auch so variiert werden:

(D')  Wirklich ist, was wir erfahren können.

Eine wichtige Form der Erfahrung ist die Kenntnisnahme von Fakten und Sachverhalten. Sie sind wirklich, wenn es möglich ist, etwas von ihnen – und sei es noch so indirekt, ungenau und pauschal – zur Kenntnis zu nehmen[5]. Somit hat die Wirklichkeitsdefinition, von der ich ausgehe, einen erfahrungsbezogenen, eher epistemischen als ontologischen Charakter, und das ist hilfreich, um alte und unfruchtbare ontologische Alternativen zwischen Materialismus und Idealismus, zwischen Monismus und Dualismus zu überwinden. Wir machen nämlich in der durch (D) definierten *einen* Wirklichkeit *zwei* deutlich von einander unterscheidbare Weisen von Erfahrung: Erfahrung durch *Beobachtung* und

---

[4] So werden prinzipiell unbeobachtbare Welten in kosmologischen Vielweltentheorien durch diese Definition als unwirklich ausgeschlossen.

[5] So ist auch das als wirklich anzusehen, was jenseits unseres Lichthorizonts (s. Abschnitt 6.1, S. 95) liegt und durch keine direkte Wechselwirkung, die ja nicht schneller als das Licht sein kann, spürbar ist, weil es eine Wirkung auf andere in unserem „Lichtkegel" sichtbare Objekte geben kann, in deren „Lichtkegel" es liegt.

14

Erfahrung durch *Beteiligung*. Selbstverständlich sind dies idealisierte Grenzfälle: Keine Beobachtung ohne Beteiligung, keine Beteiligung ohne Beobachtung. Zum Begriff der Beobachtung gehört es, daß der Beobachter möglichst unbeteiligt feststellen soll, was der Fall ist. Wir nennen das objektiv. Beteiligung aber ist per se nicht objektiv, ist aber, wie wir noch sehen werden, ohne eine gewisse Beobachtung gar nicht möglich. Diese gegenseitigen Begrenzt- und Bedingtheiten zeugen von der Einheit der Wirklichkeit. Dennoch sind, wie gesagt, beide Weisen der Erfahrung deutlich unterscheidbar.

## 2.2 Faktenwirklichkeit

Erfahrung durch Beobachtung beginnt mit dem, was wir mit unseren Sinnesorganen wahrnehmen. Mit ihnen stellen wir die dingliche und faktische Wirklichkeit um uns herum fest. Eine Beobachtung ist verläßlich, wenn sie von anderen bestätigt werden kann. Also unabhängig vom einzelnen Beobachter ist: Beobachtungen sollten wiederholbar sein und unabhängig von anderen Beobachtern bestätigt werden können. Der Idealfall der Beobachtung ist das wissenschaftliche Experiment. Der Einsatz physikalischer Meßinstrumente und Sensoren erweitert den Bereich des Beobachtbaren ganz gewaltig. Ich beschreibe nun das Prinzip eines Experimentes, um herauszuarbeiten, welches das Wesen von Beobachtung ist. Obwohl wir bei unseren vielen und harmlosen Alltagsbeobachtungen solchen Aufwand bei weitem nicht zu treiben brauchen, trifft dieses Prinzip auch dafür zu. Die Beobachtung gilt einem *Objekt*. Es muß als solches charakterisiert, d.h. durch eine überschaubare Anzahl von Parametern beschrieben werden, die für das Experiment wichtig sind. Dadurch wird das Objekt zum Repräsentanten einer ganzen Klasse gleichartiger Gegenstände mit nahezu den gleichen Parameterwerten (z.B. Größe, Gewicht, Form, Farbe, Alter, ...). Schon durch die Vernachlässigung der übrigen unwichtigen Kennzeichen – es ist unmöglich und unsinnig, mehr als nur die wichtigen zu berücksichtigen – aber noch mehr durch die Verbringung des Objekts in die Versuchsanordnung wird es aus seiner konkreten Umgebung, aus seiner Besonderheit herausgelöst, es wird, wie man sagt, *dekontextualisiert*. Dann wird das Objekt einer definierten und dadurch wiederholbaren Einwirkung ausgesetzt, und es wird beobachtet – möglichst gemessen –, was passiert. Das Ergebnis der Beobachtung ist das Meßprotokoll. Jeder kann eine solche Beobachtung nachvollziehen. Das, was ein Experiment als der Idealfall von Beobachtung besagt, kann man zusammenfassen in dem Satz:

(E)   Wenn man mit dem und dem Objekt das und das macht, dann geschieht mit der und der Wahrscheinlichkeit das und das.

Die Wahrscheinlichkeit ist dabei die relative Häufigkeit des Ausgangs hinreichend oft wiederholter Messungen, die ja immer eine gewisse Streubreite aufweisen. Zwei Grundzüge der Beobachtung möchte ich festhalten:

(1)   Das Wesen der Beobachtung ist Reproduzierbarkeit. Das macht sie objektiv.
(2)   Jede Beobachtung hat eine wenn-dann-Struktur, wie sie in dem Satz (E) ausgedrückt ist. Das macht sie anwendbar, denn jede Anwendung ist in gewisser Weise eine Wiederholung.

Beobachtung macht die wiedererkennbaren Strukturen der Wirklichkeit, die Dinge, Fakten und Sachverhalte sichtbar. Ich nenne die durch Beobachtung erfahrbare

Wirklichkeit die *Faktenwirklichkeit*, und die Erfahrung durch Beobachtung nenne ich *empirisch*. Die systematische Erforschung der Faktenwirklichkeit ist Sache der empirischen, der Naturwissenschaften.

Systematische Beobachtung der Natur liefert vermöge der wenn-dann-Struktur (E) Verfügungswissen, das in Technik umgesetzt werden kann. Sie ist das Erfolgsrezept unserer wissenschaftlich-technischen Zivilisation.

Wir müssen uns aber im klaren sein, daß wir die Wirklichkeit als Beobachter gleichsam durch eine Brille betrachten, die Brille der *Objektivierung*, die die Präparierung des Objekts und seine Dekontextualisierung sowie eine streng definierte Einwirkung voraussetzt. So erkennen wir die reproduzierbaren, die faktischen Züge der Wirklichkeit. Unter dem Begriff Fakten verstehen wir primär etwas Gegebenes, und so ist er auch gemeint, aber der Doppelsinn des Wortes kommt uns entgegen. Im Sinne der Objektivierung ist ein Faktum tatsächlich auch etwas Gemachtes.

Wie ich einleitend feststellte, gilt vielen die Faktenwirklichkeit als die eigentliche Wirklichkeit, und sie beschränken die Bedeutung dieses Wortes darauf. Da das Wort *Realität* vom Lateinischen *res*, die Sache, das Ding abgeleitet ist, entspricht es dem Wortsinn, Faktenwirklichkeit und Realität gleichzusetzen. Tatsächlich werden beide Worte ja auch als gleichbedeutend angesehen.

## 2.3 Beziehungswirklichkeit

Die Frage ist aber, ob durch die Brille der Beobachtung wirklich alles zu sehen ist, ob die Faktenwirklichkeit schon die ganze Wirklichkeit ist. Betrachten wir also die andere Weise unserer Erfahrung, nämlich die Erfahrung durch *Beteiligung*. Beteiligung ist ohne Kommunikation nicht möglich, Beteiligung ist also immer Beteiligung an Kommunikation. Kommunikation aber ist Austausch von Informationen. *Information* ist hier der zentrale Begriff. Ich verstehe ihn ganz allgemein als kodierte Bedeutung und nicht etwa nur technisch. So ist etwa die zum Gruß erhobene Hand oder das Streicheln der Mutter kodierte Bedeutung und also Information. Vier Merkmale kennzeichnen den Informationsbegriff, wie ich ihn verstehen und verwenden möchte:

(1) Information hat eine Doppelstruktur aus materiellem Kode und ideeller Bedeutung.
(2) Dabei geht die Bedeutung dem Kode logisch voraus.
(3) Information ist eine Beziehungsgröße. Sie stellt eine Beziehung zwischen ,Sender' und ,Empfänger' her – was immer das ist.
(4) Die Bedeutung einer Information ist immer Bedeutung in Lebenszusammenhängen. Information gibt es daher nur im Leben für das Leben.

Ich kommentiere die ersten drei Merkmale im Zusammenhang, das vierte im nächsten Kapitel.

Der Kode einer Information ist beobachtbar und gehört somit der Faktenwirklichkeit an, die Bedeutung hingegen nicht. Sie ist nicht beobachtbar, sondern muß *verstanden* werden.

Vielfach – besonders in der Biologie – werden Kode und Bedeutung identifiziert, und es wird gesagt, die Bedeutung sei die kausale Wirkung des Kodes zur Erzeugung einer neuen Information[6]. Dies kann nur richtig sein, wenn eine umkehrbar eindeutige Beziehung zwischen Kode und Bedeutung besteht. Aber selbst in der Molekularbiologie gibt es Anzeichen dafür, daß dies keineswegs immer so ist. Man findet zumindest, daß ein und derselbe Kode in Abhängigkeit vom Kontext verschiedene Bedeutungen haben kann[7]. Allgemein gilt auch umgekehrt, wie jeder weiß, daß ein und dieselbe Bedeutung physikalisch und symbolisch völlig verschieden kodiert werden kann. Daraus ergibt sich zwingend, daß Bedeutungen unabhängig sind vom Kode und sogar einen anderen kategorialen Status haben, nämlich einen immateriellen, den man seit je her „ideell" nennt. Man kann aber auch sagen – und das ist m.E. treffender –, daß Bedeutung eine *relationale* Kategorie ist, während der Kode als materielle Struktur *substanzial* ist, denn die Bedeutung ist es, die die Information zu einer Beziehungsgröße macht, weil sie von ‚Sender' und ‚Empfänger' *verstanden* werden muß, um Information zu sein, was immer ‚verstehen' in den jeweiligen Beziehungszusammenhängen ist.

Die Wirklichkeit, die sich durch Beteiligung an Kommunikation, also durch Informationsaustausch erschließt, kann folglich *Beziehungswirklichkeit* genannt werden. Der Empfänger einer Information muß zuerst den faktenwirklichen Kode registrieren, d.h. „beobachten", ehe er ihn dekodieren, d.h. „verstehen" kann. Deshalb ist Beteiligung an Kommunikation ohne Beobachtung nicht möglich, aber sie geht über die empirische Beobachtung hinaus, weil die Bedeutung – wie schon gesagt – nicht beobachtbar ist, sondern verstanden werden muß. Deshalb ist Beziehungs-wirklichkeit *transempirisch.*

Um ein Beispiel zu geben: Wer die Gebärdensprache nicht versteht, kann sich an der Kommunikation Gehörloser nicht beteiligen. Er kann sie beobachten, versteht aber nichts. Der gehörlose Gesprächspartner beobachtet die Gebärden seines Gegenübers auch, aber er kann sie verstehen. Er erfährt die transempirische Beziehungs-wirklichkeit des Gesprächs, externe Beobachter aber nicht.

Da es die Bedeutung ist, die in Kommunikationsbeziehungen mitgeteilt werden soll, ist der Kode um der Bedeutung willen da und nicht umgekehrt. Daher geht die Bedeutung der Kodierung logisch voraus. Sie muß also virtuell ‚schon da' sein, ehe sie kodiert wird. Wo ist sie? Als immaterielle Entität ist sie nicht in Raum und Zeit. Durch die Kodierung wird sie gleichsam erst hineingeholt in Raum und Zeit.

Die Überzeitlichkeit der Bedeutungen ist es, die der beziehungswirklichen Zeit eine andere, viel reichere Struktur verleiht als die des bloßen Nacheinanders faktischer Ereignisse in der äußeren Faktenwirklichkeit, die durch einen reellwertigen quasi-räumlichen Parameter ‚t' gekennzeichnet und beschrieben werden kann, wie man es in der Physik macht. In der Beziehungswirklichkeit aber werden – freilich im Rahmen der äußeren faktenwirklichen Zeit – Bedeutungen kodiert, die das bloße Nacheinander überzeitlich übergreifen. Beziehungswirkliche Zeit ist geschichtlich, das heißt: In der *Gegenwart,* die mehr ist als ein Zeit*punkt,* nämlich ein Zeit*raum,* wird *Vergangenheit* erinnert und *Zukunft* beabsichtigt oder erwartet – was immer das auf den

---

[6] Bernd Olaf Küppers, Der Ursprung biologischer Information – Zur Naturphilosophie der Lebensentstehung, Serie Piper, München 1986, S. 82.
[7] Regine Kollek, Strategien zum Umgang mit Unsicherheit in der Gentechnik, in: Marcus Elstner (Hg.), Gentechnik, Ethik und Gesellschaft, Springer 1997, S. 132

verschiedenen Stufen lebendiger Kommunikation heißt. So etwas ist nur möglich dadurch, daß das materielle Geschehen im Leben zugleich Bedeutungen kodiert. Kommunikation geschieht – das sagt schon das Wort – in Gemeinschaften vielfältigster Art. Sie findet im Leben und nur im Leben statt. Deshalb ist die Erläuterung des vierten der obigen Merkmale von Information im nächsten Kapitel zu finden. Dort komme ich auch im Abschnitt 3.4 auf die lebendige, die beziehungswirkliche Zeitlichkeit zurück.

## 2.4 Die Einheit der Wirklichkeit

Sehr naheliegend ist der Verdacht, daß mit der Unterscheidung zwischen Fakten- und Beziehungswirklichkeit doch nur eine Neuauflage des Cartesianischen Dualismus aus *res cogitans* und *res extensa* wieder aufgetischt werden soll. Ich möchte nun zeigen, daß dem nicht so ist, sondern daß Fakten- und Beziehungswirklichkeit nur zwei allerdings deutlich unterscheidbare Aspekte der durch (D) definierten *einen* Wirklichkeit sind. Schon zu Beginn dieses Kapitels wies ich darauf hin, daß die Definition (D) einen eher epistemischen als ontologischen Charakter hat, so daß man hoffen kann, daß dadurch alte und wegen ihrer Unvereinbarkeit unfruchtbare Alternativen, nämlich die zwischen Materialismus und Idealismus sowie zwischen Monismus und Dualismus überwunden werden können. Diese Hoffnung möchte ich nun begründen.

Die bisherigen Ausführungen dieses Kapitels zeigen klar, daß Fakten- und Beziehungswirklichkeit zusammenhängen zu *einer* Wirklichkeit im Zentralbegriff der Information. In ihrer Doppelstruktur aus Kode und Bedeutung gehört Information beiden Wirklichkeiten zugleich an: der Kode der Fakten- und die Bedeutung der Beziehungswirklichkeit. Vom ontologischen Monismus ist geblieben, daß es sich um *eine* Wirklichkeit handelt, vom ontologischen Dualismus bleibt, daß zur Erfassung der einen Wirklichkeit *zwei* Grundkategorien erforderlich sind, nämlich *Faktum* (Ding, Sache, Sachverhalt) und *Bedeutung*. Fakten sind *substanzial* und existieren per se[8], während Bedeutungen *relational* sind. Bedeutungen per se kann es nicht geben, denn sie sind immer Bedeutungen von etwas für etwas. Es gibt sie nur in Kommunikation. Dazu kommt, daß es Bedeutungen nur im Kontext gibt. So kann man sagen:

Bedeutung ist, was in einen Sinnzusammenhang paßt.

Dieser kann größer oder kleiner sein. Der kleinste ist ein „Satz". Einer dieser Sätze ist der definierende, der diese Bedeutung durch andere Bedeutungen ausdrückt. Der umfassende Kontext ist damit der eines Bedeutungssystems, einer „Sprache". Darunter verstehe ich ein selbstkonsistentes System von Bedeutungen, in dem diese sich gegenseitig definieren und in dem durch grammatische Kombination von Bedeutungen neue Bedeutungen kreiert werden können. Dies ist ganz allgemein und abstrakt gemeint. Unsere menschlichen Begriffssprachen sind dabei die komplexesten Gebilde dieser Art.

Wegen der großen Suggestivkraft der materialistisch-naturalistischen Behauptung, „in Wirklichkeit" gäbe es nur Dinge und Sachverhalte, also objektiv feststellbare Fakten, wiederhole und betone ich noch einmal mein Hauptargument für die kategoriale

---

[8] Eine ‚Substanz' im philosophischen Sinne ist etwas, das aus sich selbst besteht und Träger wechselnder Eigenschaften ist.

18

Unabhängigkeit und Irreduzibilität der Bedeutungen: Ein und dieselbe Bedeutung kann physikalisch und semiotisch völlig verschieden kodiert werden.

Um das Verhältnis von Kode und Bedeutung noch etwas mehr zu beleuchten, möchte ich einen Vergleich aus der Mathematik, nämlich aus der Gruppentheorie, heranziehen. Verglichen wird das abstrakte Bedeutungssystem einer „Sprache" und ihre Kodierungen durch Zeichensysteme einerseits mit der abstrakten Struktur einer „Gruppe"[9] und ihren Darstellungen durch Matrizen andererseits. Es gibt eine Bedeutung als Element einer Sprache, und viele verschiedene Kodierungen, und es gibt ein abstraktes Gruppenelement und viele verschiedene Matrixdarstellungen. Für das Entsprechungsverhältnis zwischen einer abstrakten Gruppe und ihren Darstellungen gibt es den Begriff Homomorphie. Etwas Ähnliches wird es auch für Sprachen und ihre Kodierungen geben. Natürlich hinkt dieser Vergleich, denn „Sprachen" sind sehr viel komplizierter als „Gruppen".

So verschieden die beiden Kategorien ‚Faktum' und ‚Bedeutung' auch sind, so sehr sind sie im Begriff der Wirklichkeit aufeinander angewiesen: Bedeutungen werden erst wirklich, indem sie *faktisch* als Informationen kodiert werden. Dann können sie nämlich mitgeteilt werden und als Kode auch materielle Kausalketten auslösen. Sie werden, wie schon gesagt, aus ihrer gleichsam virtuellen Existenz in die raum-zeitliche Wirklichkeit hineingeholt. Virtuell – man kann auch sagen potentiell – existieren Bedeutungen als Terme einer „Sprache". Eine Sprache aber ist ein ideelles Gebilde, das als solches und ganzes nirgendwo gespeichert ist, und ebenfalls außerhalb von Raum und Zeit existiert, steht sie doch den Sprechenden (Kodierenden) und Hörenden (Dekodierenden) – gestützt auf ihr materiell kodiertes Gedächtnis – immer und überall unmittelbar zur Erzeugung neuer Informationen zur Verfügung. Das ist gemeint, wenn ich von dem virtuell-potentiellen Da-sein von Bedeutungen spreche.

Aber auch Fakten brauchen Bedeutungen – Begriffe –, um im Sinne von (D) wirklich, d.h. erfahrbar zu werden. Sie müssen nämlich zumindest unterschieden werden von dem, was sie nicht sind. Unterscheidung ist der Grundvorgang jeder Kognition. Für uns Menschen, die wir über eine Begriffssprache verfügen, geschieht Unterscheidung vornehmlich begrifflich. Viele Begriffe kennzeichnen Klassen gleichartiger Fakten. Es sind dies ‚Mengen' im mathematischen Sinne. Daraus folgt schon, daß widerspruchsfreies unterscheidendes Denken der (formalen) Logik gehorchen muß, denn diese ist der mathematischen Mengenalgebra isomorph.

„Es gibt keine sprachfreien Tatsachen" – erkannte man schon in der Wiener Schule, was m.E. nichts anderes ausdrückt als die Kantsche Erkenntnis, daß uns das ‚Ding an sich' verborgen bleibt, also im Sinne von (D) unwirklich ist. So kann man sagen:

Fakten sind das, was Bedeutungen bezeichnen.

Anders „haben", d.h. kennen wir sie nicht, anders „gibt" es sie nicht. Somit haben wir die Faktenwirklichkeit nicht anders als in einer sie beschreibenden Sprache und deren kommunikativer Wirklichkeit. So ist es die Beziehungswirklichkeit, die die Einheit der Wirklichkeit in ihrer Doppelstruktur aus Fakten- und Beziehungswirklichkeit stiftet. Man kann dies zusammenfassen in dem Satz:

Fakten und Bedeutungen brauchen sich gegenseitig, um wirklich zu sein.

---

[9] Eine „Gruppe" ist eine Menge von Elementen, zwischen denen es eine Verknüpfung derart gibt, daß die Verknüpfung zweier Elemente wieder ein Element der Gruppe ist.

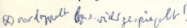

Das Wirklichkeitskonzept (D) dieses Buches ist, wie schon gesagt, eher epistemisch als ontologisch. Es ist weder monistisch noch dualistisch. Der Naturalismus, die unter Naturwissenschaftlern wohl am weitesten verbreitete Weltanschauung, hingegen versteht sich als monistisch und verharrt dementsprechend auf einem ontologischen Wirklichkeitskonzept. Es beruht auf dem Geschlossenheitsaxiom

(N)  Die materiell-faktische Welt ist in sich kausal abgeschlossen.

Dies bedeutet, daß Bedeutungen nicht wirken können und Beziehungs-„Wirklichkeit" mithin als unwirklich angesehen wird. Damit halbiert der Naturalismus die Wirklichkeit, reduziert sie auf die Faktenwirklichkeit und erklärt Beziehungs-wirklichkeiten zu epiphänomenalen Begleiterscheinungen der eigentlichen, der Faktenwirklichkeit.

## 2.5 Die Wirklichkeit in der Quantentheorie

Meine Analyse des durch (D) gegebenen Wirklichkeitsbegriffs mit seiner Doppel-struktur aus Fakten- und Beziehungswirklichkeit findet ihren wesentlichen Rückhalt im Wirklichkeitsverständnis der Quantentheorie. Die Quantentheorie ist ja nicht nur, wie man meist glaubt, zuständig für den submikroskopischen Bereich der Realität. Sie gilt universell, ja, recht verstanden, sogar für den ganzen Kosmos. Sie ist die empirisch bestbestätigte Theorie, die wir haben, und als Basistheorie der Physik grundlegend für jede Naturwissenschaft, auch für die Biologie. Dennoch ist sie in ihren Grundaussagen keineswegs Allgemeingut der Naturwissenschaften geworden. Der Appell des Quantenphysikers Bernard d'Espagnat[10]:

> „Jeder, der sich eine Vorstellung von der Welt zu machen sucht – und von der Stellung des Menschen in der Welt –, muß die Errungenschaften und die Problematik der Quantentheorie einbeziehen. Mehr noch, er muß sie in den Mittelpunkt seines Fragens stellen."

findet wenig Gehör. Fast könnte man von einer gewissen Weigerung sprechen, die grundstürzenden Konsequenzen dieser Theorie anzuerkennen. Der Grund dafür ist, daß sie uns abverlangt, die von uns allen tief verinnerlichte und in der Alltagserfahrung unentwegt bestätigte Ontologie der an sich seienden Realität zu revidieren.

Albert Einstein, dieser wohl scharfsinnigste Kritiker der Quantentheorie hatte erkannt, daß diese Theorie der klassischen Ontologie des „lokalen Realismus"[11] nicht entspricht. Er hielt deshalb die Quantentheorie für unvollständig und kleidete diesen Einwand in die Gestalt des nach ihm und seinen Koautoren benannten Einstein-Podolsky-Rosen- (EPR-) Paradoxons[12]. Es ist dies kein Paradoxon im Rahmen der Quantentheorie, sondern eines gegenüber der Ontologie des „lokalen Realismus".

Es gelang dem amerikanischen Physiker John Bell, eine Ungleichung abzuleiten, der *alle* Theorien von zwei-Teilchen-Systemen, die auf der Ontologie des „lokalen

---

[10] Zitiert nach Claus Kiefer, Quantentheorie, Fischer Taschenbuch Verlag, Frankfurt a. M. 2002, S. 3
[11] Damit ist gemeint, daß es eine objektive Realität mit raum-zeitlich lokalen Eigenschaften gibt, die sich, wie er in seinen großen Theorien gezeigt hat, nur durch Nahwirkungen, nicht aber durch „spukhafte Fernwirkungen", wie er selbst sagte, gegenseitig beeinflussen können.
[12] Einstein, Podolsky und Rosen erörterten einen Gedankenversuch, der im Anhang 1 erläutert wird.

Realismus" beruhen, genügen müssen. Die Quantentheorie solcher Systeme aber verletzt diese Ungleichung. Die Bellsche Ungleichung machte das EPR-Paradoxon einer experimentellen Prüfung zugänglich. Im Jahre 1981 gelang dem französischen Physiker Alain Aspect erstmals ein solches Experiment[13], das in der Folgezeit mehrfach immer genauer und über immer größere Entfernungen wiederholt werden konnte. Die Meßergebnisse dieser Experimente verletzen die Bellsche Ungleichung und bestätigen die Quantentheorie. Damit war die Ontologie der an sich seienden Realität, die – da hat Einstein recht – nur die Form des „lokalen Realismus" haben kann, im Popperschen Sinne falsifiziert worden. Man kann dieses Ergebnis zugespitzt so charakterisieren: Die Quantentheorie ist nicht „realistisch", aber wahr.

Worin besteht nun die „ontologische Revolution" der Quantentheorie? Wie stellt sich in ihr die Wirklichkeit dar?

In der Quantentheorie hat die Wirklichkeit ebenfalls eine Doppelstruktur, und zwar eine

Doppelstruktur aus Potentialität und Realität,

wobei Potentialität die primäre und Realität die daraus abgeleitete sekundäre Wirklichkeit ist. Potentialität im Sinne der Quantentheorie ist mathematisch definiert und viel genauer bestimmt als der Begriff der Möglichkeit in unserer Sprache. Sie ist Gegenstand der (theoretischen) Physik. Sie ist nicht anders als mathematisch gegeben und hat im Sinne des ontologischen Realismus *kein* Gegenstück in der feststellbaren (eventuell nicht ausreichend bekannten) Realität. Das zeigt sich schon daran, daß Potentialität nicht wie Realität durch *reelle* Zahlen beschrieben werden kann, sondern nur durch *komplexe* und dies in wesentlich komplizierterer Weise als die *realen* Dinge der klassischen Realität: Potentialität wird nämlich ausgedrückt durch Projektionsoperatoren in komplexwertigen, meist unendlich-dimensionalen Vektorräumen, den sog. Hilbert-Räumen. Jedem Objekt der Quantentheorie ist ein solcher Hilbert-Raum zugeordnet. Die Projektionsoperatoren projizieren auf Unterräume des Hilbert-Raumes, im Idealfall auf einen eindimensionalen, der durch den sog. Zustandsvektor – meist mit $\psi$ bezeichnet – gegeben ist. $\psi$ genügt der berühmten Schrödinger-Gleichung und wird deshalb oft auch Wellenfunktion genannt. Meist spricht man einfach auch vom ‚Zustand' $\psi$ des Quantenobjekts.

Wenn ich nun auch einige mathematische Begriffe heranziehe, so möge der geneigte Leser dies nicht als Zumutung auffassen, sondern als die Bemühung, deutlicher zu machen, wovon die Rede ist. Die Potentialität ist nämlich ausschließlich mathematisch gegeben. Sie ist nicht materiell und trotzdem keine Fiktion. Sie ist wirklich, weil sie wirkt: Etwas aus dem Möglichkeitsspektrum wird faktisch. Dies geschieht in dem, was im quantenmechanischen Sprachgebrauch *Meßprozeß* genannt wird. Der „Meßprozeß" dabei wird beschrieben durch die v. Neumannsche Relation, die die eigentliche indeterministische *Kausalrelation* der Quantentheorie darstellt. Sie verknüpft nicht wie in der klassischen Physik Realität 1 als Ursache mit Realität 2 als deren Folge, sondern sie verknüpft primäre Potentialität als Ursache mit sekundärer Realität als Folge. Sie lautet:

(Q)  $M(A) = \mathrm{Spur}(WA) = \Sigma_n \, \alpha_n \, W_{nn}$;  $\mathrm{Spur}(W) = \Sigma_n \, W_{nn} = 1$.

---

[13] Alain Aspect et al., Phys. Rev. Lett. _47_, 460 (1981)

Dabei ist M(A) der Mittelwert von Meßwerten $\alpha_n$ der physikalischen Größe A, und W ist die Potentialität des Objekts[14], an dem A gemessen wird. W und A sind Operatoren einer bestimmten Art, nämlich sog. Hermitesche Operatoren. (Lineare) Operatoren im Hilbert-Raum können durch Matrizen dargestellt werden. Die Besonderheit Hermitescher Operatoren ist, daß ihre Diagonalelemente in *jeder* Matrixdarstellung reelle Zahlen sind und daß sie in einem ganz bestimmten Koordinatensystem des Hilbert-Raums überhaupt Diagonalgestalt annehmen, d.h. daß in diesem sog. Haupt-achsensystem nur die Diagonalelemente der entsprechenden Matrix von Null verschieden sind. Diese Diagonalelemente nennt man die Eigenwerte des Operators. In der Relation (Q) sind die möglichen Meßwerte $\alpha_n$ die Eigenwerte des Operators A und $W_{nn}$ die (reellen) Diagonalelemente der Potentialität W im Hauptachsensystem von A. Der ganzzahlige Index n (n=1,2,3, ...) nummeriert dabei die verschiedenen Meßwerte durch. Das Symbol $\Sigma_n$ bedeutet, daß über alle mit dem Index n versehenen Zahlenwerte zu summieren ist. Die Diagonalelemente $W_{nn}$ geben die Wahrscheinlichkeit dafür an, daß der Meßwert $\alpha_n$ realisiert wird. Ein einzelner Meßwert $\alpha_n$ ist also nicht reproduzierbar. Deshalb ist (Q) *indeterministisch.* Wohl aber ist der Mittelwert M(A) der Ergebnisse vieler Messungen reproduzierbar, bei denen $W_{nn}$ die relative Häufigkeit ist, mit der man $\alpha_n$ findet. Unter der „Spur" eines Operators versteht man die Summe über seine Diagonalelemente. Sie ist unabhängig von der Wahl des Koordinatensystems, in dem man den Operator als Matrix darstellt. Natürlich muß die Summe aller Wahrscheinlichkeiten Spur(W) = $\Sigma_n W_{nn}$ = 1 sein. Die v. Neumannsche Relation (Q) stellt die Spur des Matrixprodukts WA dar.

Wie schon gesagt, ist (Q) die eigentliche Kausalrelation der Quantentheorie, die die Potentialität W mit der Realität M(A) im Mittel und $\alpha_n$ im Einzelfall verknüpft. Die Messung einer physikalischen Größe A an einem Objekt mit der Potentialität W erfolgt durch die Erzeugung einer deutbaren makroskopischen Spur im Meßapparat, d.h. durch die Erzeugung eines *Faktums.* Dies kann beispielsweise die Schwärzung eines Silberbromidkorns in einer photographischen Emulsion, die Ionisierungslawine in einem Geiger-Zähler oder die Elektronenlawine in einem Sekundärelektronen-vervielfacher und vieles andere sein.

So beschreibt (Q) die Faktifizierung der Potentialität W in der spezifischen deutbaren Form einer Messung, die für die Physik natürlich von besonderem Interesse ist. Fast immer aber erfolgt Faktifizierung von Potentialität unspezifisch durch „Dekohärenz". Gemeint ist so etwas wie „permanente Messung", d.h. die regellose Wechselwirkung eines Objekts mit Partikeln seiner Umgebung, die die Quantenkorrelationen dieses Objekts mit anderen Objekten zerstören und so das betreffende Objekt erst herauslösen aus dem universellen Zusammenhang und unterscheidbar machen von dem, was es nicht ist. Eigentlich und „ursprünglich" ist nämlich die Potentialität der Wirklichkeit allumfassend, d.h. alles ist mit allem korreliert – „verschränkt" – wie man auch sagt. Daß überhaupt unterscheidbare Objekte – „Dinge" – in Erscheinung treten ist die Folge von Dekohärenz. Dies rührt an die alte Leibnizsche Frage: „Warum ist überhaupt etwas und nicht vielmehr nichts?", auf die ich im 6. Kapitel zurückkomme.

Wie die Wirklichkeit überhaupt, so ist auch die Zeitlichkeit in der Quantentheorie von doppelter Art. Die Zeitlichkeit der Potentialität ist anders als die der Faktifizierungen

---

[14] In der physikalischen Literatur wird W meist Dichteoperator oder auch statistischer Operator genannt.

(Realisierungen), obwohl beide beschrieben („indiziert") werden durch einen reellwertigen Parameter t: Die Zeitabhängigkeit der Potentialität ist reversibel und deterministisch in dem Sinne, daß sie durch eine zeitliche Differentialgleichung – im einfachsten „reinen Fall" maximaler Kenntnis des Objekts ist dies die Schrödinger-Gleichung – beschrieben wird, solange keine „Messung" erfolgt. Die Realisierungen der Potentialität durch „Messungen" sind hingegen zeitlich irreversibel und indeterministisch, wie es die Relation (Q) beschreibt. Zwischen zwei Realisierungen rotiert der Zustandsvektor der Potentialität – d.i. jener Vektor im Hilbert-Raum, auf den der Projektionsoperator W in (Q) im „reinen Fall" projiziert – nach Maßgabe des Energieoperators lediglich gleichförmig („unitär") in dem abstrakten Hilbert-Raum, der dem Objekt zugeordnet ist (s. Anhang 4). Es ist dies gleichsam die interne Zeitabhängigkeit der Potentialität des Objekts[15]. Während dieser „unitären" Zeit passiert nichts mit dem Objekt. Erst wenn es in „messende" Wechselwirkung mit der externen Umgebung (z.B. einem Meßapparat) gebracht wird[16], passiert eine irreversible und indeterministische Änderung der Potentialität: Der Zustandsvektor ändert sich abrupt zu dem Zustand, der dem Ergebnis der Messung entspricht. Die zeitliche Aufeinanderfolge solcher irreversibler Realisierungen an einem Objekt bildet dann eine sog. „konsistente Geschichte"[17].

Von besonderer Bedeutung ist das faszinierende Phänomen der räumlichen und zeitlichen Nichtlokalität der Wirklichkeit, wie es die Quantenmechanik zum Vorschein bringt. Nichtlokal ist dabei die Potentialität, während die Realität zeitlich und räumlich lokal bleibt. Quantenkorrelationen verschränkter Zustände zusammengesetzter Quantensysteme bleiben nämlich unabhängig vom räumlichen und zeitlichen Abstand der Teilsysteme erhalten, wenn sie nicht durch Dekohärenz zerstört werden. Verschränkte Zustände des Gesamtsystems sind solche, die nicht als Produkt der Zustände der Teilsysteme darstellbar sind, selbst wenn diese so weit von einander entfernt sind, daß keine Wechselwirkung zwischen ihnen mehr möglich ist. So sind beispielsweise additive Überlagerungen solcher Produktzustände, die nach dem Superpositionsprinzip der Quantenmechanik immer möglich sind, miteinander verschränkt. Ein einfaches Beispiel ist der Gesamtspin-Null-Zustand eines aus zwei Teilchen zusammengesetzten Systems, wie er im Anhang 1 im Zusammenhang des EPR-Paradoxons betrachtet wird. Dieses Beispiel zeigt, was *räumliche* Nichtlokalität bedeutet. Sie äußert sich in der Verletzung der Bellschen Ungleichung.

Eine entsprechende Ungleichung läßt sich auch ableiten für die klassisch-*kausale* Korrelation meßbarer Eigenschaften eines „lokal-realistischen" Systems zu verschiedenen *Zeiten,* und man kann zeigen, daß Quantensysteme sie verletzen[18]. Dies deutet auf das Bestehen einer auch *zeitlichen* Nichtlokalität quantenmechanischer Potentialität in ihrer durch „Messungen" geprägten „konsistenten Geschichte" hin.

---

[15] Für Kundige sei gesagt, daß dies im sog. Schrödinger-Bild so ist. Äquivalent dazu ist es, die Potentialität , also den statistischen Operator, konstant zu lassen und stattdessen die physikalischen Größen, die „Observablen", im entgegengesetzten Sinne unitär rotieren zu lassen (Heisenberg-Bild).
[16] Die hier getroffene Unterscheidung zwischen intern und extern entspricht dem sog. Heisenberg-Schnitt zwischen Objekt und „Meßapparat" – was immer das ist.
[17] Sie heißt so, weil dabei gewisse Konsistenzbedingungen zwischen der notwendigen Additivität der Wahrscheinlichkeit und dem Superpositionsprinzip der Quantenmechanik erfüllt sein müssen: Roland Omnès, Consistent interpretations of quantum mechanics, Rev. Mod. Phys. 64, Apr. 1992, S. 64.
[18] J.P. Paz und G. Mahler, Proposed Test for Temporal Bell Inequalities, Phys. Rev. Lett. 71 S. 3235-3239.

Was dies bedeutet, zeigt sich offenbar auch in merkwürdigen Rückwirkungs-
erscheinungen: Die bloße Möglichkeit, am *Ende* eines experimentellen Vorgangs
feststellen zu *können,* welchen von mehreren möglichen Wegen ein Teilchen
genommen *hat,* entscheidet gleichsam rückwirkend darüber, daß es tatsächlich nur
einen und nicht zugleich mehrere dieser Wege durchlaufen hat. Man erkennt dies
daran, ob ein für Wellenphänomene typisches Interferenzmuster aus Verstärkungs-
und Abschwächungsbereichen beobachtbar ist oder nicht. Ein Interferenzmuster
entsteht nämlich nur dann, wenn man nicht wissen *kann,* über welchen der möglichen
Wege sich die Potentialität der Teilchen erstreckt hat. Nur dann befinden sie sich in
einem interferenzfähigen verschränkten Zustand. Dabei genügt die bloße *Möglichkeit*
einer „welcher-Weg-Information", um Interferenzen zu zerstören. Sie muß nicht
einmal tatsächlich festgestellt werden: Die Möglichkeit von Kenntnisnahme beeinflußt
also den Zustand, d.h. die Potentialität der Teilchen und damit auch deren
Faktifizierung durch Messung. Entsprechende Experimente werden im Anhang 2
beschrieben.

Noch deutlicher wird diese merkwürdige Art von scheinbarer Rückwirkung bei einem
Experiment mit „verzögerter Wahl" (delayed choice), das ebenfalls im Anhang 2
beschrieben wird: Bei diesem Experiment kann, ,*nachdem*' ein Teilchen einen
Strahlteiler, der zwei gleichberechtigte Wege eröffnet, passiert ,hat', entschieden
werden, ob die „welcher-Weg-Messung" ermöglicht werden soll oder nicht. Wieder
stellt man fest, daß ein Interferenzmuster nur dann entsteht, wenn eine „welcher-Weg-
Messung" *nicht* möglich war. Wenn sie aber möglich war – sie braucht gar nicht
gemacht zu werden –, entsteht ein solches Muster nicht.

Hier zeigt sich, was die quantenmechanische Relation zwischen Potentialität und
Realität insbesondere bedeuten kann: Die bloße *Möglichkeit* von Kenntnisnahme, will
sagen, von beobachtbarer Faktifizierung (d.h. Messung), die gar nicht stattfindet,
beeinflußt den Ausgang *anderer* Messungen. Man kann dies ketzerisch auch so
ausdrücken:

> Nichtmaterielle Entitäten beeinflussen materielle.

Denn eine nicht realisierte Möglichkeit ist keine materielle Entität, und von
materiellen Entitäten kann man nur sprechen, wenn sie faktisch sind.

Besonders klar wird dies herausgearbeitet bei einem Gedankenexperiment von Elitzur
und Vaidman[19], dem die Autoren die Gestalt eines Bombentests gegeben haben: Kann
man Bomben, deren Zünder von äußerster Empfindlichkeit sind, manchmal aber auch
„klemmen", testen, ob sie scharf sind oder nicht? Äußerste Empfindlichkeit soll
heißen, daß *jede* Wechselwirkung – schon das Auftreffen eines Photons – die Bombe
detonieren läßt. *Jede* Prüfung der Zünder müßte also alle scharfen Bomben
explodieren lassen. Quantenmechanisch übt aber schon die *Möglichkeit,* daß eine
Bombe detonieren kann, eine Wirkung aus, so daß man die Bombe testen kann, ohne
sie auch nur anzuschauen, denn schon das würde sie zerstören. Eine solche
wechselwirkungsfreie Messung nennt man auch „Nullmessung". Auch dieses
Experiment ist vom „welcher-Weg"-Typ und wird ebenfalls im Anhang 2 beschrieben.

---

[19] A.C. Elitzur, L. Vaidman, Quantum-mechanical interaction-free measurement, Foundations of Physics 23, S. 987-997.

Die genannten Experimente zeigen: Der Durchgang von Quantenobjekten durch Versuchsanordnungen mit mehreren möglichen Wegen ist nicht vereinbar mit der gewohnten Vorstellung eines räumlichen Neben- und zeitlichen Nacheinanders von Vorgängen mit *substanziellen* Entitäten. Zwar ist wohlbekannt, daß die Heisenbergsche Unbestimmtheitsrelation

(U)  $\Delta p \, \Delta x \geq \hbar/2$

für die Unschärfen $\Delta p$ und $\Delta x$ des Impulses p und des Ortes x eines Teilchens nicht die Vorstellung einer Teilchenbahn erlaubt, denn bei einer solchen sind an jeder Stelle Ort und Impuls zugleich scharf bestimmt, während nach (U) das Produkt beider Unschärfen nicht kleiner als $\hbar/2$ sein kann[20]. Hier aber zeigt sich, daß auch die Vorstellung einer unscharfen, gleichsam „verschmierten" Teilchenspur, die immer noch ein raum-zeitliches Neben- und Nacheinander beinhaltet, in die Irre geht. Anfang und Ende von Quantenvorgängen sind vielmehr gleichsam zugleich präsent, und die Vorstellung eines zeitlichen Ablaufs trifft so nicht zu. Eigentlich „geht" da gar nichts „vor". Der ‚Anfang' weiß gleichsam schon von seinem möglichen ‚Ende' – solange keine beobachtbare äußere „Meß"-Einwirkung dazwischen kommt. Die eigentlichen zeitlichen Änderungen sind mit solchen Einwirkungen verbunden. Es handelt sich also nicht um eine anti*kausale* Rückwirkung des Endes auf den Anfang, ebenso wenig wie beim EPR-Experiment (s. Anhang 1) eine instantane *kausale* Fernwirkung (die Einstein „spukhaft" nannte) der Messung an einem Subsystem auf das beliebig weit entfernte andere ausgeübt wird. Zwar bleibt es dabei, daß Fakten, wie gewohnt, ihren Ort und ihre Zeit haben, an dem und zu der sie sich ereignen, aber die zugrunde liegende Potentialität, aus der heraus sich Fakten realisieren, ist in einem – wie ich meine – noch lange nicht voll verstandenen Sinne nichtlokal in Raum und Zeit. Potentialität übergreift mit ihren Quantenkorrelationen gewissermaßen Raum und Zeit in einer Weise, die nicht in einer substanzialen Kategorie gedacht werden kann. Man kann dies vielleicht so ausdrücken: Potentialität ist nicht substanzial, sondern „korrelational".

## 2.6 Die Einheit von Fakten- und Beziehungswirklichkeit im Licht der Quantentheorie

Was hat nun die Doppelstruktur der Wirklichkeit aus Fakten- und Beziehungs-wirklichkeit, wie ich sie in den Abschnitten 2.2 - 2.4 diskutiert habe, mit der Doppel-struktur der Wirklichkeit aus Potentialität und Realität in der Quantentheorie zu tun? Die Realität entsteht, wie ich dargetan habe, durch Faktifizierung von Potentialität, sei es durch „Meßprozesse" gemäß (Q), sei es allgemein durch Dekohärenz. Sie ist gleichsam „geronnene Potentialität" (H.P. Dürr). Faktifizierung bedeutet die Entstehung objektiv feststellbarer Fakten und Sachverhalte. Die so beschriebene Realität ist begrifflich identisch mit dem, was ich in Abschnitt 2.2 Faktenwirklichkeit genannt habe. Sie ist, wie dort gezeigt, im philosophischen Sinne *substanzial*. Bei Potentialität und Beziehungswirklichkeit kann von begrifflicher Identität nicht die Rede sein. Letztere ist transempirisch und kann überhaupt nicht Gegenstand empirischer Wissenschaft wie der Physik sein, was bei Potentialität aber der Fall ist.

---

[20] ħ ist das Plancksche Wirkungsquantum h dividiert durch $2\pi$.

Was aber ist quantentheoretische Potentialität dann? Sie ist nicht faktisch, nicht dinglich, nicht materiell, nicht substanzial. Potentialitäten sind aber auch keine ‚Bedeutungen' im Sinne von 2.3. Sie sind, wie ich versuchsweise sagte, korrelational. So ist, wie ich glaube, Potentialität *kategorial* von der gleichen Art wie Bedeutungen. Sie ist eine abstrakte mathematische Struktur und uns nicht anders gegeben als auf der Bedeutungsebene mathematischer Symbole. Insofern ist sie von geistig-sprachlicher Art und in diesem abstrakten Sinne *relational*. So kann man vielleicht sagen: Potentialität ist „leere" Relationalität. Leere Relationalität (Korrelationalität?) aber kann strukturiert werden. Meine Vermutung ist:

(B)   Virtuelle Bedeutungen sind semantisch strukturierte Potentialität. Als solche können sie durch quantenmechanische „Meßprozesse" zu neuen Informationen kodiert werden.

Wenn das so ist, dann wäre das „virtuell-potentielle Da-sein von Bedeutungen" außerhalb von Raum und Zeit, von dem in den Abschnitten 2.3 und 2.4 die Rede war, mit der raum-zeitlichen Nichtlokalität quantenmechanischer Potentialität in Zusammenhang zu bringen. Sie würde gleichsam ein physikalisches Licht auf die „Natur" virtueller Bedeutungen werfen. Die beziehungswirkliche Zeit erhält ja ihren geschichtlichen Charakter durch die Überzeitlichkeit von Bedeutungen, und die wäre auf diese Weise mit der zeitübergreifenden Nichtlokalität quantenkorrelierter Potentialität erklärbar.

Wenn das zutrifft, dann kann man sagen:

Quantenmechanische Potentialität ist die Bedingung der Möglichkeit von Beziehungswirklichkeit,

die, wie in 2.3 dargestellt, auf der Neuentstehung und dem Austausch von Informationen beruht. Die Beziehung entsteht ja dabei dadurch, daß die Bedeutung einer Information von ‚Sender' und ‚Empfänger' verstanden wird. Verstehen beginnt mit dem Dekodieren (Entschlüsseln) einer Information und ist die Einordnung in einen Sinnzusammenhang. Somit wäre in der hier entwickelten Vorstellung das ‚Verstehen' einer Bedeutung die Neu- oder Umbildung semantisch strukturierter Potentialität im Sinne von (B), so daß sie neu kodiert werden kann. So ließe sich, wie ich meine, die Einheit der Wirklichkeit in ihrer Doppelstruktur aus Fakten- und Beziehungs-wirklichkeit auf dem Hintergrund der Quantentheorie verstehen, die ja – jedenfalls in ihrer „Kopenhagener Deutung" als Theorie möglichen *Wissens* über die Realität (Faktenwirklichkeit) – bereits die Brücke über den kategorialen Hiatus zwischen substanzialer Faktizität und relationalem Wissen schlägt.

# 3. Leben

Das Leben ist, so weit wir sehen, die erstaunlichste, ja wunderbarste Erscheinung unserer Welt. So marginal es in seiner Winzigkeit angesichts der ungeheuren Dimensionen des Weltalls erscheint, so wesentlich könnte es doch sein, wenn man bedenkt, daß die ganze Architektur des Kosmos darauf abgestimmt zu sein scheint, daß Leben überhaupt möglich ist. Winzige Änderungen fundamentaler Naturkonstanten, die aus heutiger Sicht durchaus auch anders sein könnten, würden schon dazu führen, daß Leben, wie wir es kennen, nicht möglich ist. Wir kennen es nur in der einen einzigen Form, an der wir als erkennende Wesen selbst Anteil haben. Wie wahrscheinlich Leben im Kosmos ist, wie häufig es also – dann aber sicherlich sehr verschieden von dem unsrigen – vorkommt, ist eine vermutlich unbeantwortbare Frage.

Seit Aristoteles fragt man sich, was denn das Wesen dieser außerordentlichen Erscheinung sei. Unsere Intuition sagt uns, daß sich Leben *qualitativ* von der unbelebten Welt unterscheidet. Dementsprechend versuchte die Biologie – noch als vorwiegend beschreibende Wissenschaft – die Besonderheit des Lebens durch das Wirken besonderer zielgerichteter Kräfte – vis vitalis oder Entelechie genannt – zu erklären. Je mehr sie sich aber als experimentierende empirische und kausal erklärende Wissenschaft etablierte, umso klarer wurde, daß solche Kräfte unter den kausalen wenn-dann-Fragestellungen des Experiments (siehe (E) in 2.2) nicht zu finden sind, während biochemische und biophysikalische Erklärungsmuster immer weiter vordrangen und die Lebenserscheinungen immer erfolgreicher zu erklären vermochten. Mithin wurden die vitalistischen Konzepte zu Beginn des 20. Jh. endgültig ad acta gelegt. Die Frage

## 3.1 Was ist Leben?

glaubte man nun so beantworten zu können: Leben ist gekennzeichnet durch drei charakteristische Merkmale, nämlich

Stoffwechsel, Fortpflanzung und (variable) Vererbung.

Letztere ist es, die die Evolution des Lebens ermöglicht. Alle drei Merkmale lassen sich heute bis ins Detail chemisch und physikalisch erklären. Damit scheint klar zu sein – und das ist der herrschende Konsens – daß sich Leben doch nicht qualitativ von der unbelebten Natur unterscheidet und ,nichts als' ein, wenn auch höchst komplexes Zusammenspiel von Biomolekülen im Rahmen von Physik und Chemie darstellt. Das bedeutet, daß sich Leben zwar phänomenal, nicht aber prinzipiell von der unbelebten Natur unterscheidet und daß die Entstehung des Lebens vor etwa vier Milliarden Jahren ein gradueller Übergang von der präbiotischen zur biotischen Evolution war.

Lange blieb es ein Rätsel, wie das Leben seine hoch komplexe Ordnung gegen den Trend des Zweiten Hauptsatzes der Thermodynamik zur ständigen Zunahme der Unordnung, deren Maß die sog. Entropie ist, aufrechtzuerhalten vermag. Aber auch dies ließ sich im Rahmen von Physik und Chemie im Einklang mit dem Zweiten Hauptsatz erklären. Prigogine und andere machten klar, daß lebende Systeme sog. dissipative Strukturen sind, die von einem ständigen Durchfluß von Stoffen und Energie (Stoffwechsel) leben und dabei ihre Ordnung durch die Umwandlung von arbeitsfähiger (geordneter) Energie in ungeordnete Energie (Wärme) aufrecht erhalten.

Dies ist gleichsam eine Zerstreuung (Dissipation) von Energie. Weil dissipative Systeme ihre Ordnung fern vom (relativen) thermodynamischen Gleichgewicht ihrer Umgebung aufrecht erhalten, müssen sie auf irgendeine Weise abgegrenzt sein. Sie müssen aber auch offen sein für den Stoff- und Energieaustausch mit der Umgebung. Diese Verbindung von Abgegrenztheit und Offenheit ist charakteristisch für dissipative Systeme im allgemeinen und lebende Systeme im besonderen. Für letztere gilt dies nicht nur in materieller, sondern auch in informationeller Hinsicht.

Leben ist somit nur fern vom thermodynamischen Gleichgewicht durch Entropie-Export in die Umgebung möglich. Aus dieser Sicht bedeutet Sterben den Zusammenbruch der inneren Ordnung und den Übergang in das thermodynamische Gleichgewicht mit der Umgebung.

Auch die vielfältigen Strukturbildungen, die lebende Systeme auszeichnen, werden damit zumindest ansatzweise verständlich, denn dissipative Systeme strukturieren sich selbst in Abhängigkeit von inneren und äußeren Parametern durch *Selbstorganisation*. Stoffwechsel ist sowieso Kennzeichen aller dissipativen Systeme. Es gibt aber auch bei anorganischen, gewiß nicht lebenden Systemen verblüffende Beispiele knospender Bildung von Tochtersystemen, so daß von Fortpflanzung gesprochen werden kann. Damit war klar: Leben ist ein Phänomen besonderer biochemischer dissipativer Strukturen, deren eigentliche Besonderheit nun aber mit dem dritten Merkmal des Lebens, nämlich der Vererbung zusammenhängen muß.

### 3.2 Die Schlüsselbedeutung von Information in Lebenszusammenhängen

Der wohl größte Triumph der modernen Molekularbiologie war die Aufklärung eben der molekularen Mechanismen der Vererbung. Wie von selbst kam dabei ein neuer Begriff ins Spiel: *Information*. Er drängte sich auf, denn das lange, spiralförmige Erbmolekül, die DNS[21] stellt offenbar einen wie mit Buchstaben und Satzzeichen geschriebenen Text dar, der den Aufbau der Proteine, der Akteure des Zellgeschehens, kodiert und überdies das Steuerungsprogramm der Zellmaschinerie und sogar das ontogenetische Programm des entsprechenden Lebewesens enthält.

Wohl ohne die Tragweite voll zu erkennen wurde der Begriff Information als wesentlich für das Verständnis des Lebens anerkannt. Eine eigene wissenschaftliche Disziplin, die Bioinformatik, entstand. Zu Recht wurde der Ursprung des Lebens als Ursprung der Information gedeutet[22].

Doch nimmt man den Begriff Information so, wie ich ihn in Abschnitt 2.3 als kodierte Bedeutung mit seiner materiell-ideellen Doppelstruktur aus Kode und Bedeutung eingeführt habe, dann sprengt er den Rahmen einer rein empirischen Naturwissenschaft, als die sich die Biologie bis heute versteht, denn die Bedeutung ist, wie ich dargelegt habe, transempirisch. Sie kann nicht beobachtet, sie muß in ihrem *Sinn*

---

[21] Das Erbmolekül Desoxyribonukleinsäure (DNS) ist ein sehr langes doppelsträngiges Kettenmolekül, bei dem wendeltreppenartig zwischen einem Gerüst aus Zuckern (Ribose) eine buchstabenartige Folge von vier verschiedenen Molekülgruppen (Nukleotiden) aufgereiht ist. Je drei dieser Nukleotide kodieren für eine der 20 Aminosäuren, aus denen die Eiweiße (Proteine) ebenfalls kettenartig aufgebaut sind. Die vier Nukleotide heißen Adenin, Guanin, Cytosin und Thymin.

[22] Bernd Olaf Küppers, Der Ursprung biologischer Information – Zur Naturphilosophie der Lebensentstehung, München 1990. Im Sinne von Abschnitt 2.3 kommt Information überhaupt nur in Lebenszusammenhängen vor, so daß jegliche Information „biologisch" ist.

verstanden werden. Der Bedeutungsaspekt ist es wohl, der Norbert Wiener zu seinem berühmten Diktum

„Information is information, not matter or energy."

veranlaßte. Physik und Chemie haben Materie und Energie zum Gegenstand und nichts sonst. Die sich daraus ergebenden spannenden erkenntnistheoretischen Fragen erörtert Küppers in dem in Fußnote 22 schon genannten Buch „Der Ursprung biologischer Information". Zwar räumt er ein, „daß Information eine eigentümliche Zwischenstellung zwischen Natur- und Geisteswissenschaften einnimmt" und daß „das, was an biologischen Strukturen ‚planmäßig', d.h. informationsgesteuert ist, ... einen ‚Sinn' und eine ‚Bedeutung' im Hinblick auf die Aufrechterhaltung der funktionellen Ordnung" besitzt, so daß „der biologischen Information eine definierte Semantik" zukommt[23], aber er springt nicht über den Schatten, ;Sinn' und ‚Bedeutung' eine ideelle Natur zuzugestehen, um im naturalistischen Monismus bleiben zu können. Somit erhebt sich die Frage, was ‚Sinn' und ‚Bedeutung' denn dann sein sollen. Küppers zieht sich aus der Affäre, indem er den semantischen Aspekt der Information mit dem pragmatischen identifiziert, den er als die *kausale* Wirkung empfangener Information zur Erzeugung neuer Information interpretiert: „Die Semantik wird hier objektiviert durch die ‚meßbare' Wirkung Information zu erzeugen."[24]. Für den Molekularbiologen Monod, der wie die große Mehrheit seiner Kollegen Geistiges scheut wie der Teufel das Weihwasser, ist – so Küppers – „die Semantik biologischer Information ... nur ein Epiphänomen bestimmter syntaktischer Strukturen, eben der Primärsequenz der Nukleinsäuren und Proteine"[25]. Mit seiner Auffassung, die Bedeutung einer Information sei ‚nichts als' die kausale Wirkung der kodierenden Struktur zur Erzeugung einer neuen, bleibt Küppers ganz auf dem Boden des naturalistischen Basis-Axioms (N) der kausalen Geschlossenheit der materiell-faktischen Welt. Dann ist ‚Bedeutung' als kausale Wirkung, wie er selbst sagt, natürlich auch meßbar. Zur Beschreibung einer kausalen Wirkung braucht man den Begriff ‚Bedeutung' jedoch nicht. Er wird überflüssig und mit ihm der Begriff ‚Information'. Vielfach wird gesagt, ‚Bedeutungen' gäbe es „in Wirklichkeit" tatsächlich nicht, sie würden den biologischen Strukturen lediglich vom menschlichen Beobachter beigelegt. Doch wo nehmen menschliche Beobachter solche Bedeutungen her? Wer legt sie den neuronalen Strukturen ihres Denkens bei? So wird das Problem der *nachträglichen* Bedeutungszuweisung lediglich verschoben, wenn es nicht die Bedeutungen selbst sind, die ihrer Kodierung logisch *vorausgehen*.

Wenn Küppers meint, die Bedeutung einer Information sei die kausale Wirkung ihrer kodierenden Struktur zur Erzeugung einer neuen, so ist ihm entgegenzuhalten, daß so gar keine wirklich *neue* Information entsteht, sondern lediglich eine alte umkodiert wird. Er spricht also von der automatischen Umkodierung einer Information, von Datenverarbeitung also, die in lebenden Systemen natürlich vielfältig vorkommt. So entsteht keine neue Information, denn ihre Bedeutung bleibt bei einer Umkodierung erhalten, weil sie unabhängig ist vom Kode, wie ich mehrfach betont habe, und gerade

---

[23] Küppers 1990, S. 61
[24] Küppers 1990, S. 82
[25] Küppers 1990, S. 158. Im Sprachgebrauch der Informatik wird unter Semantik wie üblich die Bedeutungsebene und unter Syntax die Kodierungsebene von Information verstanden.

deshalb eine irreduzible immaterielle Kategorie ist. Neue Information entsteht durch *Erst*kodierung einer potentiell schon da-seienden Bedeutung.
Ich komme zurück auf die Begrifflichkeit des zweiten Kapitels. In der Faktenwirklichkeit („Realität") gibt es Bedeutungen tatsächlich nicht, aber die ist eben nicht die ganze, sondern nur die halbe Wirklichkeit. Der Reduktionismus des Naturalismus besteht, wie schon gesagt, darin, Bedeutungen überhaupt und mit ihnen die Beziehungswirklichkeit(en) des Lebens für unwirklich zu halten. Er wird dem Leben nicht gerecht, denn es erscheint dann bedeutungslos, geistlos, sinnlos und ziellos. Deshalb ist der Informationsbegriff in seiner ideell-materiellen Doppelstruktur, wie ich ihn im Abschnitt 2.3 charakterisiert habe, auf allen Ebenen seiner Selbstorganisation – auch Autopoiese genannt – geradezu von konstitutiver Bedeutung. Selbstorganisation durch Informationsaustausch, Kommunikation also, macht Leben erst lebendig, und das ist es, was „lebende Systeme" *kategorial*, also doch prinzipiell von toten unterscheidet und zu Lebe-*Wesen* macht. Information im Sinne von 2.3 gibt es nur im Leben, denn Bedeutungen gibt es nur im Leben für das Leben, und die Bedeutungen sind es, die im Rahmen stochastischer Kausalität „Sinn im Zufall" (s. Fußnote 44) bilden, wo sonst nur chaotisches Verhalten zu erwarten wäre. Wie das in einer Art „abwärts-Verursachung" (downward causation) auf zellulärer Ebene möglich sein könnte, wird im Abschnitt 3.6 erläutert.
Leben ist somit sowohl ein materielles als auch ein ideelles Phänomen. Die Schnittstelle von Geist und Materie ist Information. Diese Auffassung von der geistigen Dimension biologischer Information und damit des Lebens überhaupt wird auch vertreten in dem Buch „Evolution – Ein kritisches Lehrbuch" von Reinhard Junker und Siegfried Scherer[26].
Leben ist somit nicht geistlos, es ist *inspiriert*. Man wird dem Leben nicht gerecht, wenn man es verdinglicht und meint, man könne es vollständig objektivieren und ohne Rest naturgesetzlich-kausal erklären. So erfaßt man nur die Faktenwirklichkeit des Lebens. Leben besteht aber nicht nur aus Sachverhalten, sondern ist wesentlich Beziehungswirklichkeit:

Leben lebt nicht nur vom Stoffwechsel allein, sondern zuerst und vor allem vom Austausch sinnvoller Informationen.

Und sinnvolle Informationen sind solche, die Leben gelingen lassen. Auf der Bedeutungsebene dieses autopoietischen Informationsaustauschs ergibt sich die Sinn-Ganzheit eines Lebewesens. So ist den drei am Beginn dieses Abschnitts genannten Merkmalen des Lebens, nämlich Stoffwechsel, Fortpflanzung und Vererbung, ein viertes hinzuzufügen: *Sinnbestimmtheit*.
Um Leben in seinem Wesen zu erkennen, muß zur beobachtenden Feststellung von Fakten und naturgesetzlichen Sachverhalten – das ist gleichsam die „Orthoebene" des Erkennens – das *Verstehen* der Sinnzusammenhänge kommen, was einer deutenden „Metaebene" des Erkennens entspricht. Deshalb kann die Biologie im vollen Sinne der Lehre vom Leben und noch mehr die Medizin keine rein empirische, auf Physik und Chemie gegründete Naturwissenschaft sein.

---

[26] Reinhard Junker, Siegfried Scherer, Evolution – Ein kritisches Lehrbuch, Weyel 1998, S. 275

Was ich hier Sinnbestimmtheit genannt habe, hat Michael Polanyi mit anderen Begriffen bereits 1968 erörtert in dem bemerkenswerten Artikel „Die irreduzible Struktur des Lebens"[27], den ich hier kurz wiedergeben möchte.

Er zeigt darin auf seine Weise das, was auch wesentliches Anliegen dieses Buches ist, nämlich daß das Leben nicht allein auf das Wirken physiko-chemischer Naturgesetze zurückgeführt werden kann. Schon eine Maschine, so sagt er, kann nicht allein auf Naturgesetze zurückgeführt werden, obwohl ihre Funktion ganz und gar darauf beruht, denn ihre Konstruktion ist nicht nur naturgesetzlich, sondern auch zweck-bestimmt durch die Absichten des Konstrukteurs, denn sie erfüllt als ganze im (naturgesetzlichen) Zusammenwirken ihrer Teile den von ihm gesetzten Zweck, und dieser Zweck legt dem Wirken der Naturgesetze gewissermaßen „Randbedingungen" auf, so daß sie tun, was sie sollen. Vielleicht wäre es besser von „Ganzheits-bedingungen" zu sprechen, denn auf das ganzheitliche Zusammenwirken kommt es an. Eine Maschine ist also ohne ihren „von außen" gesetzten Zweck nicht zu verstehen. Sie ist, wie Polanyi schreibt, ein System unter „dualer Kontrolle", nämlich unter Kontrolle der Naturgesetze und der ihnen übergeordneten zweckmäßigen Rand-bedingungen. Diese Dualität hat durchaus etwas mit der Doppelstruktur der Wirklichkeit von Kap. 2 zu tun.

Auch Lebewesen seien – so Polanyi – Systeme unter dualer Kontrolle, obwohl sie keinen Konstrukteur haben, sondern evolutionär entstanden sind. Die Funktions-ganzheit der DNS spiele die Rolle jener zwecksetzenden Randbedingung. Die Sequenz der Nukleotide könne nur deshalb Information kodieren, weil sie gerade nicht naturgesetzlich determiniert, sondern gleichwahrscheinlich zufällig und somit offen für die Evolution ist. Er schreibt: „Jedes System, das Information verwendet, ist unter dualer Kontrolle."[28] Die Organisation (vielzelliger) Lebewesen sei zu verstehen als eine Hierarchie von Kontrollsystemen, wobei nur die unterste, die subzelluläre Ebene ausschließlich naturgesetzlich bestimmt sei. Er schreibt: „Die Randbedingung, die die Prinzipien einer niederen Stufe im Dienst einer höheren steuert, etabliert eine semantische Relation zwischen den beiden Stufen. Die höhere Stufe bestimmt die Funktion der niederen und prägt so die Bedeutung der niederen. Und wenn wir die Hierarchie der „Ränder" hinaufsteigen, erreichen wir immer höhere Ebenen der Bedeutung."[29]

Bei höheren Lebewesen ist das Bewußtsein die höchste Ebene der Hierarchie. In der Konsequenz seiner Überlegungen schreibt Polanyi: „The mind harnesses neuro-physiological mechanisms and is not determined by them."[30] D.h.

„Der Geist lenkt die neurophysiologischen Mechanismen und wird nicht von ihnen determiniert."

Wie dies geschehen kann, ist Gegenstand von Abschnitt 4.7.

---

[27] Michael Polanyi, Life's irreducible Structure – Live mechanisms and information in DNA are boundary conditions with a sequence of boundaries above them, Science, Vol. 160 (1968), S. 1308-1312.

[28] Polanyi 1968, S. 1309.

[29] Polanyi 1968, S. 1311.

[30] Polanyi 1968, S. 1312.

## 3.3 Leben als Kommunikationsphänomen

Austausch von Informationen bedeutet Kommunikation, und Kommunikation ist es, die die Selbstorganisation des Lebens bewirkt. Leben ist ein immenses Kommunikationsgeschehen auf vier einander umgreifenden Stufen seiner Selbstverwirklichung (Autopoiese): Zelle, Organismus, Artgemeinschaft, Biotop. Abgesehen von der biotopischen Ebene, spielt sich diese selbstorganisierende Kommunikation jedesmal in einer eigenen „Sprache" im Sinne von Abschnitt 2.4 (S. 17) ab. Auf der biotopischen Ebene haben wir zwischenartliche (interspezifische) Kommunikation, und da kann es eine solche gemeinsame „Sprache" nicht geben. Auf diesen vier Stufen werden einander umgreifende Ganzheiten kommunikativ konstituiert. Unter diesem Gesichtspunkt möchte ich im folgenden altbekannte Tatsachen kurz rekapitulieren:

Zelle:

Auf zellulärer Ebene haben wir eine „Sprache", die in (Desoxy-)Ribonukleinsäuren (DNS und RNS) und Proteinen kodiert ist. Partner der Kommunikation sind die Zellorganellen. Struktur und Funktion einiger „zellinterner Kommunikationsnetzwerke" sind, wie Scott und Pawson schreiben, bereits erforscht worden[31]. Dennoch ist an ein vollständiges *Verstehen* der Zusammenhänge nicht zu denken, nicht nur wegen der immensen Komplexität des zellulären Geschehens[32], sondern auch, weil anzunehmen ist, daß das Leben einer Zelle Zusammenhänge aufweist, die sich nicht aus einzelnen Teilen – Biomoleküle und ihre chemische Paarwechselwirkung – zusammensetzen lassen. Auch gibt es vielfältige Belege dafür, daß die Bedeutung von Genen und auch von Proteinen durchaus nicht eindeutig, sondern kontextabhängig ist[33]. Deshalb nehmen Scott und Pawson ihren Mund zu voll, wenn sie von einer „Aufklärung der Sprache im Zellinneren" schwärmen, und ein „Wörterbuch der Zellsprache"[34] wird nur äußerst lückenhaft sein können, schon deshalb, weil es viele „Zellsprachen" gibt, nämlich so viele wie Zelltypen. Einzeller sind Lebewesen und die unselbständigen Zellen eines Vielzellers in gewissem eingeschränktem Sinne auch. Sie sind nicht vollständig objektivierbar, und die Beziehungswirklichkeit ihrer internen Biokommunikation ist – aufs Ganze gesehen – transempirisch. Dies wird im Abschnitt 3.6 noch eingehender begründet.

Organismus:

Einzeller waren die ersten Lebewesen. Es gibt sie noch heute in immenser Vielfalt in prokaryotischer (Bakterien, ohne Zellkern) und eukaryotischer (mit Zellkern) Gestalt. Im Verlauf der Evolution haben die Eukaryoten unter ihnen gelernt, zusammenzuwirken und vielzelliges Leben zu bilden. Dies ist ein frühes und bedeutendes Zeichen dafür, daß Wettbewerb („Kampf ums Dasein") keineswegs das allein bestimmende Prinzip in der Evolution ist. Wie das vonstatten gegangen sein könnte, kann man am Schleimpilz erkennen, der von einer *kompetitiven* einzelligen Existenzweise im wässrigen und nahrungsreichen Milieu bei Austrocknung und Auszehrung durch Kommunikation zu einer *kooperativen* Existenzweise mit einer gewissen Differenzierung der Zellen übergehen kann. Aus einer externen

---

[31] J.D. Scott, D. Pawson, High-Fidelity in der Zelle, Spektrum der Wissenschaft, Okt. 2000, S. 61
[32] Ballett des Lebens, DER SPIEGEL 50/2000, S. 148-152
[33] Siehe Fußnote 7
[34] Scott und Pawson, S. 67

Kommunikation zwischen den Einzellern durch Aussendung von Boten-Molekülen wird dabei eine interne Kommunikation zwischen den Zellen des sporenbildenden Organismus. Sogar bei Bakterien findet man schon Kooperation[35], aber es kam bei Prokaryoten nicht zur Ausbildung von Organismen.

In vielzelligen Organismen bilden differenzierte und spezialisierte Zellen Organe. Sie kommunizieren miteinander durch den Austausch noch wenig bekannter chemischer Botenmoleküle. Die Koordination der Organe ihrerseits geschieht durch ein hormonelles und – bei höheren Organismen – zusätzlich durch ein damit gekoppeltes neuroelektrisches Kommunikationssystem, das im Verein mit dem auch kommunikativen Immunsystem die Ganzheit des Organismus in einer „Autopoiese zweiter Ordnung" konstituiert.

Auch Organismen, durch eine Haut abgegrenzt von ihrer Umgebung, sind informationell in sich abgeschlossen und offen zugleich, denn sie nehmen teil an der Kommunikation mit Artgenossen. Diese Offenheit wird erreicht durch Sensoren und Sinnesorgane, die chemische, taktile, akustische und optische Reize registrieren. Die wichtige Erkenntnis, daß die Sinnesorgane *nicht*, wie man meist unbesehen glaubt, Informationen aufnehmen, sondern lediglich *Reize,* geht auf Francisco Varela und Humberto Maturana[36] zurück, auch wenn sie sie in einer anderen Begrifflichkeit ausdrücken. Erst intern, im Organismus, werden Reize *be-deutet*, man kann auch sagen „erkannt", und diese Bedeutung wird als *neue* Information kodiert und dient dann der Verhaltensorganisation des Organismus.

Dabei sind *kognitive* und *relationale* Informationen zu unterscheiden. Kognitive Informationen sind Informationen über die Faktenwirklichkeit, die das Lebewesen umgibt. Relationale Informationen dienen der Kommunikation mit anderen Lebewesen. Auch hier gilt: Die Sinnesorgane registrieren den Kode auch einer relationalen Information lediglich als Reiz. Die Be-Deutung dieser Reize geschieht als ein Dekodieren, d.h. „Verstehen". Die verstandene Bedeutung wird dann intern als Information neu kodiert. Kommunikation als Übermittlung von Bedeutung kann überhaupt nur gelingen, weil – wie ich im Abschnitt 2.3 so sehr betont habe – die Bedeutung unabhängig ist vom Kode und gleich bleiben kann bei all den Kodierungen und Umkodierungen, die dabei stattfinden.

Artgemeinschaft:

Organismen bilden nun ihrerseits als eine „Autopoiese dritter Ordnung" Überlebensgemeinschaften durch innerartliche Kommunikatiom. Selbst Bakterien[37] und Pflanzen[38] kommunizieren untereinander. Eine Fülle verschiedener signal-sprachlicher Kommunikationsformen und -systeme zum Schutz und zur Warnung vor Feinden, zur Paarung, zur Brutpflege, zur Darstellung und Wahrung von Rangordnungen, zur Territorialmarkierung, zur Nahrungssuche etc.. Schwärme, Rudel und Herden sind Organisationsformen tierischer Sozialität. Die wohl eindrucksvollsten Sozialgebilde sind die hochkomplexen Insektenstaaten.

---

[35] R. Losick, D. Kaiser, Wie und warum Bakterien kommunizieren, Spektrum der Wissenschaft, April 1997, S. 79-84.

[36] H. R. Maturana, F. J. Varela, Der Baum der Erkenntnis – Die biologischen Wurzeln des menschlichen Erkennens, Goldmann 1991. Die Autoren sprechen von „operationaler Geschlossenheit" des Organismus und beschreiben die Wirkung der Reize auf die Sinnesorgane allgemein als „strukturelle Kopplung".

[37] Siehe Fußnote 35.

[38] C. Rupp, Die Sprache der Pflanzen, Frankfurter Rundschau, 7. Sept. 1999.

Mehr noch als die gegenseitige Paarungsfähigkeit bestimmt das gegenseitige Verstehen bei dieser Kommunikation die unverwechselbare Identität einer Art. Die autopoietischen Einheiten von Artgemeinschaften sind nicht mehr physisch nach außen abgegrenzt, sondern durch die Verstehensgenzen der Kommunikationsgemeinschaft. Wieder gilt: Auch diese Gemeinschaften sind informationell in sich geschlossen durch die gemeinsame „Sprache" und offen zugleich, denn es gibt auch vielfältige zwischenartliche Kommunikation.

Biotop:
Die findet statt in den Nahrungsketten und Symbiosen eines Biotops. Eine gemeinsame Sprache fehlt, aber es sind Kommunikationsnetzwerke, die Tier- und Pflanzengesellschaften zu Biotopen verbinden und diese letztlich zur Biosphäre integrieren. Fast alle Arten dieses umfassenden Kommunikationsnetzwerks sind auf andere Arten angewiesen, so daß auch dieses Netzwerk sich selbst stützend (selbstkonsistent) in Stoff- und Informationskreisläufen organisiert ist. Vielleicht ist es deshalb trotz des Fehlens einer gemeinsamen Sprache gerechtfertigt, von einer „Autopoiese vierter Ordnung" zu sprechen.

Als dissipatives System ist auch die Biosphäre abgegrenzt und offen zugleich. Abgegrenzt und geschlossen ist sie durch die Atmosphäre und die Schwereanziehung der Erde. Offen ist sie für das Sonnenlicht als der Quelle geordneter („freier") Energie und für die Wärmestrahlung als dem Entropieexport in den Weltraum. Auf Grund des Treibhauseffekts – die Durchlässigkeit der Atmosphäre ist für sichtbares Licht größer als für Wärmestrahlung – ist die Biosphäre von der Atmosphäre umgeben wie mit einen wärmenden Mantel.

Für den kommunikativen Stufenbau des Lebens mit seinen vier einander umgreifenden autopoietischen Ganzheiten stellten wir fest, daß diese Ganzheiten sowohl materiell und energetisch als auch informationell in sich geschlossen und offen zugleich sind. Auf der biosphärischen Ebene ist allerdings die Abgeschlossenheit einer gemeinsamen „Sprache" der zwischenartlichen Kommunikation nicht mehr gegeben.

Was die informationelle Seite betrifft, so erinnert dies an die abstrakte Struktur formaler Systeme. Diese sind durch Axiome und Ableitungsregeln mit der Fülle ihrer formalen Folgerungen einerseits vollständig definiert und damit abgeschlossen, andererseits sind sie nach dem Gödelschen Theorem[39] unabgeschlossen, weil sie ‚wahre' Aussagen enthalten, die sich mit den gegebenen Regeln aus den Axiomen nicht ableiten lassen und doch mit ihnen verträglich, also ‚wahr' sind. Zwar mögen sich solche Aussagen in einem umfassenderen System wieder regulär ableiten lassen, aber auch ein solches größeres System ist nach Gödel wieder abgeschlossen und offen zugleich.

Ähnlich scheint die abstrakte, d.h. geistige Struktur des Lebens beschaffen zu sein. Die autopoietischen Einheiten des Lebens – Zelle, Organismus, Artgemeinschaft, Biotop bzw. Biosphäre – sind auf der semantischen Ebene ihrer je internen Kommunikation Bedeutungssysteme, die in sich abgeschlossen und offen zugleich sind. Abgeschlossen sind sie in dem Sinne, daß sich ihre Bedeutungen vollständig gegenseitig definieren. Offen sind sie, weil es Kombinationen von Bedeutungen geben kann, die einen Sinn haben, der über die Autopoiese des betreffenden Lebewesens – Artgemeinschaften

---

[39] Ein leicht nachvollziehbarer Beweis des Gödelschen Theorems in der berechnungstheoretischen Version von Turing wird im Abschnitt 4.6 skizziert.

eingeschlossen – hinausweist und in übergreifende Sinnzusammenhänge hineinpaßt: Zellen haben ihren Sinn in sich selbst, aber auch darüber hinaus in dem und für den Organismus. Organismen haben ihren Sinn in sich selbst, aber auch darüber hinaus in der und für die Artgemeinschaft. Arten haben ihren Sinn in sich selbst, aber auch darüber hinaus im Biotop und in der Biosphäre. Endet diese Kette hier oder gibt es einen umfassenden Sinnzusammenhang, der dem Leben einen Sinn im Kosmos gibt? Ich komme auf diese Frage im 7. Kapitel zurück.

Zusammenfassend möchte ich feststellen: Leben als Kommunikationsphänomen ist ein Kodierungsgeschehen auf den vier genannten einander umgreifenden Stufen. Vieles davon ist, wie in Abschnitt 3.2 gesagt, Umkodierung, d.h. Datenverarbeitung, bei der die Bedeutung im Prinzip nicht geändert oder aber algorithmisch reduziert wird. Wirklich Neues entsteht dabei nicht. Neues entsteht bei der Erstkodierung oder Neukombination von Informationen. Dabei geht die Bedeutung der Kodierung logisch und wirkend voraus und wird wirklich, indem sie kodiert wird. Dieser Vorgang erfolgt im *Rahmen* quantenmechanischer Kausalität, ist aber wegen der Einmaligkeit nicht reproduzierbar, also nicht beobachtbar. Der Kode wird als Faktum sichtbar, die Bedeutung, die transempirisch bleibt, aber nicht. Deshalb ist Leben nicht nur ein materielles, sondern auch ein ideelles Phänomen, so daß Leben nicht allein empirisch *erklärt* werden kann. „Lebende Systeme" sind eben keine Maschinen, sondern Wesen, wie es die deutsche Sprache sehr schön sagt. Es sind die Beziehungswirklichkeiten, jene „transempirischen Räume", von denen Wolfgang Jantzen[40] spricht, also die Bedeutungswelten der je internen Kommunikationen, die das Leben erst lebendig machen.

### 3.4 Kausalität, Finalität, Geschichtlichkeit

Kausalität:
Wie ich in der Einleitung zum dritten Kapitel angedeutet habe, suchte man in der Biologie angesichts der offenkundigen Zweck- und Zielbestimmtheiten in der komplexen Ordnung und im Verhalten von Lebewesen lange nach *final* wirkenden Kräften, fand aber nur, daß die *kausalen* Ursache-Wirkungsbeziehungen überall im Leben uneingeschränkt gültig sind. Von diesen nahm man im Banne der klassischen Physik an, daß sie eindeutig sind und alles, was geschieht, naturgesetzlich determinieren (Determinismus), so daß finale Sinnbestimmtheiten keinen Platz mehr hätten.
Die Quantentheorie lehrte aber zur Verblüffung der wissenschaftlichen Welt, daß dies nicht so ist. Wie ich in Abschnitt 2.5 ausgeführt habe, stellt die dort angegebene Kausalrelation (Q), die Potentialität und Realität ursächlich verknüpft, eine statistische Kausalität dar derart, daß aus einer Ursache – bei (Q) ist es die Einwirkung einer Meßvorrichtung für die physikalische Größe A („Observable") auf ein präpariertes Objekt mit der Potentialität W – nur mit der Wahrscheinlichkeit $W_{nn}$ das Ergebnis $\alpha_n$ als Wirkung hervorgeht.

---

[40] Wolfgang Jantzen, Transempirische Räume – Sinn und Bedeutung in Lebenszusammenhängen, in: Hans-Jürgen Fischbeck (Hrsg.), Leben in Gefahr – Von der Erkenntnis des Lebens zu einer neuen Ethik des Lebendigen, Neukirchener 1999

In makroskopischen Zusammenhängen mitteln sich statistische Schwankungen i.a. weg, so daß sich wieder ein eindeutig bestimmtes Verhalten ergibt. Daher beruhigte man sich in der Biologie bald, indem man sich sagte, daß die Quantentheorie zur Erklärung der chemischen Bindung zwar gebraucht wird und bei gewissen Einzelerscheinungen der Sinneswahrnehmung sowie bei Mutationen der DNS auch wesentlich ist, sonst aber außer acht gelassen werden kann einschließlich ihrer grundstürzenden Bedeutung für das Denken, wie ich sie in Abschnitt 2.5 als „ontologische Revolution" dargestellt habe.

Dann aber kamen als weitere Überraschung die Erkenntnisse der sog. Chaostheorie hinzu, die besagen, daß sich selbst recht einfache deterministische Systeme unvorhersagbar – chaotisch, wie man sagt – verhalten derart, daß beliebig kleine Änderungen in den Anfangsbedingungen beliebig große Veränderungen in der zeitlichen Entwicklung des Systems zur Folge haben können. Man fand, daß solche Systeme in ihrem sog. Phasenraum[41] Instabilitätspunkte – das sind Verzweigungspunkte für die weitere Entwicklung („Bifurkationen") – aufweisen, in denen ihr Verhalten absolut unbestimmt ist. Das wohl einfachste Beispiel eines solchen Punktes findet man bei einem Pendel, dessen Bewegung streng determiniert ist außer in einem einzigen Punkt seines Phasenraums, nämlich in dem, wo es mit Geschwindigkeit Null exakt auf dem Kopf steht. Dort ist nämlich vollkommen unbestimmt, ob es nach rechts oder links herunterfallen soll. In solchen Punkten können sich quantenmechanische Fluktuationen auch bei klassischen Systemen allemal auswirken. Noch schlimmer für den Determinismus ist, daß es bei komplexeren Systemen im Phasenraum nicht nur isolierte Punkte der Unbestimmtheit gibt, sondern ganze Punktmengen, die „Häufungspunkte" aufweisen oder sogar „dicht" liegen können[42]. Dann hat die quantenmechanische Unbestimmtheitsrelation (U) (s. S. 24) nämlich auch für klassisch-makroskopische Systeme gravierende Konsequenzen. Sie besagt ja, daß das Produkt aus den Unbestimmtheiten $\Delta p$ des Impulses und $\Delta x$ des Ortes eines Teilchens mindestens gleich $h/2$ ist. Das bedeutet, daß die Instabilitäts-„Punkte" eines Systems aus N Teilchen im 6N-dim. Phasenraum in Wirklichkeit ein endliches Volumen $(h/2)^{3N}$ haben. Das aber bedeutet, daß Bereiche im Phasenraum mit Häufungspunkten der „Instabilitätsmenge" zu ganzen Instabilitätsgebieten verschmelzen. Hier können sich nicht nur Quantenfluktuationen, sondern auch Quantenkorrelationen auswirken.

Das Fundament des Naturalismus ist, wie auf S. 19 gezeigt, das Axiom (N) der kausalen Geschlossenheit der materiell-faktischen Welt. Die Erkenntnisse der Quanten- und Chaostheorie zeigen aber, daß die materielle Welt zumindest für Unbestimmtheiten dieser Art offen ist.

Schon die einfachste autopoietische Einheit des Lebens, die Zelle, ist ein so hoch komplexes Gebilde, daß wohl noch niemand vermochte, die Reaktionskinetik eines solchen Systems auch nur annähernd vollständig mathematisch zu formulieren. Zu

---

[41] Der sog. Phasenraum ist ein mathematisches Hilfsmittel zur Beschreibung eines Systems aus N klassischen Teilchen. Er ist 6N-dimensional und wird von den 3N Ortskoordinaten und den 3N Impulskomponenten der Teilchen „aufgespannt", wie man sagt. Der momentane Zustand eines solchen klassischen Systems wird dann durch einen Punkt in diesem Phasenraum repräsentiert, und die zeitliche Entwicklung des Systems wird durch eine Bahn im Phasenraum dargestellt.

[42] Häufungspunkte sind solche Punkte einer Menge, bei denen sich in jeder noch so kleinen Umgebung beliebig viele weitere Punkte dieser Menge befinden. Bei „dichten" Mengen sind alle Punkte Häufungspunkte.

vermuten ist, daß solche Gleichungen chaotisches Verhalten[43] zeigen, viel zu unzuverlässig, um dem Leben entsprechen zu können. Hier sind grundlegende Fragen offen. Unbestreitbar ist, daß naturgesetzliche Kausalität alle Lebensprozesse beherrscht, ja daß Leben ohne sie gar nicht möglich wäre. Meine Behauptung aber ist, daß eben diese Kausalität, obzwar uneingeschränkt gültig, dennoch nicht ausreicht, um das Lebensphänomen wirklich zu verstehen.

Finalität:
Den systematischen experimentellen Fragen physikalisch-chemischer Forschung offenbaren sich nur Kausalbeziehungen als reproduzierbare wenn-dann-Relationen vom Typ (E) (s. S. 14). Was in deren Rahmen quanten- und chaostheoretisch unbestimmt bleibt, gilt in der Wissenschaft weithin als *absolut zufällig*, weil man andere, *empirisch* nicht faßbare Zusammenhänge für nicht existent erklärt, ohne sich einzugestehen, daß dies im Sinne Poppers eine wissenschaftlich nicht falsifizierbare und damit weltanschauliche These ist, die den Geltungsanspruch der (empirischen) Wissenschaft transzendiert. An anderer Stelle habe ich es als den *empiristisch-naturalistischen Fehlschluß* bezeichnet, wenn man behauptet, daß es nicht gibt, was durch die empirische Brille nicht zu sehen ist.
Lebewesen, ja schon einzelne Zellen, verhalten sich offenbar weder wie deterministische Maschinen, noch chaotisch, sondern *sinnvoll*. Die Evidenz dieser These veranlaßte Wolfgang Pauli, *nichtkausale* (d.h. nicht reproduzierbare) Zusammenhänge zu vermuten, die „Sinn im Zufall" zu stiften vermögen[44]. Ich erinnere daran, daß Sinn eine transempirische und damit relationale Kategorie ist.
Die Darlegungen dieses Buches zeigen, welches diese nichtkausalen Zusammenhänge sind, nämlich die Sinnzusammenhänge der das Leben organisierenden Kommunikationsvorgänge, wie ich sie im Abschnitt 3.3 skizziert habe. Sie sind es, die die Sinn- und Zweckbestimmtheit des Lebens, seine *Finalität* im Rahmen der nichtdeterministischen *Kausalität* bewirken.
Finalität im Rahmen von Kausalität – das ist nur auf der Grundlage einer anderen Zeitlichkeit möglich, nämlich auf der beziehungswirklichen Zeit, wie ich sie allgemein schon am Ende von Abschnitt 2.3 charakterisiert habe.
In den Beziehungswirklichkeiten des Lebens werden zeitübergreifende Bedeutungen kodiert und im Gedächtnis[45] behalten. So kann *Vergangenes* erinnert, d.h. *vergegenwärtigt*, werden, vielleicht auch um bestimmte Bedeutungen als Absicht, d.h. als *zukünftig* zu erreichendes Ziel zu kodieren. Die gegenwärtige Situation wird gemessen an einem immer wieder erinnerten einmal gesetzten Ziel, und es wird – wie

---

[43] Dies zeigt der Aufsatz "Ordnung und Chaos in chemischen Uhren" von Benno Hess und Mario Markus in dem schon zitierten Buch "Ordnung aus dem Chaos", herausgegeben von Bernd-Olaf Küppers bei Piper 1991, auch wenn dort hauptsächlich chaotische Oszillationen zwischen quasi-stabilen Zuständen autokatalytischer Reaktionssysteme behandelt werden, die eher einer selbststabilisierten Ordnung entsprechen als daß sie etwa chaotische Reaktionen auf Störungen zeigen.

[44] Diese Vermutung ist in dem posthum veröffentlichten Text „Die Klavierstunde" von Wolfgang Pauli enthalten. Man findet ihn in dem von H. Atmanspacher, H. Primas und E. Wertenschlag-Birkhäuser herausgegebenen Buch „Der Pauli-Jung-Dialog und seine Bedeutung für die moderne Naturwissenschaft" (Springer 1995).

[45] Bodo Wenzlaff macht auf den entscheidenden Unterschied zwischen lebendigem Gedächtnis und Datenspeichern aufmerksam: Gedächtnisse sind semantisch strukturiert und restrukturieren sich nach Neukodierung von „Ideen" semantisch neu. Ich behaupte, daß auch das Genom eines Lebewesens semantisch strukturiert ist und mehr einem Gedächtnis als einem Datenspeicher gleicht.

auch immer – geprüft, was geschehen muß, um es zu erreichen. So entsteht Finalität. *Neue* Ideen werden kodiert, um sie intern oder extern zu kommunizieren. Sehr oft sind Absichten damit verbunden.

Dies kann man jedenfalls auf den untersten drei Stufen der Autopoiese des Lebens konstatieren. So ist das Genom sichtlich das stammesgeschichtliche Gedächtnis der Arten, das sich als individuelle Variante in allen Zellen eines Organismus befindet. Das (selektive) Ablesen aus dem Genom entspricht der Erinnerung. Offenbar sind im Genom aber auch Ziele kodiert, deren Erreichung laufend geprüft wird. Dies gilt sicherlich für die Ontogenese, wo nach Erreichen bestimmter Stadien neue Schritte der Entwicklung genetisch eingeleitet werden. Auch das Pflanzenwachstum und Reifeprozesse zeugen davon. Auch neue Ziele wurden genetisch gesetzt, als es in der Evolution zu erheblichen Neuerungen kam.

Die Lernfähigkeit auch primitiver Organismen zeigt, daß es epigenetische Fähigkeiten individuellen Gedächtnisses gibt, eines Gedächtnisses, das sich bei höheren Lebewesen immer wirkungsvoller in neuronalen Strukturen ausgeprägt hat. Dazu kommt auf der dritten Stufe das quasi-kulturelle Gedächtnis in der Überlieferung sozialen Verhaltens in Artgemeinschaften. Eindrucksvoll ist das zielstrebige Verhalten jahreszeitlich wandernder Herden und noch mehr das der Zugvögel.

Geschichtlichkeit:

In der Situation der Gegenwart Vergangenes zu erinnern, um Zukunft zu antizipieren – das ist grundsätzlich die Weise, wie Leben Zeit beziehungswirklich *er-lebt*. So wird Leben *Geschichte*, Lebensgeschichte zwischen Zeugung und Tod. Zeugung und Tod sind in erster Linie beziehungswirkliche Ereignisse: Die Kodierungsfähigkeit des „lebenden Systems" für all die Beziehungen, die sein Leben ausmachen, beginnt und endet. Weil im Leben zeitübergreifende Bedeutungen in Sinnzusammenhängen kodiert werden, weist individuelles Leben über sich selbst hinaus. Es empfängt Sinn bei der Zeugung. Ganz elementar erhält es Botschaft und Auftrag von den „Vorfahren" in Gestalt seines aus den Genomen der Eltern gebildeten diploiden Genoms, wie es bei der Befruchtung geschieht. Bei brutpflegenden Arten hat die Sinnvermittlung noch ganz andere und weiter reichende Dimensionen. So entwickelt ein Lebewesen im eigenen Leben Sinn für sich und gibt Sinn für das Überleben der Art über den Tod hinaus weiter. So ist der Tod mehr als nur der Abbruch individuellen Lebens. Er hat etwas mit der Sinnerfüllung eben dieses Lebens zu tun, eines Sinnes, der weiter reicht als das. Deshalb gehört der Tod zum Leben, denn er ist die Bedingung für neues Leben. Ohne ihn wäre individuelles Leben sinnlos und wertlos. Es verlöre seine lebensgeschichtliche Qualität und reduzierte sich auf pures faktenwirkliches Nacheinander des Gleichgültigen in externer Zeit. Leben verlöre sein Innen und wäre nur nach Außen.

Wir müssen uns klar machen, daß das Erleben von Zeit als Vergangenheit, Gegenwart und Zukunft ein beziehungswirkliches Phänomen ist. In der äußeren faktenwirklichen Parameter-Zeit gibt es weder Vergangenheit noch Gegenwart noch Zukunft. Die „Gegenwart" ist ein Punkt auf der Zeitachse und durch nichts ausgezeichnet. Es gibt nur das triviale Vorher und Nachher bezogen auf irgendeinen beliebigen Zeit-Punkt, wie wir das von der „größer-kleiner-Ordnung" auf der reellen Zahlenachse kennen.

38

## 3.5 Evolution

Das zentrale Erklärungsparadigma der Biologie ist seit Charles Darwin die Evolution durch Variation und Selektion nach dem Maßstab des Fortpflanzungserfolgs unter gegebenen und sich ändernden Umweltbedingungen. Dabei entsteht Variation durch *zufällige* Mutation im Genom eines Individuums und damit auch im Genpool seiner Art. Somit stellt sich die Evolution des Lebens aus der Sicht der Naturwissenschaft dar als Zusammenwirken von Zufall und Notwendigkeit (Monod), d.h. dem Zufall der Mutationen und der Notwendigkeit der Naturgesetze, oder, in treffender Analogie, als Spiel (Eigen und Winkler), in dem Würfel fallen, aber auch strenge Regeln gelten. Ein Sinn und ein Ziel dieser Entwicklung ist nicht erkennbar. Allenfalls kann von einer Zunahme von Komplexität die Rede sein. Komplexität ist zwar nicht sehr gut definierbar, kann aber an empirischen Daten festgemacht werden. Sinn und Ziel können hingegen nicht empirisch festgestellt werden, weil es sich um transempirische Kategorien handelt. Daraus folgt natürlich noch nicht, daß es Sinn und Ziel der Evolution nicht gibt, wie oft behauptet wird. Dies wäre wiederum der empiristisch-naturalistische Fehlschluß und bedeutet den Überschritt von der Wissenschaft zur naturalistisch-reduktionistischen Weltanschauung, der freilich von vielen Wissenschaftlern unbesehen und unbedacht getan wird.

Die Erklärungskraft des Evolutionsparadigmas ist groß. Sehr vieles kann erklärt werden. Sehr vieles kann aber noch nicht erklärt werden. In dem in Fußnote 26 genannten Buch „Evolution – Ein kritisches Lehrbuch" von Reinhard Junker und Siegfried Scherer wird sorgfältig diskutiert, was durch Darwinsche Evolution bisher erklärt werden konnte und was nicht. Dabei wird unterschieden zwischen Mikro- und Makroevolution. Mikroevolution ist graduelle Evolution nach dem Darwinschen Muster von Variation und Selektion. Unter Makroevolution verstehen die Autoren die „Entstehung neuer, bisher nicht vorhandener Organe, Strukturen und Bauplantypen; damit verbunden auch die Entstehung *qualitativ* neuen genetischen Materials[46]." Die Leistung der Mikroevolution sei – so wird gesagt – *Optimierung*, die der Makroevolution *Konstruktion*[47]. Während Mikroevolution überzeugend belegt und modellhaft sowohl im Reagenzglas als auch durch Evolutionsprogramme auf dem Computer demonstriert werden kann, ist es – so die Autoren – bis heute noch nicht einmal beispielhaft gelungen, einen einigermaßen wahrscheinlichen molekular-biologischen Mechanismus für Makroevolution aufzuzeigen. Die Frage, ob denn Makroevolution durch viele kleine Schritte der Mikroevolution etwa durch Anhäufung von Mutationen inaktiver sog. Pseudogene erklärt werden kann, diskutieren die Autoren am besonders einfachen Beispiel des Bewegungsapparates des Bakteriums E. Coli. Sie kommen zu dem Schluß, daß die dazu notwendig erscheinenden 28 zusammenpassenden Mutationen im Laufe der Erdgeschichte im Gesamtvolumen der Ozeane nur mit einer Wahrscheinlichkeit von $10^{-94}$ aufgetreten sein können. Sie betrachten dieses Ergebnis als Falsifikation der angenommenen These.

Zu dem bisher nicht Erklärten gehört ganz besonders, daß am Ende des Präkambriums vor ca. 530 Mill. Jahren in vergleichsweise kurzer Zeit – anscheinend übergangslos und nahezu gleichzeitig – alle Grundentwürfe („Baupläne") im sich dann mächtig

---

[46] Seite 53 des in Fußnote 26 genannten Buches
[47] Seite 129 des in Fußnote 26 genannten Buches

entfaltenden Stammbaum des Lebens auftraten. Hier macht die Evolution anscheinend große Sprünge (Makroevolution), die sich mit dem Darwinschen Konzept der Mikroevolution durch viele kleine „Punkt"-Mutationen im Genom kaum erklären lassen. So schreibt Ulrich Müller-Herold in dem in Fußnote 44 genannten Buch[48]: „Anstelle des traditionellen Scenarios einer allmählichen Höherentwicklung von etwa 30 Grundbauplänen im Laufe der Stammesgeschichte ist heute ein anderes Bild getreten: Mit dem Beginn des Kambriums ist die heutige Fauna mit ihren Grundelementen plötzlich da: schlagartig, hochorganisiert, weltweit. Eine Evolution findet *im wesentlichen* nicht statt." Gemeint ist hier natürlich Mikroevolution im Darwinschen Sinne.

Zu dem, was mit diesem Konzept ebenfalls schwer zu erklären ist, gehören auch die vielen Beispiele für sehr spezifische Leistungen von Lebewesen, deren evolutiver Vorteil erst bei Vollendung, aber bei keiner der evolutiven Vorstufen gegeben zu sein scheint. Schließlich gibt es im Unterschied zur Adaptation (Anpassung) das Phänomen der Exaption: Ohne erkennbaren evolutiven Vorteil entstanden Eigenschaften von Lebewesen, die sich stammesgeschichtlich erst später unverhofft tatsächlich als nützlich erwiesen haben. Auf ein – allerdings noch umstrittenes – Beispiel von Exaption in der Evolution des *homo sapiens* komme ich im nächsten Kapitel zurück.

Man kann hoffen, daß vieles von dem bisher Unerklärlichen auf diese Weise noch erklärt werden kann. Daraus schon heute einen Allerklärungsanspruch für das Evolutionsparadigma in seiner naturalistisch-reduktionistischen Fassung abzuleiten, scheint mir vermessen und unwissenschaftlich zu sein.

In der in diesem Buch vertretenen nicht-reduktionistischen Sicht des Lebens wird Evolution verstanden als Zusammenwirken von Makro- und Mikroevolution mit aller erklärenden Kraft der letzteren. Evolution ist somit der *Rahmen*, innerhalb dessen sich der Sinn des Lebens in eine offene Zukunft hinein entfalten kann, um ein uns unbekanntes Ziel anzustreben. Auch hier also Finalität im Rahmen von Kausalität. So kann man sagen:

> Die Evolution ist das Leben des Lebens, die Lebensgeschichte der Biosphäre zwischen Zeugung und Tod.

Auch das biosphärische Leben wird sterben spätestens dann, wenn der Wasserstoffvorrat der Sonne in einigen Mrd. Jahren zu Ende geht und die Sonne das Rote-Riesen-Stadium erreicht.

Die Urzeugung des Lebens geschah vor etwa 4 Mrd. Jahren in einer mutmaßlichen „Ursuppe", in der allerlei organische Moleküle als mögliche Bausteine des Lebens herumschwammen, darunter Aminosäuren und Polynukleotide. Aus letzteren konnten sich Ribonukleinsäure- (RNS-)Ketten bilden. RNS-Moleküle bilden einen Strang aus Zuckermolekülen (Ribosen), die durch Phosphatreste miteinander verbunden sind und an die kurze Seitenketten – sog. Nukleotide – angehängt sind. Im Leben spielen vier solcher Nukleotide, die auch Basen genannt werden, eine Rolle, nämlich Adenin, Guanin, Cytosin und Thymin bzw. Uracil[49], weil sie sich eindeutig paaren können, nämlich Guanin mit Cytosin und Adenin mit Thymin bzw. Uracil. Diese

---

[48] Ulrich Müller-Herold, Vom Sinn im Zufall: Überlegungen zu Wolfgang Paulis „Vorlesung an die fremden Leute", erschienen in dem in Fußnote 44 genannten Buch, S. 169.
[49] In RNS-Molekülen tritt an die Stelle von Thymin, das in DNS-Molekülen, also der Doppelhelix aus zwei RNS-Strängen, zu finden ist, das nahe verwandte Uracil.

Basenpaarung wird durch eine sehr schwache Bindung, die sog. Wasserstoff-Brückenbindung bewirkt, die sich sehr leicht wieder lösen läßt. So kann sich an einem RNS-Strang gewissermaßen als „Negativkopie" ein komplementärer RNS-Strang bilden und wieder lösen. Dieses „Negativ" kann wieder einen Komplementärstrang bilden, der dann eine „Positivkopie" des ursprünglichen ist. Zwar waren mit diesem Vermehrungsmechanismus einschließlich der dabei auftretenden Kopierfehler schon die Voraussetzungen für eine Art Evolution der RNS-Moleküle gegeben, jedoch sind diese RNS-Ketten relativ fragil. Aus thermodynamischen Gründen können sie in der Regel in dem anzunehmenden wässrigen Milieu der „Ursuppe" nur etwa 100 Nukleotide lang sein. Dazu kommt, daß der beschriebenen Kopiermechanismus viel zu fehlerhaft ist, als daß er zu einer Evolution hätte führen können, denn eine ursprüngliche Basensequenz ist schon nach wenigen Kopiervorgängen nicht mehr wiederzuerkennen, so daß sich an der Zufallsverteilung der Kettenlängen und Basensequenzen in der „Ursuppe" nichts änderte.

Das Leben begann – so vermutet man heute – mit der Kommunikation zwischen RNS-Molekülen und Proteinen. Proteine (Eiweiße) sind aus Aminosäuren aufgebaute Kettenmoleküle, die sich in Abhängigkeit von ihrer Aminosäurensequenz so zusammenfalten, daß sie ganz spezifische Funktionen ausüben können, z.B. die, eine nahezu fehlerfreie Kopie einer RNS-Kette zu bewerkstelligen. Ein solches Protein wird Replikase genannt.

Mehr oder weniger zufällig wird es ein RNS-Molekül gegeben haben, dessen Basensequenz in dem noch heute universell gültigen Kode die Aminosäurensequenz eines solchen Proteins chiffriert hat, das als Replikase seiner selbst getaugt hat. Die Replikase bewirkte, daß diese „zufällige" Basensequenz lange genug erhalten blieb, um genug solchermaßen befähigte „Nachkommen" haben zu können, und nicht zu schnell durch zu viele Kopierfehler wieder verlorenging. Für sich genommen war die Basensequenz dieser RNS belanglos. Indem sie „ihre" Replikase kodierte, bekam sie plötzlich Bedeutung. So kam Bedeutung, so kam Information in die Welt. In der Beziehung zwischen Erbmolekül RNS und Funktionsmolekül Replikase entstand Sinn, denn diese Beziehung hatte Sinn. Dies ist die Uridee des Lebens. Das sich selbst stützende Gebilde aus diesen beiden kommunizierenden Molekülen ist sinnvoll. Es hat seinen Sinn in sich selbst und weist doch über sich selbst hinaus. Diese Beziehung war die Keimzelle der Beziehungswirklichkeiten des Lebens, aus der alle weiteren durch *Informationsentstehung*, d.h. durch Erstkodierung von immer weiteren neuen Lebens-Ideen hervorgingen.

Hinter den Worten „mehr oder weniger zufällig wird es ein RNS-Molekül gegeben haben ..." verbirgt sich das eigentliche Problem der wissenschaftlichen Forschung über die Entstehung des Lebens[50]. Rein kombinatorisch wäre nämlich die zufällige Entstehung einer potenziell bedeutungsvollen Basensequenz selbst bei einem Zeitraum von einigen 100 Mill. Jahren und bei einer riesige Menge verschiedenster RNS-Moleküle so unwahrscheinlich, daß fast von Unmöglichkeit gesprochen werden muß. Gesucht wird in der Forschung nach möglichen Mechanismen einer präbiotischen Evolution, die dieses Urzeugungsereignis des Lebens wesentlich wahrscheinlicher gemacht haben könnten. Besonders bekannt geworden ist das Modell eines

---

[50] Peter Schuster, Molekulare Evolution und Ursprung des Lebens. In: Bernd Olaf Küppers (Hg.), Ordnung aus dem Chaos – Prinzipien der Selbstorganisation und Evolution desLebens, Piper 1991, S. 49-84

evolutionären Hyperzyklus von Manfred Eigen[51], bei dem die Information für ein vollgültiges Replikase-Protein aus mehreren hundert Aminosäuren evolutiv aufgebaut wird durch einen Zyklus kurzkettiger koordinierter RNS- und Proteinmoleküle. Wie dem auch sei, das Element des Zufalls wird nicht zu eliminieren sein. Die Frage, wie wahrscheinlich die Urzeugung des Lebens auf der Erde wirklich war, wird unbeantwortbar bleiben, weil wir die tatsächlichen Bedingungen der „Ursuppe" auf der frühen Erde nicht gut genug kennen können.

So wird es weiter unbenommen bleiben, das Ereignis der Urzeugung des Lebens entweder reduktionistisch als „rein zufällig" anzusehen oder auch hier davon auszugehen, daß die „Uridee" des Lebens ihrer Kodierung logisch vorausging. Entsprechend können die großen Schritte der Evolution wie etwa das Auftreten neuer Grundentwürfe (Baupläne), neuer Fähigkeiten der sinnlichen Wahrnehmung und signalsprachlicher Kommunikation sowie das Auftreten von Bewußtsein bei höheren Tieren gesehen werden als Erstkodierung neuer schöpferischer „Ideen", die aus der umfassenden Beziehungswirklichkeit kamen, von der alles Sein umfangen wird. Dann ist auch der Gedanke denkbar, daß all diese Kodierungen in der „Lebensgeschichte des Lebens", der Evolution nämlich, eine semantische Ebene haben, auf der ein Sinnzusammenhang (semantische Kohärenz) besteht, dessen Ziel uns verborgen ist. Auch dies sind transempirische Fragen, die wissenschaftlich nicht entscheidbar, nicht falsifizierbar sind, denn der Beginn des Lebens war ein einmaliges und unwiederholbares Ereignis, so wie die Evolution selbst ein einmaliges und unwiederholbares Geschehen war und ist. Dies mag Peter Schuster, Mitarbeiter von Manfred Eigen, gemeint haben, als er schrieb: „Die Essenz des Lebens ist auch und vor allem für den Naturwissenschaftler ein unlösbares Rätsel und wird es vermutlich für alle Zeit auch bleiben."[52]

## 3.6 Leben im Licht der Quantentheorie

Im Abschnitt 3.3 habe ich dargetan, daß Kommunikation das Wesen des Lebens ist und daß es die dadurch geschaffenen Beziehungswirklichkeiten sind, die das Leben erst lebendig machen. Im Abschnitt 2.6 habe ich behauptet und begründet, daß quantenmechanische Potentialität die Bedingung für die Möglichkeit von Beziehungs-wirklichkeiten überhaupt ist. Daher muß die Quantentheorie wesentlich für das Verständnis des Lebensphänomens sein. Wie und warum dies so ist, möchte ich in diesem Abschnitt für die Basis des Lebens, das zelluläre Leben zeigen.

Die molekulare Biologie des zellulären Lebens spielt sich in der Tat am Rande des üblicherweise angenommenen Geltungsbereichs der Quantentheorie ab. Die meisten Biologen sind allerdings davon überzeugt, daß die Geltung der Quantentheorie in Lebenszusammenhängen nicht über die chemische Bindung hinausreicht. Man kann sich dabei berufen auf die im Abschnitt 2.5 (S. 21) angesprochene Erscheinung der Dekohärenz, die einzelne Objekte durch „permanente Messung" – das sind regellose Wechselwirkungen mit vielen kleinen Teilchen – als unterscheidbare Dinge herauslöst aus dem allgemeinen Zusammenhang quantenmechanischer Potentialität. Je größer ein solches Objekt ist, umso schneller und vollständiger vollzieht sich diese Dekohärenz.

---

[51] Manfred Eigen, Selforganization of Matter and the Evolution of Biological Macromolecules, Naturwissenschaften 58 (1971), S. 465-523
[52] Zitat aus dem in Fußnote 50 genannten Aufsatz, S. 52

Im allgemeinen behalten nur elementare Teilchen, Atome und hinreichend kleine Moleküle Züge quantenmechanischer Komplementarität. Biomoleküle sind als Biopolymere i.a. ziemlich groß. Reißt man sie aus dem Lebenszusammenhang einer Zelle heraus und untersucht sie „in vitro" (d.h. im Reagenzglas), wie man es in der Molekularbiologie aus experimentell-technischen Gründen meist macht, sind sie „permanenter Messung" in einem inkohärenten Medium (z.B. in wässriger Lösung) mit thermischer Charakteristik[53] ausgesetzt, die sie als weitgehend klassische Objekte mit eindeutigen Eigenschaften in Erscheinung treten lassen. Lediglich die Elektronenkorrelation, die die chemische Bindung bewirkt, bleibt erhalten. Im Lebenszusammenhang – „in vivo" –, d.h. in der Beziehungswirklichkeit einer Zelle, befinden sie sich hingegen in einem kooperativen Milieu[54], das erwarten läßt, daß sog. EPR-Korrelationen, wie sie im Abschnitt 2.5 beschrieben wurden, zwischen den Biomolekülen erhalten bleiben und die Dekohärenz folglich unvollständig ist. In der gegenwärtigen Molekularbiologie aber unterstellt man jedoch stillschweigend die an sich schon experimentell falsifizierte „Ontologie der an sich seienden Realität" (s. Abschnitt 2.5, S. 19/20), wenn man annimmt, die Biomoleküle seien „in vivo" dieselben wie „in vitro", wo man sie untersucht hat. Es ist aber anzunehmen, daß dem nicht so ist, sondern daß die Potentialität der „in vivo" miteinander reagierenden Moleküle verschränkt bleibt und so den eigentlichen Lebenszusammenhang bildet.

Dieser Umstand wird vom „genetic engineering" der Molekularbiolgie bisher vollständig ignoriert. Man geht in der dinglichen Zerlegung lebendiger Zusammenhänge sogar noch weiter, indem man die DNS zu ihrer Sequenzierung in lauter Genschnipsel zerhackt, deren Basensequenzen mit Hilfe der PCR-Methode[55] bestimmt, die Sequenzen dieser Schnipsel computergestützt wie ein Puzzle zusammensetzt und dann glaubt, mit der so bestimmten Gesamtsequenz wieder das Ganze der DNS in der Hand zu haben. Ohne Beweis glaubt man, daß die den chemischen Gesamtzusammenhang herstellende Elektronenkorrelation ohne Bedeutung sei. Sie könnte aber auf der semantischen Ebene jenen Kontext darstellen, der erst die Bedeutung kontextabhängiger Abschnitte des Genoms festlegt (s. Abschnitt 2.4, S. 17). Folgerichtig ist man beim „genetic engineering" so frei und flickt in das Genom von Lebewesen ohne Skrupel transgene Gensequenzen anderer Arten hinein, die in einem völlig anderen Lebenszusammenhang evolutionär entstanden sind. Man glaubt, daß das funktioniert, nur weil der genetische Kode universell ist, und wundert sich dann, daß die Fremdgene oft durchaus nicht das machen, was sie sollen. Man ist sich nicht bewußt, daß man dabei blind eindringt in unbekannte transempirische Bedeutungszusammenhänge, in die das Fremdgen nicht hineinpaßt und keinen Sinn ergibt.

---

[53] Damit ist gemeint, daß von einer einheitlichen Temperatur die Rede sein kann, d.h. daß die Energien gemäß einer Botzmann-Verteilung über die Freiheitsgrade des Systems verteilt sind.

[54] Als Anzeichen dafür kann man die Tatsache sehen, daß die Photonen-Emission lebender Zellen eine nicht-thermische Charakteristik aufweist, wie F.A. Popp in zahlreichen Arbeiten gezeigt hat. Genannt sei hier sein Artikel „Biophotonics – A Powerful Tool for Investigating and Understanding Life" in dem von H.P. Dürr, F.A. Popp und W. Schommers bei World Scientific (2002) herausgegebenen Sammelband „What is Life? – Scientific Approaches and Philosophical Positions". Darin bringt er Argumente dafür, daß die Photonenemission lebender Zellen Merkmale von Kohärenz aufweist, die verschwinden, wenn die Zelle stirbt.

[55] Mit Hilfe der Polymerase Chain Reaction (PCR) kann man diese Bruchstücke beliebig kopieren und vervielfachen und dadurch handhaben.

Nun ist aber selbst die ganze DNS (einschließlich ihrer Elektronenkorrelation) natürlich nicht das Ganze, um das es geht, sondern die lebende Zelle. Das Entscheidende ist, daß ihr Leben durch in sich geschlossene Funktionszusammenhänge verwirklicht ist. Die Zelle ist „operational geschlossen", wie Varela und Maturana sagen (s. Fußnote 36). Vielfach verzweigt, passen Anfänge und Enden des Funktionsnetzwerks zusammen. Semantisch gesprochen, stehen die sich gegenseitig definierenden Bedeutungen der sie kodierenden Biomoleküle im Sinnzusammenhang der Autopoiese. Mathematisch bedeutet dieses Zusammenpassen von Anfängen und Enden, daß „zyklische Randbedingungen" erfüllt sein müssen, so daß es sich, wenn sie erfüllt sind, gar nicht um Anfänge oder Enden, sondern um Kreisläufe handelt. Solche Zyklen schaffenden Randbedingungen zeichnen die semantisch kohärenten, gleichsam „aufgehenden" Zusammenhänge aus vor den übrigen im Rahmen der kausalen Stochastizität möglichen, die nicht „aufgehen" und nicht zu stabilen Zyklen führen.

Für quantenmechanische Potentialität – im einfachsten Fall für „Wellenfunktionen" – sind zyklische Randbedingungen möglich und erfüllbar. In der klassischen Mechanik kommen sie nicht vor. Dort gibt es nur Anfangsbedingungen für die Lösung zeitlicher Differentialgleichungen. In der Atomphysik führen zyklische Randbedingungen zur Quantisierung der Elektronenzustände und damit zur Stabilität der Atome, die die klassische Physik nicht zu erklären vermag.

Zyklische *Rand*bedingungen hätten damit die Wirkung einer sog. Abwärts-Verursachung (downward-causation), die etwas ganz anderes ist als die übliche Kausalität der *Anfangs*bedingungen, weil der zeitunabhängige Gesamtzusammenhang herunterwirkt auf die Schritte, die ihn verwirklichen.

Zyklische Quantenkohärenz wäre so der Garant für die semantische Kohärenz des Zellgeschehens. Für ein so komplexes Gebilde wie eine lebende Zelle im Stoff- und Energieaustausch mit der Umgebung ist Potentialität natürlich nicht mehr durch eine „Wellenfunktion" beschreibbar. Zyklische Randbedingungen können hier nur durch Quantenkorrelationen nach Art der EPR-Korrelationen vermöge ihrer zeitlichen Nichtlokalität (s. Abschnitt 2.5, S. 22) sichergestellt werden. Messender Eingriff in diese Zusammenhänge würde unweigerlich die Quantenkorrelationen stören und unkenntlich machen. Quantenmechanische Komplementarität, so scheint mir, ist hier der Grund für die Transempirizität der internen Kommunikation der Zelle. Schon Niels Bohr wies darauf hin, daß es ein komplementäres Verhältnis zwischen dem Leben einer Zelle und dessen vollständiger empirischer Erforschung geben muß. Letztere würde zur Tötung dessen führen, was erforscht werden soll.

Zwei Fragen sind offen, auf die die klassische Reaktionskinetik m.E. keine befriedigende Antwort zu geben vermag. Die eine lautet: Wie ist eine stabile *zyklische* Reaktionskinetik möglich, wenn die Konzentrationen der Reaktanten zufälligen Schwankungen unterworfen sind, wie es für die Biochemie der Zelle anzunehmen ist?[56]

Nun ist aber die Zelle nicht nur ein komplexes, vielfach rückgekoppeltes reaktionskinetisches System, an dessen biochemischen Stoffwechselreaktionen jeweils

---

[56] Daß dies so ist, besonders wenn die Konzentrationen klein sind, zeigen beispielsweise H.H. McAdams und A. Arkin in ihrem Artikel „It's a noisy business"!, der in der Rubrik Genetic regulatory circuitry des Journals TIG, Vol. 15, No. 2, S. 65 erschienen ist. Das damit aufgeworfene Problem versuchen die Autoren zu beantworten mit dem Hinweis auf genetische Redundanzen und extensive Rückkopplungen der regulatorischen Zyklen.

relativ viele Moleküle der verschiedenen Arten beteiligt sind, sondern sie ist auch ein informationell gesteuertes und stabilisiertes System, bei dem die Informationsübertragung nicht selten durch *einzelne* Botenmoleküle geleistet wird, die dem thermischen Rauschen unterworfen sind. Daraus ergibt sich die zweite Frage: Wie kann eine Informationsübertragung, die *im* Rauschen vonstatten geht, ohne durch einen gehörigen „Signal-Rausch-Abstand" gesichert zu sein, zuverlässig funktionieren?

Beide Fragen lassen sich zusammenfassen zu der schon im Abschnitt 3.4 aufgeworfenen Frage: Warum verhält sich ein so komplexes System wie die Zelle weder wie ein deterministisches Uhrwerk noch chaotisch, sondern „sinnvoll"? Zyklische Quantenkohärenz könnte darauf eine einleuchtende Antwort geben[57].

---

[57] H.J. Fischbeck, On the Essence of Life – A Physical but Nonreductionistic Examination, in: H.P. Dürr, F.A. Popp, W. Schommers (Ed.), What is Life? – Scientific Approaches and Philosophical Positions, World Scientific 2002, S. 230, in deutscher Fassung: Zum Wesen des Lebens. Eine physikalische, aber nicht-reduktionistische Betrachtung, in:H.P.Dürr, F.A. Popp, W. Schommers (Hg.), Elemente des Lebens – Naturwissenschaftliche Zugänge – Philosophische Positionen, Die Graue Edition, 2000.

## 4. Der Mensch: Ein Blick auf die Beziehungswirklichkeiten seiner Existenz

### 4.1 Wer und/oder was?

Von den Gesichtspunkten dieses Buches aus muß auch vom Menschen die Rede sein, auch wenn das nur völlig unzureichend sein kann. Nur für das Lebewesen, das wir selbst sind, können wir wirklich hinter die Kulissen des Reproduzierbaren blicken und die transempirischen Beziehungswirklichkeiten unserer Existenz wahrnehmen. Wir können nämlich nicht wissen, „wie es ist, eine Fledermaus zu sein", um den Titel eines bekannten Artikels[58] zu zitieren, das die Transempirizität der inneren Wirklichkeit anderer Lebewesen thematisiert. Wir wissen aber aus unserer Beteiligung am Menschsein heraus natürlich, wie es ist, ein Mensch zu sein.

Unsere Beteiligung am Leben im allgemeinen als „Leben, das leben will inmitten von Leben, das leben will" (Albert Schweitzer) ermöglicht uns übrigens doch, wenn auch sehr begrenzt, wenigstens etwas von dem zu verstehen, was das Leben anderer Kreaturen ausmacht. Das ist beispielsweise die Bemühung der Verhaltens- und Soziobiologie.

Die sprachliche Bedeutung der Fragewörter ‚wer' und ‚was' bezeichnet ziemlich genau den Unterschied zwischen der Beziehungs- und der Faktenwirklichkeit des Menschseins. Mit wer? fragen wir nach Subjekten – das können sogar höhere Tiere sein – und mit was? nach Dingen oder Sachen. Ein Satzgegenstand kann nur das eine *oder* das andere sein. Deshalb fragen wir in der Grammatik danach mit ‚wer *oder* was'? Auch in unserer Intuition treffen wir die ausschließende Unterscheidung wer oder was. Ein Lebewesen, dem wir Subjektivität zubilligen, ist für uns ein Wer, andere Lebewesen eher ein Was. Die Unterscheidung wird jeder ein wenig anders treffen, und das deutet darauf hin, daß es für Subjektivität kein objektives Kriterium gibt und daß es somit schwierig ist, zu sagen, was Subjektivität überhaupt ist. Und doch wissen wir es ganz sicher von uns selbst. Jeder von uns ist unbestritten ein Wer und kein Was. Subjektivität ist ein transempirischer Begriff.

Dem Problem der objektiven Unbestimmtheit der Subjektivität begegnen wir bei der heutzutage so aktuellen Frage nach dem Menschsein des Embryos: Ist der Embryo schon ein Wer oder nur erst ein Was? Ab wann ist der Mensch ein Wer? – so wird gefragt. Damit ist aber natürlich auch klar: Der Mensch ist immer *auch* ein Was. Zu fragen ist also: Wer *und* was ist der Mensch? Damit spiele ich nicht nur an auf unseren gängigen Sprachgebrauch, sondern verbinde damit auch die Behauptung: Der Mensch ist mehr als ein Was, er ist auch und vor allem ein Wer. Diese Behauptung ist keineswegs so unumstritten, wie man aus unserem gängigen Sprachgebrauch schließen könnte. Sie wird im Banne der Erkenntnisfortschritte der Neurobiologie heute mehr und fundierter bestritten als je zuvor. Bevor ich im folgenden auf die das Wer rechtfertigenden Beziehungswirklichkeiten des Menschseins, auf die Menschenwürde und die Willensfreiheit zu sprechen komme, ist es angebracht, kurz und skizzenhaft einen Blick auf das Was des Menschen zu werfen.

---

[58] Thomas Nagel, How is it like to be a bat?, Philosophical Review 83,4 1974, S. 435-450.

**4.2 Was ist der Mensch? – Aussagen zur Faktenwirklichkeit seiner Existenz**

Dies ist die Frage nach der Dinglichkeit oder besser der Körperlichkeit des Menschseins, und ich skizziere hier ganz grob naturwissenschaftliche Antworten und beschränke mich dabei auf das, was mir im Zusammenhang dieses Buches wichtig ist. Beiträge zur naturwissenschaftlichen Anthropologie leisten die Evolutionstheorie, die Verhaltens- und Soziobiologie, die Molekularbiologie, die Neurobiologie und in gewissem Sinne auch die Forschung zur „Künstlichen Intelligenz". Selbstverständlich gilt dies besonders von der medizinischen Physiologie, auf die ich aber nicht eingehen kann.

Was also ist der Mensch aus der Sicht der Evolutionstheorie?
Der Mensch, ein Wirbel- und Säugetier, ist eine späte Knospe am Stammbaum des Lebens. Vor wohl 2 – 3 Mio. Jahren zweigte er als *homo habilis* und *homo erectus* ab vom Ast der Primaten. Er ist körperlich recht unspezialisiert und deshalb vielen anderen Arten in spezifischen Leistungen weit unterlegen. Er zeichnete sich aber dadurch aus, daß er in Gruppen sehr wirksam kooperieren konnte. Dies war eine Entwicklung, die mit einer Verdreifachung seines Hirnvolumens in stammes-geschichtlich sehr kurzer Zeit einherging. Sein spezifisches Hirnvolumen, also das mittlere Hirnvolumen dividiert durch das mittlere Körpervolumen, liegt damit an der Spitze im Tierreich. Von großer Bedeutung ist auch eine anatomische Besonderheit seines Kehlkopfes im Vergleich zu dem anderer Primaten, die sich vermutlich während der Hominisation entwickelte. Sie gestattet dem Menschen eine diffizile Formung seiner Stimme. Dies war die anatomische Voraussetzung dafür, daß der *rezente homo sapiens* irgendwann im Lauf seiner Evolution Begriffssprachen entwickelte über lautliche und gestische Signalsprachen hinaus, die es ja vielfältig im Tierreich gibt. Es ist nicht auszuschließen, daß auch schon frühere Menschenformen Begriffssprachen hatten, aber beim *homo sapiens sapiens* kann man dies indirekt aus archäologischen Spuren früher Kulturen schließen. Solche Zeugnisse anderer früher Menschenformen sind bisher nicht gefunden worden. Ich behaupte jedenfalls, daß es die Begriffssprache war, die den Menschen zu dem Menschen machte, der er heute ist. Diese Feststellung ist mir sehr wichtig.

Was ist der Mensch aus der Sicht der Verhaltens- und Soziobiologie?
Die Verhaltensmuster der Tiere, also ihr Balz-, Brutpflege-, Rangordnungs-, Territorial-, Angriffs- und Abwehrverhalten, Droh- und Demutsgebärden u.v.a. sind wegen der Gleichartigkeit bei den Individuen einer Art und wegen ihres Automatismus weitgehend programmiert und offenbar genetisch fixiert. Man nennt all das instinktives Verhalten. Obwohl es bei höheren Arten auch schon die Fähigkeit zur Nachahmung und Tradierung von erlerntem Verhalten gibt, ist das Verhalten der Tiere doch weitgehend durch Instinkte bestimmt. Gewiß trägt der Mensch auch ein ganzes Repertoire instinktiver Verhaltensmuster in seinem evolutionären Gepäck. Er zeichnet sich aber dadurch aus, daß ihn seine Instinkte nicht festlegen und daß er auch *gegen* seine Instinkte frei handeln kann. Jedoch bringt die Soziobiologie Argumente dafür bei, daß Grunddispositionen menschlichen Verhaltens wie Familienbindung, Gruppensolidarität, Gruppenaggression, Sexualverhalten, Rangordnungsbildung und Sozialität bis hin zur Religiosität evolutionsbiologisch zu erklären und daher genetisch fixiert sind.

Was ist der Mensch aus der Sicht der Molekulargenetik?
Die Zellbiologie des Menschen unterscheidet sich nicht prinzipiell von der anderer Arten. Es ist nicht nur der gleiche genetische Code, der sie steuert, und es sind nicht nur die gleichen Aminosäuren, aus denen seine Proteine zusammengesetzt sind, sondern es sind auch die gleichen Grundmechanismen der Proteinsynthese und des Stoffwechsels. Zwar sind die Proteine selbst hochspezifisch, wie man an der Immunreaktion erkennt, aber die unterscheiden sich ja sogar zwischen den verschiedenen Individuen einer Art, deren Genotypen hinwiederum sich nur im Promillebereich voneinander unterscheiden. Dies genügt, um Menschen auch phänotypisch so verschieden werden zu lassen, wie sie nun einmal sind. Die genetische Identität eines Menschen wird hauptsächlich bestimmt durch die für ihn spezifische Kombination aus mütterlichem und väterlichem Genom in seinem diploiden Chromosomensatz in jeder Zelle seines Körpers.
So wichtig die genetische Identität eines Menschen auch ist, so macht sie seine leibliche Individualität doch noch lange nicht aus. Zwar werden wichtige Schritte der Ontogenese eines Menschen genetisch veranlaßt, aber die eigentliche Ausführung der Entwicklung und die Ausbildung der Organe erfolgt doch nach Prinzipien epigenetischer Selbstorganisation unter dem starken Einfluß der Umgebung des Werdenden schon innerhalb und dann außerhalb des Mutterleibes.

Was ist der Mensch aus der Sicht der Neurobiologie?
Das gilt ganz besonders für die Ausbildung des Gehirns und des Nervensystems in seiner ungeheuren Vernetztheit und Strukturierung der 100 Mrd. Neuronen mit ihren jeweils bis zu 10 000 Synapsen[59], mit denen sie untereinander verbunden sind. Sie bilden die funktionale Grundlage des neuroelektrischen Geschehens, das mit der sinnlichen Wahrnehmung, der inneren und äußeren Steuerung des Organismus, den Aktionen und auch mit dem Denken und dem Bewußtsein verbunden ist. Das sind die materiellen Prozesse, das Was, das wir mit dem personalen Wer des Menschen assoziieren. Die Ausdifferenzierung des Gehirns und des Nervensystems reicht beim Menschen bis in die kleinkindliche Phase hinein und wird damit wesentlich mitbestimmt durch seine Umwelt, in erster Linie durch die Interaktion mit der Mutter.
Das Bewußtseinsphänomen, das bei höheren Tieren als bewußte Wahrnehmung zu vermuten ist, und beim Menschen die spezifische Ausprägung des reflektierenden Ich-Bewußtseins der Person erfährt, wird dabei als ein sog. Emergenzphänomen, d.h. als eine höchst merkwürdige Begleiterscheinung hochkomplexer und massiv paralleler Informationsverarbeitungsprozesse im Großhirn in enger Verkoppelung auch mit den anderen Teilen des Gehirns, insbesondere mit dem sog. limbischen System[60] angesehen. Emergent nennt man Phänomene, die sich aus dem Zusammenwirken

---

[59] Synapsen sind die Enden der kurzen und langen Ausläufer einer Nervenzelle, Dendriten bzw. Axone genannt, die auf anderen Nervenzellen – nur durch einen schmalen Spalt getrennt – aufsitzen und so Kontakte bilden. In ihnen befinden sich zahlreiche kleine Bläschen, die mit Überträgermolekülen, den sog. Neurotransmittern, gefüllt sind. Neuroelektrische Impulse, die an einer Synapse ankommen, können einige solcher Bläschen zum Platzen bringen, so daß sie ihren Inhalt in den synaptischen Spalt entleeren. Die ausgeschütteten Neurotransmitter können dann die kontaktierte Zelle in ihrer elektrischen Aktivität anregen oder hemmen.
[60] Das limbisches System ist ein stammesgeschichtlich älterer Teil des Gehirns, der aus corticalen (Gyrus cinguli) und subcorticalen (Amygdala, Hippocampus etc.) Anteilen besteht. Es ist für die gefühlsmäßige Bewertung von Informationen und für die Integration des Gehirns von großer Bedeutung.

48

vieler Teile eines Systems ergeben, ohne daß man sie aus den Eigenschaften der einzelnen Teile und deren Wechselwirkungen ableiten kann.

Hier muß im Lichte der Begriffsbildungen dieses Buches angemerkt werden, daß das Bewußtseinsphänomen *als solches* nicht empirisch festgestellt werden kann[61]. Es ist strikt transempirisch. Daß es dieses Phänomen gibt, weiß jeder Mensch nur von sich selbst. Es ist ein reiner Analogieschluß, obschon ein völlig berechtigter, wenn wir uns gegenseitig als selbst-bewußte Wesen anerkennen. Auch höheren Tieren ein Bewußtsein (im Sinne bewußter Wahrnehmung) zuzuschreiben, ist natürlich ebenfalls ein – freilich weniger gesicherter – Analogieschluß. Die Neurobiologie handelt u.a. vom Was dieses Phänomens, also von den beobachtbaren Kodierungsprozessen, die damit untrennbar verbunden sind.

Es ist ein verbreiteter Konsens der Neurobiologen, daß es eine subjektive Instanz der Selbstbestimmung und der Autonomie, also das, was wir das Ich, das Selbst oder die Seele nennen, im Gehirn nicht gibt. Man findet sie nicht. Zwar gibt es selbstverständlich ein neurophysiologisches Korrelat dessen, was wir uns da einbilden, also über interagierende Zentren verteilte neuroelektrische Informationsverarbeitungsprozesse, auch repräsentationale Zustände genannt, aber diese Prozesse werden, so meint man, eben nicht von einer subjektiven Instanz bestimmt, sondern sie bestimmen umgekehrt das, was wir da an uns selbst erleben. Im Kern liegt darin eine Bestreitung der Willensfreiheit, also dessen, was die Autonomie und die Verantwortlichkeit des Menschen als Subjekt, d.h. seine Würde im Sinne Kants, ausmacht. Wolfgang Prinz, ein Neuropsychologe, hat diesen Konsens sehr prägnant zusammengefaßt in dem Satz[62]:

„Wir tun nicht, was wir wollen, sondern wir wollen, was wir tun."

In diesem Sinne sagte der Hirnforscher Gerhard Roth unlängst in einem Interview mit dem Spektrum der Wissenschaft:[63]

„Ich glaube, in spätestens 10 Jahren hat sich die Einsicht durchgesetzt, daß es Freiheit etwa im Sinne einer subjektiven Schuldfähigkeit nicht gibt. Das Sühnen einer Schuld wird entfallen, weil der Mensch nicht mehr im herkömmlichen Sinne ‚schuldig' sein kann."

Und er fügte hinzu:

„Die Entthronung des Menschen als freies denkendes Wesen – das ist der Endpunkt, den wir erreichen."

In diesem Sinne äußerte sich auch Wolf Singer[64]

„Aber aus Sicht der Naturwissenschaft ergibt sich die mit der Selbstwahrnehmung (des freien Willens nämlich) unvereinbare Schlußfolgerung, daß der ‚Wille' nicht frei sein kann."

---

[61] Das gilt unbeschadet der Tatsache, daß Bewußtlosigkeit etwa am EEG festgestellt werden kann.
[62] Wolfgang Prinz, Handlungs- und Willensfreiheit – Freiheit oder Wissenschaft? In: Der entthronte Mensch? – Herausforderungen der Neurobiologie für unser Menschenbild, Tagungsdokumentation 4 / 01 der Ev. Akademie Mülheim, S. 78
[63] Spektrum der Wissenschaft, Okt. 2000
[64] Der SPIEGEL 1/2001

Eine große Rolle für diese Meinungsbildung spielen Experimente von Benjamin Libet, die die Auffassung, der freie Wille sei Illusion, direkt zu bestätigen scheinen. Libet zeigte, daß sich bei Probanden, deren EEG aufgezeichnet wurde und die sich mit Hilfe einer umlaufenden Uhr merken sollten, *wann* sie nach eigenem Willen einen Finger krümmten, das sog. Bereitschaftspotential im EEG immer schon ca. 0,3 Sek. *vor* dem willentlichen Entschluß, den Finger zu krümmen, aufbaute.

Man kann den so umrissenen verbreiteten Konsens in der Neurobiologie zusammenfassen in dem Satz: Der Mensch ist „in Wirklichkeit" gar kein Wer, sondern doch nur ein Was, nämlich das, was Francis Crick in seinem Buch „Was die Seele wirklich ist"[65] einleitend so umschreibt: Bei unserem Sinn für Identität und Willensfreiheit

> „handelt es sich *in Wirklichkeit nur* um das Verhalten einer riesigen Ansammlung von Nervenzellen und dazugehörigen Molekülen."

Hier wird als selbstverständlich unterstellt, daß die empirisch feststellbare Faktenwirklichkeit schon die ganze Wirklichkeit sei. Die nur durch Beteiligung erfahrbare transempirische Beziehungswirklichkeit der Seele wird als Einbildung angesehen, die „in Wirklichkeit" gar nicht existiert.

Was ist der Mensch aus der Sicht der Künstlichen Intelligenz (KI)?

Ohne Zweifel ist das, was im Gehirn und im Nervensystem stattfindet, Informationsentstehung und -verarbeitung immensen Ausmaßes zum Zweck der Regulierung des Organismus und zum Zweck der Organisierung eines lebenserhaltenden und -fördernden Verhaltens. Informations- und Datenverarbeitung und die Selbststeuerung von Systemen aber sind Gegenstand von Informatik und Kybernetik. Was Wunder, wenn man auf den Gedanken kam, Kognition, Steuerung und Verhalten von Lebewesen technisch zu simulieren. Wenn man nur – so die Ausgangshypothese – die Funktionsprinzipien, Kognitionsmechanismen und Datenverarbeitungsalgorithmen erkennen kann, so sollte „intelligentes Verhalten" technisch simuliert werden können. Da nur ein gradueller und kein prinzipieller Unterschied zwischen Mensch und Tier feststellbar ist, sollte dies schließlich auch für die Leistungen des Menschen möglich sein, zumal da man im Zuge der Miniaturisierung der Hardware über Jahrzehnte hinweg eine exponentielle Steigerung der Speicherkapazität und der Rechengeschwindigkeit erreichen konnte, die noch nicht zu Ende ist. Dies wurde zum Programm einer Forschungsrichtung, die man Künstliche Intelligenz (KI) nennt, und ihre Leitvision ist es, die menschliche Intelligenz zu erreichen und zu übertreffen, d.h. einen Homunkulus zu bauen. Das ist verbunden mit der Erwartung, daß auch so etwas wie Bewußtsein aus hinreichend komplexen Informations- und Datenverarbeitungsprozessen „emergiert". Da man Bewußtsein nicht objektiv beobachten, sondern nur subjektiv erleben kann, soll als Test darüber, ob künstliches Bewußtsein vorliegt oder nicht, der sog. Turing-Test entscheiden. Er besteht darin, ob ein Mensch in der Kommunikation mit einem künstlich-intelligenten System und einem anderen Menschen noch unterscheiden kann, mit wem oder was er es zu tun hat.

---

[65] Francis Crick, Was die Seele wirklich ist – Die naturwissenschaftliche Erforschung des Bewußtseins, rororo Sachbuch 1997

Ray Kurzweil, ein Experte für KI, prognostiziert[66], daß in etwa 30 Jahren die ersten KI-Systeme den Turing-Test bestehen werden. Das Menschenbild der KI ist radikal funktionalistisch: Der Mensch – das sind seine kognitiven, kybernetischen und datenverarbeitenden Funktionen, zu denen als Begleiterscheinung auch das Bewußtsein gehört. Gelänge eine vollständige Simulation seiner Funktionen – sie wird Emulation genannt – dann wäre zwischen Original und Simulation kein relevanter Unterschied mehr. „Menschmaschinen" als vernunftbegabte Roboter zu schaffen, ist das erklärte Ziel der „verkörperten KI" (embodied AI), wie es einer ihrer führenden Vertreter, Rodney Brooks, in seinem jüngst erschienenen Buch darstellt[67].

So ist der Mensch auch in der Sicht der sog. starken KI eine Maschine, ein objektivierbares Was mit der „emergenten" Begleiterscheinung des Bewußtseins, das auch künstlich erzeugt werden kann, aber kein subjektives Wer, das mehr wäre als eben dieses Was.

Zweifellos geht im menschlichen Gehirn und Nervensystem automatisierte Datenverarbeitung in riesigem Umfang vor sich. Zweifellos sind Wahrnehmung, Denken und Bewußtsein mit eben diesem neuroelektrischen Geschehen eng verknüpft. Dennoch umfaßt das Was des Menschseins, wie ich es aus der Sicht der verschiedenen empirischen Wissenschaften umrissen habe, bei weitem nicht das Ganze seiner Wirklichkeit. Den Menschen darauf reduzieren zu wollen, wäre unvernünftig und fatal.

### 4.3 Wer ist der Mensch? – Beziehungswirklichkeiten seiner Existenz

Das Wer des Menschseins zeigt sich in den transempirischen Beziehungswirklichkeiten seiner Existenz. Von den vier Stufen seines kommunikativen Daseins behandle ich die unterste, die zelluläre, so grundlegend sie ist, nicht, weil sie für ihn viel weniger charakteristisch ist als die oberen, nämlich die personale, die soziale und die allumfassende. Diese drei Worte bezeichnen dabei die *menschliche* Qualität der drei im Abschnitt 3.3 ganz allgemein behandelten kommunikativen Stufen Organismus, Artgemeinschaft, Biotop bzw. Biosphäre.

*Personale Beziehungswirklichkeit*
Unsere unmittelbarste Wirklichkeit ist unser personales Selbstverhältnis: „Der Mensch ist ein Verhältnis, das sich zu sich selbst verhält" – schreibt Sören Kierkegaard. Es entspinnt und entfaltet sich im Selbstdialog der internen Kommunikation zwischen Bewußtsein, Gedächtnis und sinnlicher Wahrnehmung. Es ist dies der *bewußte* Anteil der Selbstkommunikation, der eigentlich nur ein kleiner, aber in bestimmter Hinsicht der wichtigste Teil ist, weil er die Personalität des Menschseins ausmacht. Den hormonellen und immunbiologischen wie auch den vegetativen und nichtwillkürlichen neuronalen Anteil der Selbstkommunikation lasse ich außer Betracht, obwohl er mindestens so wichtig ist und obwohl enge psychosomatische Kopplungen bestehen.

Die bewußte Selbstkommunikation ist die Weise, in der sich der Mensch am ehesten und unmittelbarsten als geistiges Wesen verwirklicht. So ist insbesondere das Denken zu verstehen als Kommunikation zwischen Bewußtsein und Gedächtnis. Hier

---

[66] Ray Kurzweil, Homo s@piens - Leben im 21. Jahrhundert: Was bleibt vom Menschen?, Econ Taschenbuchverlag 2000, S. 342
[67] Rodney Brooks, Menschmaschinen – wie uns die Zukunftstechnologien neu erschaffen, Campus 2002

verbinden sich Geist – das ist der Inbegriff aller Bedeutungen – und Materie durch Kodierungsprozesse zum Informationsaustausch der personalen Selbstbeziehung. Wie dieser Überschritt, der Ideen als Informationen in die Welt setzt, im Rahmen der Physik vorstellbar ist, wird im Abschnitt 4.7 behandelt. Geschehen tut dies alles in dem zu unermeßlich vielfältigen Verknüpfungen befähigten neuronalen Netzwerk, das zugleich das persönliche Gedächtnis kodiert (s. Abschnitt 3.4, S. 36). So gleichförmig der Kode der neuroelektrischen Depolarisierungspulse äußerlich auch erscheint, so personenspezifisch ist er, weil seine Bedeutungen in Relation zu eben diesem semantisch strukturierten persönlichen Gedächtnis bestimmt sind. Er ist daher extern prinzipiell nicht dekodierbar, wie auch berechnungstheoretisch von Alfred Gierer gezeigt worden ist[68]. Dies belegt nur wieder die Transempirizität und Autonomie der menschlichen Person als Selbst-Beziehung zwischen Bewußtsein, Gedächtnis und sinnlicher Wahrnehmung. Da weder das Bewußtsein noch das Gedächtnis auf besondere Zentren im Gehirn lokalisiert ist, muß man sich nicht wundern, wenn ein personales „Ich-Zentrum" im Gehirn nicht zu finden ist.

Wie die Person des Menschen ist auch seine Seele *relational* konstituiert und nicht substanzial, wie man jahrhundertelang gedacht hat. Wenn die Seele eines Menschen seinen Charakter, seine Wünsche, Hoffnungen, Leidenschaften und Enttäuschtheiten umfaßt, dann läßt sich all dies zusammenfassen in dem Satz:

Die Seele eines Menschen ist die Disposition seiner Relationalität in den Beziehungswirklichkeiten seiner Existenz, nämlich in der Beziehung zu sich selbst, zu seinen Mitmenschen und zum Ganzen der Wirklichkeit.

Wiederholt habe ich auf die beziehungswirkliche Zeitstruktur hingewiesen. Hier lohnt es sich, sie näher zu betrachten, denn nur die kennen wir aus je eigener Erfahrung der Selbst-Beteiligung. Vorausschicken möchte ich einige neuropsychologische Beobachtungen[69]. Es geht um gewisse Zeitdifferenzen externer Zeit, die Schwellen der Wahrnehmung darstellen. Die kürzeste dieser Differenzen ist die, oberhalb derer zwei Reize bereits getrennt wahrgenommen werden können. Erst wenn die Zeitdifferenz eine weitere Schwelle übertrifft, kann man auch die Reihenfolge zweier Reize bestimmen. Ein Zeitintervall von mindestens 30 msec wird gebraucht, um wahrgcnommene Dinge zu identifizieren, d.h. begrifflich zu unterscheiden von dem, was sie nicht sind. Eva Ruhnau nennt dies die elementare Integrationszeit. Es ist dies bereits eine begrifflich überbrückte „Zeit der Gleichzeitigkeit". Eine weitere Integrationszeit umfaßt etwa hundert dieser elementaren Integrationszeiten, in der eine Ganzheit – allgemein gesagt – eine ‚Gestalt' bzw. eine Situation erfaßt wird. Es ist dies das, was wir *Jetzt* nennen, wieder eine durch Be-Deutung überbrückte und überblickte Gleichzeitigkeit, ein Zeitfenster sozusagen, von etwa 3 sec.

Das Jetzt ist eine geistige Leistung des Gehirns. Das Gehirn hat die Fähigkeit, Ideen als Informationen zu kodieren und damit wirksam werden zu lassen. Unter Ideen verstehe ich hier Begriffsbildungen in Sinnzusammenhängen. Begriffe gestatten es, das gleichbleibend Kennzeichnende von Dingen und anderen Entitäten zu bezeichnen,

---

[68] Alfred Gierer, Die Physik, das Leben und die Seele – Anspruch und Grenzen der Naturwissenschaft, Piper 1988, S.248

[69] Eva Ruhnau, Time – a Hidden Window to Dynamics, in: H. Atmanspacher, G. J. Dalenoort (Hg.), Inside Versus Outside – Endo- and Exo-Concepts of Observation and Knowledge in Physics, Philosophy and Cognitive Science, Springer 1994, S. 291

zu erkennen und wiederzuerkennen. Dies geht nur, weil Bedeutungen, recht verstanden, ortlos und zeitlos sind.

Wie das Jetzt als geistige Leistung konstituiert wird, möchte ich an einem Beispiel visueller Wahrnehmung erläutern: Man betritt einen Raum, überblickt ihn, sieht fremde und einige bekannte Menschen sowie einen freien Stuhl und beschließt, sich dort hinzusetzen. Dies ist wohl das, was wir einen Augenblick, ein Jetzt, nennen.

Alles, was man dabei erkennt, ist in hohem Maße ein Wiedererkennen, welches ohne Begriffe – das ist das geistige Kenn-Zeichen, woran man es kennen kann – nicht möglich ist. Jedes visuelle Erkennen macht von Bedeutungen als Kenn-Zeichen Gebrauch, auch wenn diese natürlich längst nicht alle durch ein sprachliches Symbol eigens bewußt werden. Das Erkennen der Gegenstände im überblickten Raum ist ohne Unterscheidung – und auch die erfolgt geistig-begrifflich – nicht möglich. So ist das Jetzt eine geistige Leistung des Gehirns, die externe Zeit von etwa 3 sec braucht, in der das physikalische Nacheinander der Reiz- und Erregungsprozesse durch begriffliche Ordnung überblickt und dadurch intern gleichzeitig wird.

Ein Augenblick kann natürlich auch ganz etwas anderes sein als ein durch begrifflich-geistige Identifikationen und Unterscheidungen überschaubar gemachtes Jetzt von Sinneswahrnehmungen. Es kann auch ein Gedanke sein, so wie er sich in einem Satz zusammenfassen ließe. Wichtig ist, daß ein Zeitraum der Gleichzeitigkeit – das Jetzt – aufgespannt wird durch die zeitüberbrückende Kraft der im Prinzip zeitlosen Ideen, die in ihm als Informationen kodiert werden und als solche physikalisch präsent sind.

So verläuft die interne beziehungswirkliche Zeit der personalen Selbst-Kommunikation in Zeitschritten, die sich freilich überlappen und nahtlos in einander übergehen. Sie bilden Zusammenhänge des Bewußtseins, welche wesentlich Sinnzusammenhänge auf der Bedeutungsebene der bestimmenden Informationen des bewußten Selbst-Dialogs im Ultrakurzzeitgedächtnis sind. Auf diese Weise entsteht das Erleben der Kontinuität des Bewußtseins und – bei allem Wandel – die Identität des Ichs. So werden mit Hilfe des Gedächtnisses erinnernd und vorausschauend immer größere Zeiträume gegenwärtig.

<u>Soziale Beziehungswirklichkeit</u>

Ebenso sehr wie ein personales ist der Mensch ein soziales Wesen. Diese Feststellung drückt Martin Buber sehr schön aus mit dem Diktum:

„Der Mensch wird am Du zum Ich."

Die weitreichende Bedeutung dieses Satzes zu entfalten, ist hier nicht der Ort. Mir geht es vor allem um den kommunikativen Aspekt. Menschen kommunizieren sehr vielfältig miteinander, nicht nur durch Worte, sondern auch durch mimische, gestische und lautliche Signale sowie durch die Betonung der Worte und den Klang der Stimme. Als kodierte Bedeutungen sind auch solche Signale Informationen im Sinne von Abschnitt 2.3. Signalsprachliche Kommunikation ist im Tierreich gang und gäbe (s. Abschnitt 3.3).

Schon in meinen evolutionstheoretischen Bemerkungen im Abschnitt 4.2 habe ich die These geäußert, daß es in erster Linie der Erwerb der Begriffssprache war, die den Menschen zu dem Menschen machte, der er heute ist. Die Begriffssprache ist es nämlich, die die Ablösung der Vorstellung von der unmittelbaren sinnlichen Wahrnehmung durch klassifizierende Begriffsbildung erlaubt und, davon ausgehend, weitere Abstraktionsstufen durch Begriffe von Begriffen ermöglicht. Wenn Geist der Inbegriff aller möglichen Bedeutungen ist, dann war es die Sprache, die dem Menschen den Zutritt zum „Reich des Geistes", d.h. den Zugang zur Erkenntnis der Wirklichkeit verschaffte, und zwar zur Erkenntnis der *ganzen* Wirklichkeit, nicht nur der faktischen. Dann war der Erwerb der (Begriffs-)Sprache jener Biß in den Apfel vom Baum der Erkenntnis, der den Menschen heraushob aus der Unschuld des Tierreiches und zu einem schuldhaften und verantwortlichen Wesen machte. Erst durch die soziale, die begriffssprachliche Dimension seiner Existenz konnte der Mensch in Distanz zu sich selbst treten und die personale Selbst-Beziehung so entwickeln, wie ich sie beschrieben habe.

Der Naturalist Gerhard Vollmer räumt ein, daß die Evolution dem Menschen mit der begriffssprachlich ermöglichten Erkenntnisfähigkeit „mehr geliefert als bestellt" habe, denn sie reicht weit über seine ökologische Nische hinaus bis an die Grenzen des Mikro- und Makrokosmos und kann nicht allein als Adaptation an Umweltbedingungen erklärt werden. Noch erstaunlicher wäre diese Tatsache, wenn der Anthropologe Ian Tattersal recht hätte, der gute Argumente dafür beibringt[70], wonach der Erwerb der Begriffssprache in relativ kurzer Zeit von vielleicht wenigen Generationen etwa vor 70 000 Jahren in einer Population des Cro-Magnon-Menschen erfolgte, die zuvor schon zehntausende Jahre mit dem Neandertaler koexistierte und *erst dadurch* den entscheidenden kommunikativen Vorteil erlangte, der zur vollständigen Verdrängung bis zum Aussterben des Letzteren führte. Dies wäre jenes für das Menschengeschlecht so schicksalhafte Beispiel von *Exaption*, das ich schon im Abschnitt 3.5 (S. 39) erwähnt habe, denn die anatomische Voraussetzung für das Sprechen, nämlich die Verlängerung des Rachenraums und die Absenkung des Kehlkopfs hätte schon viel früher entstanden sein müssen, ohne daß der evolutive Vorteil, den Sprache bietet, damit schon verbunden war. Dafür gibt es archäologische Indizien in Gestalt einer Krümmung der Schädelbasis, die sich bei einigen Schädelfunden schon vor 600 000 Jahren, nicht aber beim Neandertaler findet. Diese Anatomie des Rachens, die erst die Artikulation des Sprechens erlaubt und eher nachteilig war, weil damit gleichzeitiges Atmen und Schlucken nicht mehr möglich ist, hätte dann erst hunderttausende Jahre später seinen eigentlichen Sinn gefunden. Faktenwirklich ist dies gewiß ein Zufall, beziehungswirklich eher nicht.

Über die oben erwähnten vorkulturellen nichtsprachlichen Kommunikationsformen hinaus, die nicht spezifisch menschlich sind und sich bei vielen Tierarten finden, gibt es auch spezifisch menschliche Formen nichtsprachlicher Kommunikation in Gestalt der bildenden Kunst, der Musik und des Tanzes. Auch die Poesie trägt mit ihren Worten etwas Unsagbares mit sich, das über die bloße Wortbedeutung hinausgeht. Wesentlich ist, daß die Semantik dieser künstlerischen Kommunikation in ihrer schwer faßbaren ästhetischen Dimension gerade nicht eindeutig, sondern vielschichtig und mehrdeutig ist. Sie erlaubt die Kodierung von Bedeutungen, die sprachlich nicht zu fassen sind.

## Umfassende Beziehungswirklichkeit

Die Beteiligungsperspektive des Menschseins in der alles umfassenden Beziehungswirklichkeit ist das Leben in seiner biosphärischen Ganzheit mit seiner

---

[70] Ian Tattersal, Wie der Mensch das Denken lernte, Spektrum der Wissenschaft, April 2002, S.56

evolutionären Geschichte und darüber hinaus das in-der-Welt-Sein überhaupt. Hier stellen sich die großen warum- und Sinn-Fragen: Warum gibt es überhaupt etwas und nicht vielmehr nichts? Warum ist die Welt so, wie sie ist? Warum gibt es Leben und uns Menschen überhaupt? Welches ist der Sinn unseres Lebens und des Lebens überhaupt? Nur der Mensch kann sie stellen, weil ihm mit der Begriffssprache der Zugang zum „Reich des Geistes" zuteil wurde. Wohl jeder Mensch stellt sich so oder so solche Fragen und bekommt auch irgendwie Antworten darauf. Wo kommen sie her? Wer gibt sie? Es ist auch dies ein kommunikatives Geschehen. Die Antworten fallen freilich recht unterschiedlich aus und sind auch nicht immer gut und nicht immer richtig.

Es ist dies das Feld der Religionen und Weltanschauungen mit ihren z.t. einander widersprechenden Wahrheitsansprüchen. Nimmt man das Wort *religio* in seiner ursprünglichen allgemeinen Bedeutung als *Rückbindung* ernst, dann kann man auch Weltanschauungen darunter subsummieren. Um einer Gesamtschau willen überschreiten Weltanschauungen die Aussagen empirischer Wissenschaft und berufen sich auf Sätze, die im Popperschen Sinne nicht empirisch prüfbar (d.h. nicht falsifizierbar) sind und schon deshalb – auch, was ihren Gegenstand betrifft – beziehungswirklicher Natur sind. Dies gilt sogar für den Naturalismus, der Beziehungswirklichkeit eigentlich nur als epiphänomenale Einbildung gelten lassen will.

Die Fülle der verschiedenen Religionen und Weltanschauungen kann hier natürlich nicht zum Thema gemacht werden. Auf das Verhältnis ihrer differierenden Wahrheitsansprüche und die Kriterien ihrer Validität komme ich im nächsten Kapitel „Wahrheit und Leben" zu sprechen. Ich beschränke mich in diesem Buch – insbesondere im letzten Kapitel – auf die für die abendländische Kultur so wesentliche Gegenüberstellung des christlich-jüdischen Theismus und des naturalistisch-reduktionistischen Atheismus.

Die theistischen Religionen wissen etwas davon – und berufen sich auf entsprechende Erfahrungen –, daß die umfassende Beziehungswirklichkeit des Menschseins als eine kommunikative Beziehung zwischen Gott und Mensch erlebt werden kann. Als wahr und wahrhaftig empfundene Antworten auf die letzten warum- und wozu-Fragen des Menschseins werden erfahren wie Antworten, die eine allumfassende personale Herkunft haben, die Gott genannt wird. Menschen, die sich für diese Beziehung öffnen, die als Liebe schlechthin erkannt und erlebt wird, fühlen sich angesprochen – von Gott angesprochen – und können in Dank, Lob und Gebet antworten. Kontemplation, Meditation und Gebet sind die Formen religiöser Kommunikation in der alles umfassenden Beziehungswirklichkeit der menschlichen Existenz.

### 4.4 Menschenwürde – doch antastbar?

Der ethische Leitbegriff, an dem sich das gesellschaftliche Zusammenleben orientieren soll ist die Menschenwürde. Deshalb heißt es im Artikel 1.1 des Grundgesetzes:

> „Die Würde des Menschen ist unantastbar. Sie zu achten und zu schützen ist Verpflichtung aller staatlichen Gewalt."

Dies wurde geschrieben, nachdem die Menschenwürde durch staatliche Gewalt im Nazi-Deutschland auf entsetzliche Weise und massenhaft verletzt wurde. Das

Grundgesetz definiert Menschenwürde nicht. Seinerzeit genügte es aus juristischer Sicht, zu sagen, was die Achtung der Menschenwürde bedeutet, nämlich die Wahrung der Menschenrechte. Heute genügt das nicht mehr, denn die Nutzung neuerer medizin- und biotechnologischer Möglichkeiten zur Heilung Dritter oder zu fremdnütziger Forschung für neue Heilverfahren führt zu der Forderung nach einer „Abstufung" der Menschenwürde, um menschliches Leben u.U. an seinem Beginn oder an seinem Ende der Unantastbarkeit zu entziehen. So etwas muß ethisch gerechtfertigt werden, und dies bedarf einer sorgfältigen Bestimmung und Begründung dessen, was Menschenwürde ist.

Was ist Menschenwürde?

In der jüdisch-christlich-abendländischen Kultur sind drei einander ergänzende und sich gegenseitig stützende Bestimmungen der Menschenwürde gegeben worden, die ich in drei Thesen darstellen möchte. Die erste faßt die Kantsche Bestimmung der Menschenwürde zusammen, die zweite die von Martin Buber und Emmanuel Levinas gegebene und die dritte die biblische:

1. Jeder Mensch hat das Recht auf seine natürliche und willentliche Selbstbestimmung. Er darf nicht zum Mittel für fremde Zwecke gemacht werden, denn er hat seinen Zweck in sich selbst und ist unersetzlich. Deshalb hat er keinen Preis, sondern *Würde*. Das heißt insbesondere: Kein menschliches Wesen darf Eigentum eines anderen sein. Unter natürlicher Selbstbestimmung verstehe ich: Auch das biologische So-Sein eines Menschen darf nicht fremdbestimmt, d.h. durch die Willkür anderer beeinflußt sein.

2. Jeder Mensch ist dazu bestimmt, ein geachtetes, respektiertes, ja geliebtes Du für andere zu sein. Jeder Mensch ist der Liebe würdig, ist liebenswürdig. Das ist seine Würde. Am Du erst wird der Mensch zum Ich (Buber) und findet dadurch den Weg zur sittlichen Selbstbestimmumg.

Diese beiden Bestimmungen gehören zusammen wie zwei Seiten einer Medaille. Die erste der beiden Thesen ist der Hintergrund für die bürgerlichen und politischen Freiheitsrechte, die zweite für die sozialen. Die dritte These hebt die beiden ersten in sich auf und umfaßt sie:

3. Jeder Mensch ist in seinem So-Sein von Gott gewollt, gewollt als sein Bild (Gen. 1,27). Er wird von ihm angesprochen:

„Fürchte dich nicht, ich habe dich bei deinem Namen gerufen, du bist mein."

(Jes. 43,1). Gottes Eigentum zu sein ist keine Fremdbestimmung, sondern die wahre Selbstbestimmung, denn er kennt uns besser als wir selbst: „Herr, du erforschst mich und kennst mich. ... Du verstehst meine Gedanken von ferne" (Ps. 139, 1-2). So sehr diese These über die beiden anderen hinausgeht, so sehr ist sie doch im Einklang mit ihnen.

Die allen Menschen gleichermaßen zukommende Menschenwürde konstatiert ihre grundlegende Gleichheit und ist damit das Fundament für Gerechtigkeit als Anspruch an die Gestaltung der gesellschaftlichen Beziehungen bei aller sonst gegebenen Verschiedenheit der Menschen. Gäbe es diese grundsätzliche Gleichachtung aller Menschen in ihrer Verschiedenheit nicht, würden die Schwachen in die Bodenlosigkeit der Nichtachtung fallen. So ist die Menschenwürde der entscheidende Schutzbegriff für die Schwachen. Der Umgang mit den Schwachen, zu denen die Menschen an den

zeitlichen Grenzen des Lebens nach der Zeugung und vor dem Tod in besonderer Weise gehören, ist der Maßstab für die Einhaltung des Unantastbarkeitsgebots des Grundgesetzes.
Damit ist die Frage nach Beginn und Ende des Menschseins gestellt. Bisher gültige Antworten – Kernverschmelzung in der befruchteten Eizelle und Tod des ganzen Menschen – werden seit einiger Zeit unter dem Druck von Interessen Dritter in Frage gestellt, ausgelöst durch neue medizinisch-technische Möglichkeiten wie Organtransplantationen, Präimplantationsdiagnostik und verbrauchende Forschung an embryonalen Stammzellen. Die Interessen, um die es hier geht, bilden einen Komplex: Heilungsinteressen schwer Leidender, Forscherinteressen an wissenschaftlichen Pionierleistungen und wirtschaftliche Interessen, patentierte Verfahren kommerziell zu nutzen. Sie geraten in Konflikt mit der Menschenwürde an den Grenzen menschlichen Lebens, die deshalb nach „innen" verschoben werden sollen oder verschoben worden sind, nämlich durch die Hirntod-Definition am Ende und etwa durch die 14-Tage-Frist nach der Kernverschmelzung, wie sie in Groß-Britannien gilt, am Anfang des Lebens.

Begründungen für die Menschenwürde
In diesem Konflikt kommt der Begründung der Menschenwürde große Bedeutung zu, denn schon hier beginnt er. Das Grundproblem ist, daß Menschenwürde kein empirischer Begriff ist und daher nicht empirisch begründet werden kann. Das macht ihn so angreifbar, obwohl er etwas Unantastbares bezeichnet, denn unsere wissenschaftlich-technische Kultur will eigentlich nur noch objektive empirische Begründungen gelten lassen.
Menschenwürde ist ein transempirischer Begriff, der in der Beziehungswirklichkeit des Menschseins gründet. Damit ist klar: Für den Naturalismus, für den die Faktenwirklichkeit schon die ganze Wirklichkeit ist und Beziehungswirklichkeiten „in Wirklichkeit nichts als" passive Begleiterscheinungen faktenwirklicher Prozesse sind, ist Menschenwürde eine nicht begründbare unwirkliche Einbildung. Das hat der Naturalist Franz-Josef Wetz klar erkannt und ausführlich dargelegt in seinem Buch „Die Würde der Menschen ist antastbar – Eine Provokation"[71]. Für den Naturalismus und seinen Empirismus ist Utilitarismus[72] die einzig mögliche Ethik, und auch umgekehrt kommt Utilitarismus nicht ohne Empirismus aus. Naturalismus und Utilitarismus können und wollen Menschenwürde als „Wesenswürde" – wie Franz-Josef Wetz schreibt – nicht begründen und anerkennen. Für diese Denkungsart kommt Menschenwürde nur als utilitaristischer „Gestaltungsauftrag" in Betracht, wobei empirisch zu entscheiden ist, wem man menschenwürdige Behandlung zukommen läßt und „wem"[73] nicht. Und diese Frage erhebt sich bei der schon angedeuteten empirisch bestimmten Verschiebung der Grenzen des gewürdigten menschlichen Lebens nach „innen".

[71] Franz-Josef Wetz, Die Würde der Menschen ist antastbar – Eine Provokation, Klett-Cotta 1998.
[72] Für den Empirismus sind wie für den Naturalismus nur empirisch feststellbare Fakten wirklich. Der Utilitarismus beurteilt den ethischen Wert von Handlungen nach ihrem mutmaßlichen Nutzen für „Interessenten". Da der Nutzen des einen zum Schaden des anderen gereichen kann, soll so bilanziert werden, daß der Nutzen für viele den Schaden für wenige überwiegt.
[73] Das Pronomen „wem" habe ich in Anführungszeichen gesetzt, weil man das Wer eigentlich nur auf gewürdigtes menschliches Leben anwenden kann.

Die transempirische Menschenwürde gründet sich mit ihren drei Bestimmungen in den drei transempirischen Beziehungswirklichkeiten des Menschseins, wie ich sie im Abschnitt 4.3 dargelegt habe.

Die erste, wesentlich von Kant gegebene Bestimmung der Menschenwürde gründet sich auf die personale Beziehungswirklichkeit des Selbstdialogs zwischen Bewußtsein, Gedächtnis und sensorischer Wahrnehmung. Diese interne Selbstkommunikation des Menschen ist, wie ich ausgeführt habe, prinzipiell nicht dekodierbar und folglich transempirisch. Das ist der Grund für die Autonomie, Willensfreiheit und Selbstbestimmung, d.h. die Würde des Menschen.

Die zweite, wesentlich von Buber und Levinas geprägte Bestimmung der Menschenwürde gründet sich auf die soziale Beziehungswirklichkeit. Sozialität eignet jedem Menschen, weil er Mensch ist, vom Mutterleibe an, unabhängig von besonderen Fähigkeiten. Sie kann ihm nicht erst zu- oder aberkannt werden.

Die dritte, die biblische Bestimmung der Menschenwürde begründet und umfaßt die beiden anderen in der alles umgreifenden Beziehungswirklichkeit des Menschen zu Gott. Indem Gott jeden Menschen in seiner Liebe anspricht und annimmt, würdigt er ihn auf unüberbietbare Weise. Die gottgewollte Sozialität der Menschen ist die Geschwisterlichkeit: Weil *alle* Menschen Gottes Kinder sind, sind sie Brüder und Schwestern.

### Menschenwürde für den Embryo?

Die utilitaristisch begründeten Beschneidungen der Menschenwürde am Beginn und am Ende menschlichen Lebens berufen sich auf ein empirisch zu bestimmendes „noch nicht" bzw. „nicht mehr". Beispielsweise wird gesagt: Bis zur Einnistung in die Gebärmutter sei ein Embryo noch nicht, und in einem „permanent vegetativen Zustand" sei ein Patient nicht mehr ein zu würdigender Mensch, also gelte das Schutzgebot der Menschenwürde noch nicht bzw. nicht mehr. Es gibt auch noch andere Setzungen dieser Art sowohl am Beginn als auch am Ende menschlichen Lebens. Hier werden empirisch zu bestimmende Zeitpunkte der faktenwirklichen Zeit der ganz anders gearteten beziehungswirklichen Zeitlichkeit des Menschseins, wie ich sie im Abschnitt 3.4 unter dem Stichwort Geschichtlichkeit für das Leben im allgemeinen charakterisiert habe, aufgedrückt, und zwar mit Todesfolge. Ich erinnere daran, daß die beziehungswirkliche Geschichtlichkeit grundsätzlich das bloße Nacheinander faktenwirklicher Zeitlichkeit dadurch übergreift, daß überzeitlich geltende Bedeutungen kodiert werden. Der erkenntnistheoretische Hintergrund dieser Geschichtlichkeit als Bedingung ihrer Möglichkeit ist – auch daran möchte ich erinnern – in der raumzeitlichen Nichtlokalität quantenmechanischer Potentialität zu suchen, wie ich sie im Abschnitt 2.5 (S. 22) erläutert habe. Von daher gewinnt das Potentialitätsargument für die Menschenwürde des Embryos einen bisher nicht bedachten Stellenwert. Es besagt, daß dem Embryo Menschenwürde zukomme, weil er *potentiell* ein Mensch sei.

Zu bedenken sind die drei Beziehungswirklichkeiten des Abschnitts 4.3 und ihre Zeitlichkeit für einen Embryo im Blick auf seine Menschenwürde:

1. Die interne Beziehungswirklichkeit eines Embryos ist zunächst nur die zelluläre und dann mehr und mehr die organismische. Die personale Dimension ist „nur" potentiell gegeben, denn die zur Kodierung des Selbstdialogs erforderlichen faktischen (neuronalen) Strukturen sind noch nicht realisiert. Aber im Möglichkeitsspektrum der

befruchteten Eizelle mit dem von Mutter und Vater geerbten diploiden Genom ist sie virtuell schon da. Wie ich im Abschnitt 2.5 ausgeführt habe, ist dieses den werdenden Menschen *identifizierende* Möglichkeitsgebilde nicht unwirklich, sondern wirksam, indem etwas davon real werden kann. Es enthält freilich noch unendlich viele Möglichkeiten mehr als das, was sich dann ontogenetisch *kontinuierlich* realisiert. Je älter ein Mensch vom embryonalen Stadium an wird, umso ärmer wird er an Möglichkeiten zugunsten der je und je realisierten faktischen Strukturen.

Damit habe ich die drei Hauptargumente für die Menschenwürde des Embryos – Potentialität, Identität und Kontinuität – berührt. Aber das Potentialitätsargument muß angesichts der grundlegenden Erkenntnisse der Quantentheorie über die Wirklichkeitsstruktur (s. Abschnitt 2.5) neu bewertet werden. Es ist nicht einzusehen, wieso die noch reichste Potentialität als primäre Wirklichkeit geringer zu achten sein soll als die später durch sie bewirkten faktischen Strukturen menschlicher Körperlichkeit. Jedenfalls ist es im Blick auf die Wirklichkeitsstruktur der Quantentheorie unzulässig, das Potentialitätsargument beiseite zu wischen mit der Bemerkung: „Ein potentieller Mensch ist kein wirklicher Mensch", wie es unlängst bei einer Tagung zur ethischen Einschätzung der Stammzellenforschung gesagt wurde.

2. Die externe Beziehungswirklichkeit des Embryos ist, was ihre faktenwirkliche Bedingtheit angeht, insofern schon da, als die elterliche Beziehung zu ihm schon da ist. Die Eltern stellen sich ihr künftiges Kind und das Zusammenleben mit ihm schon vor. Sie lieben ihr Kind schon, wenn es für Utilitaristen und Naturalisten, die nur die triviale Zeitlichkeit des Nacheinanders der Faktenwirklichkeit gelten lassen, noch ein „würdeloser Zellhaufen" ist.

Dabei setzt sofort nach der Befruchtung ein intensiver somatischer und – bei der Mutter – psychosomatischer Kommunikationsprozeß zwischen Mutter und Kind ein, der natürlich ebenfalls transempirisch ist und dessen Bedeutungsgeschehen empirischer Wissenschaft verschlossen ist. Weniges kann aber trotzdem gesagt werden, wobei natürlich Deutung im Spiel ist, z.B. dies: Schon die befruchtete Eizelle sendet Signale aus, die dafür sorgen, daß sich die Immunreaktion des mütterlichen Organismus nicht gegen den Embryo richtet. Es ist einfach nicht wahr, daß die Kommunikation zwischen Mutter und werdendem Kind erst nach etwa zwei Wochen mit der Einnistung des Embryos in den Uterus beginnt, wie Verfechter der „abgestuften" Menschenwürde sagen, damit noch jüngere Embryonen, die dann zu Rechtfertigungszwecken „Präembryo" genannt werden, verbrauchender Forschung zugänglich gemacht werden und embryonale Stammzellen „geerntet" werden können.

Die Erblindung unserer wissenschaftlich-technischen Kultur für die Beziehungswirklichkeit des Lebens, die mit einer Verblendung durch das Machen des Machbaren einhergeht, hat auch dazu geführt, daß man es nicht mehr als entscheidend wichtig erachtet, daß ein Kind aus der Liebesbeziehung der Eltern hervorgeht. Ohne große Bedenken wird die Zeugung zunehmend in die Beziehungslosigkeit des Reagenzglases verlagert. Die in-vitro-Fertilisation ist es ja überhaupt erst, die Präimplantationsdiagnostik ermöglicht und überzählige Embryonen anfallen läßt, die dann vernutzt werden können, jedenfalls aber getötet werden[74]. In den USA geht man in der Nichtachtung der Beziehungswirklichkeit noch weiter, indem es statthaft ist, Schwangerschaft zu einer bezahlten Dienstleistung zu degradieren und „Leihmütter" dafür zu mieten.

3. Bevor ich die Beziehungswirklichkeit eines Embryos im Ganzen der Wirklichkeit betrachte, betone ich noch einmal, daß empirische Wissenschaft für Beziehungswirklichkeit methodisch blind ist. Dazu kommt, daß sich uns nur solche Beziehungswirklichkeit erschließt, bei der Beteiligung für uns wenigstens ansatzweise möglich ist. Wir können empirisch, wie im Abschnitt 2.2 ausgeführt, nur reproduzierbare Sachverhalte als Faktenwirklichkeit feststellen, wissen doch aber, daß *in Wirklichkeit* nichts exakt reproduzierbar ist. Jeder Einzelfall weicht vom naturgesetzlichen Mittelwert mehr oder minder stark ab. Zu behaupten, daß solche Abweichungen immer und überall *nichts als* blinder Zufall seien, ist unwissenschaftlich, weil dies die wissenschaftliche Aussagekraft überschreitet[75]. Die Sinndimension des Lebens entfaltet sich, wie schon gesagt, auf der semantischen Ebene Bedeutung kodierender Prozesse. Ob ein Prozeß Bedeutung als Information kodiert, können wir nur erfahren, wenn wir die Bedeutung *verstehen*. Das aber ist meist nicht der Fall.

Wir können die Befruchtung einer Eizelle nur *beobachten*. Ist das, was wir da beobachten, schon die ganze Wirklichkeit? Bei der entscheidenden Bedeutung von Kommunikationsprozessen bei der Organisation von Leben ist anzunehmen, daß auch der Befruchtungsvorgang ein solcher ist. Einen klaren Hinweis darauf gibt die Tatsache, daß eine reife Eizelle nach dem Eisprung chemische Signale aussendet, die Spermien auf sie aufmerksam machen, so daß sie sie finden können[76].

All diese Prozesse sind naturgesetzlich nicht eindeutig, sondern nur statistisch determiniert. Wir können nicht wissen, ob in ihnen nicht doch Bedeutungen kodiert werden und im Zusammenhang dann auch Sinn. Wenn das so wäre, könnte es auch Sinnzusammenhänge im und zum Ganzen der Wirklichkeit, die Potentialität und Realität umfaßt, geben. Weil wir als Blinde nicht sehen können, behaupten wir, da sei nichts, d.h. ‚nichts als' blinder Zufall, und meinen, wir könnten frank und frei *unsere* Bedeutungen und fremdnützige Sinnsetzungen in dieses sensible Geschehen am Beginn des Lebens hineinoktroyieren, indem wir selektieren, klonieren oder gar eugenisch „verbessern" wollen. Wir wissen definitiv nicht, was wir tun, wenn wir einem Embryo seine natürliche Selbstbestimmung nehmen wollen, von der die erste These zur Bestimmung der Menschenwürde spricht.

---

[74] Bei der Präimplantationsdiagnostik entnimmt man einem Embryo im 8-Zell-Stadium, in dem noch alle Zellen „totipotent" sind, d.h. zu einem Kind heranwachsen können, eine dieser Zellen und untersucht sie auf eventuelle genetische Fehler. Findet man keinen Fehler, wird der Embryo in den Uterus implantiert, hat aber dann die untersuchte Zelle, die wegen ihrer Totipotenz ebenfalls ein Embryo ist, getötet. Findet man einen solchen Fehler, wird der Embryo ebenfalls getötet, „verworfen", wie man beschönigend auch sagt. Überzählige Embryonen entstehen, wenn man mehr Eizellen befruchtet als implantiert werden.

[75] Es ist dies auch kein wissenschaftlicher Satz, denn solche müssen nach Popper logisch oder empirisch falsifizierbar sein. Der Satz: „Jede Abweichung vom naturgesetzlichen Mittelwert ist nichts als blinder Zufall" könnte nur durch den empirischen (reproduzierbaren) Erweis der Wirkung transempirischer Faktoren falsifiziert werden, und das hieße, daß solche Faktoren eben doch empirisch aufweisbar und naturgesetzlich wirksam wären – im Widerspruch zur Voraussetzung.

[76] Wie finden Spermien ihr Ziel? Ein Bericht über Arbeiten am Institut für biologische Informationsverarbeitung des Forschungszentrums Jülich in: Wechselwirkung Mai/Juni 2003, S. 2003.

## 4.5 Willensfreiheit

### Stellenwert der Willensfreiheit

Die Willensfreiheit ist das Herzstück der Personalität des Menschen. An ihr entscheidet sich, ob der Mensch ein Wer ist oder nur ein Was, ob er ein verantwortliches Wesen ist oder ‚nichts als' eine neuroelektrisch-biochemische Maschine. Für wohl alle Kulturen der Menschheit gilt, daß wir uns gegenseitig verantwortlich machen für das, was wir tun oder unterlassen. Das heißt, daß wir uns gegenseitig einen freien Willen zugestehen, so zu handeln oder auch anders, und wir haben alle dieses Verständnis unserer selbst. Unser rechtlich geregeltes Zusammenleben, unsere ganze Kultur beruht auf der Überzeugung, daß der mündige Mensch verantwortlich ist und bei Überschreitung rechtlich gezogener Grenzen zur Verantwortung gezogen werden muß.

Willensfreiheit hat wesentlich zu tun mit den drei Beziehungswirklichkeiten, die das Wer des Menschen ausmachen: Sie ist Ausdruck der personalen und führt zur sozialen Verantwortung sowie – für den homo religiosus – auch zur Verantwortung vor Gott in der umfassenden Beziehungswirklichkeit. Alle drei Begründungen der Menschenwürde stehen und fallen mit der Willensfreiheit. Dies gilt wegen der übergreifenden beziehungswirklichen Zeitlichkeit auch für Situationen, in denen der freie Wille noch nicht oder nicht mehr ausgeübt werden kann. Willensfreiheit begründet die sittliche Autonomie des Menschen in seiner personalen Selbstbeziehung und damit das Recht auf Selbstbestimmung. Nur freie Menschen können füreinander Partner, Brüder und Schwestern sein. Nur freie Menschen können sich so oder so – oft als Grundentscheidung ihres Lebens – in Beziehung setzen zum Ganzen der Wirklichkeit. Somit ist klar, daß die Frage der Willensfreiheit von ausschlaggebender Bedeutung ist für unser Selbstverständnis und für unsere ganze säkulare Kultur ebenso wie für jegliche Religion.

### Bestreitungen der Willensfreiheit

Weil das alles so ist, sollte man meinen, daß die Willensfreiheit als Grund menschlicher Personalität und Verantwortung unumstritten ist. In der gesellschaftlichen Praxis ist das auch so, nicht aber in der weltanschaulichen Theorie, wohl schon seit der griechischen Antike. Seit jener Zeit sieht man einen Widerspruch zum Kausalprinzip, das da lautet:

(K)  Alles, was geschieht, wird verursacht.

Weil man den Kausalnexus für eindeutig hielt, zog man daraus den Schluß: Da ist gar keine Freiheit, denn es geschieht, was aufgrund der kausalen Relationen geschehen muß. Die Bestreitung der Willensfreiheit ging dabei immer von den Materialisten aus. Die Frage nach der Willensfreiheit ist also alles andere als neu. Immer schon war sie Gegenstand des Streits zwischen Materialismus und Idealismus.

Am Ende des 19. Jahrhunderts trat das Problem der Willensfreiheit aus dem Philosophenstreit heraus, nachdem die klassische Physik den Eindruck erweckt hatte, sie könne alle Erscheinungen der physischen Welt aufgrund mathematischer Naturgesetze erklären. Diese haben die Gestalt zeitlicher Differentialgleichungen und bringen das Kausalprinzip (K) in seiner deterministischen Fassung unmittelbar zum Ausdruck. Wieder war die Schlußfolgerung: Da ist gar keine Freiheit. Es geschieht, was aufgrund der Naturgesetze geschehen muß.

Immer noch aber stand Aussage gegen Aussage: Ist der Mensch wirklich nur ein materielles System, das den physikalischen Gesetzen voll und ganz unterworfen ist und die sein Handeln eindeutig und vollständig determinieren oder kann der Mensch, wie Kant behauptete, kraft seiner Willensakte neue Kausalketten in die Welt setzen? Max Planck, Protagonist der klassischen Physik, versuchte den Widerspruch wegzuinterpretieren, indem er sagte, daß das Bewußtsein, aus freiem Willen zu handeln, gewissermaßen die Innenperspektive objektiver naturgesetzlicher Prozesse sei. Diese Auffassung nennt man psycho-physischen Parallelismus. Es ist dies eine Form des sog. *Kompatibilismus*, der die subjektive Erfahrung der Willensfreiheit mit dem objektiv-naturgesetzlichen Determinismus für vereinbar hält. Der entgegengesetzte Standpunkt ist der *Inkompatibilismus*, der mit einem auf bloß subjektive Einbildung reduzierten „schwachen" Freiheitsbegriff nicht einverstanden ist. Für ihn sind Determinismus und Willensfreiheit nicht vereinbar, d.h. inkompatibel. Im folgenden wird der Begriff Willensfreiheit immer im „starken" Sinne gebraucht.

Pasqual Jordan, Protagonist der neu entstandenen Quantentheorie, versuchte die Willensfreiheit durch den Indeterminismus dieser Theorie zu begründen. In einer etwas vorschnellen und vordergründigen Argumentation postulierte er in der Hirntätigkeit einen Verstärkermechanismus, durch den der Indeterminismus einzelner, der Quantenmechanik unterworfener Teilchen eventuell makroskopische Auswirkungen in Form von Handlungsakten haben könne. Dies war unglaubwürdig, denn wenn das zuträfe, müßte menschliches Handeln den Charakter unzusammenhängender Willkürakte haben. Sein Versuch, Willensfreiheit und Quantentheorie in Zusammenhang zu bringen, ist im Hauptstrom der Wissenschaft – ebenfalls vorschnell – beiseite geschoben worden mit der Bemerkung, die Quantentheorie gelte faktisch nur für submikroskopische Teilchen und Systeme, die neuro-elektrischen Vorgänge im Gehirn aber seien mesoskopisch, also klassisch-physikalischer Natur. Unbestritten war und ist, daß Willensentscheidungen untrennbar mit neurophysiologischen Prozessen im Gehirn verbunden, wenn nicht gar mit ihnen identisch sind, wie der psycho-physische Parallelismus behauptet.

Mit den dramatischen Fortschritten der Neurobiologie in den letzten 30 Jahren wurde die Frage nach der Willensfreiheit aktueller als je zuvor. Endlich – so scheint es – kann diese uralte Frage zum Gegenstand empirischer Forschung gemacht und dann auch entschieden werden, denn kein ernsthafter Wissenschaftler bezweifelt, daß die Gesetze von Physik und Chemie auch im Gehirn uneingeschränkt gelten. Unter dem Eindruck all dessen, was die Neurobiologie mit ihren unerhört verfeinerten experimentellen Methoden herausgebracht hat, haben denn auch in jüngster Zeit führende Hirnforscher zur Frage der Willensfreiheit Stellung genommen. Einige dieser Stimmen habe ich bereits im Abschnitt 4.2 – Was ist der Mensch? – unter dem Stichwort Neurobiologie zitiert. Sie geben den ziemlich einhelligen Konsens ihrer Wissenschaft wieder, den Wolf Singer in einem Interview mit Spektrum der Wissenschaft wie folgt ausdrückt[77]:

„Genauso zutreffend ist aber die konsensfähige Feststellung der Neurobiologen, daß alle Prozesse im Gehirn deterministisch sind und Ursache für die je folgende Handlung der unmittelbar vorangehende Gesamtzustand des Gehirns ist. Falls es darüber hinaus noch Einflüsse des Zufalls gibt, etwa durch thermisches

[77] Wolf Singer, Ein neues Menschenbild?, suhrkamp taschenbuch wissenschaft 2003, S.32

Rauschen, dann wird die je folgende Handlung etwas unbestimmter, aber dadurch noch nicht dem ‚freien Willen' unterworfen."

Die Schlußfolgerung ist: Willensfreiheit ist eine Illusion, und man glaubt, es sei nur noch eine Frage der Zeit, dann werde die Wissenschaft dies nachgewiesen haben[78]. Dieser erkenntnistheoretische Optimismus ist schon erstaunlich, nachdem Karl Popper gezeigt hat, daß wissenschaftliche Hypothesen nicht bewiesen, sondern nur – eventuell – falsifiziert werden können. Als eine solche Falsifikation der entgegengesetzten These, es gäbe Willensfreiheit, aber ist von vielen das Experiment von Benjamin Libet gedeutet worden, das ich ebenfalls in dem genannten Abschnitt schon kurz beschrieben habe. Empirisch prüfen ließe sich Willensfreiheit nur dann, wenn sie ein faktenwirkliches Phänomen wäre. Im folgenden möchte ich aber zeigen, daß Willensfreiheit ein beziehungswirkliches und daher transempirisches Phänomen ist. Zuvor jedoch ist zu fragen:

Worum geht es bei der Willensfreiheit eigentlich?

Wie ich einleitend zu ihrem Stellenwert ausgeführt habe, ist die Willensfreiheit immer dann von zentraler Bedeutung, wenn es um ein Tun oder Lassen nach wohl erwogenen, selbstbestimmten Gründen geht und *nicht* darum, *willkürlich* dies oder jenes zu tun oder zu lassen. Willensfreiheit meint also *begründetes* und nicht willkürliches Handeln, denn die Gründe und die Motive seines Handelns sind es, für die sich der Mensch verantworten muß.

Zu unterscheiden sind also *Gründe* und *Ursachen*. Sieht man Gründe auch als Ursachen an, so wäre dem Kausalprinzip – so könnte man meinen – Genüge getan. Dem ist aber nicht so, denn Gründe sind keine physikalischen Ursachen, d.h. objektivierbare Fakten. Sie sind Bedeutungen im Sinne von Abschnitt 2.2, also ideeller Natur und können überhaupt nicht Gegenstand von Physik sein. Das Kausalprinzip (K) aber ist als physikalisches Prinzip zu nehmen, wenn Willensfreiheit *empirisch* geprüft werden soll. Als solches träte es in Widerspruch zur Willensfreiheit, wenn nämlich alles, was faktisch geschieht, ausschließlich und *eindeutig* physikalisch verursacht würde, wenn also das naturalistische Axiom (N) (s. S. 19) von der kausalen Geschlossenheit der materiell-faktischen Welt zutreffen würde. Dann kann es kein begründetes, sondern nur verursachtes Handeln geben. Zu glauben, man hätte aus Gründen gehandelt, wäre dann bestenfalls Einbildung so, wie es Wolfgang Prinz – wie schon zitiert – ausdrückt: „Wir tun nicht, was wir wollen, sondern wir wollen, was wir tun."

Ich habe in den Abschnitten 2.3 und 2.6 ausführlich erörtert, warum und wie Bedeutungen, also auch Gründe, wirksam werden können. Gründe, so oder so zu handeln, werden erwogen in der Selbstkommunikation des Menschen und sind auf deren semantischer Ebene zu finden. Dies geschieht in einem gewissen Sinnzusammenhang. Gründe sind – wie wir sagen – mehr oder weniger nachvollziehbar. Gründe und daraus folgende Entschlüsse werden wirklich, indem sie neuronal kodiert werden. Dies ist der Überschritt von der ideell-relationalen Potentialität zur faktisch-substanzialen Realität. So werden aus Gründen Ursachen, die neue Kausalketten in die Welt setzen. All dies geschieht *im Rahmen* der letztlich quantenmechanisch aufzufassenden Kausalität. Willensfreiheit, die inkompatibel mit

---

[78] Gerhard Roth in einem Interview „Es geht ans Eingemachte" mit Spektrum der Wissenschaft, Okt. 2000

naturgesetzlichem (klassischem) Determinismus ist, wird so aber *kompatibel* mit der Quantenphysik. 

Eine sorgfältige und erhellende Diskussion von Kompatibilismus und Inkompatibilismus der Willensfreiheit findet sich in dem Artikel „Anomaler Interaktionismus" von Christian Suhm[79]. Willensfreiheit im starken Sinne wird darin libertarianisch genannt. Auch er kommt darin zu dem Schluß, daß Willensfreiheit kompatibel mit der Quantentheorie gedacht werden kann. Er drückt dies so aus, daß quantenmechanische (indeterministische) Kausalität zwar notwendig, aber nicht hinreichend für das willensbildende Geschehen im Gehirn sei, so daß eine psychische Mitverursachung dafür durchaus denkbar ist. Damit ist genau das gemeint, was ich Sinnzusammenhang *im Rahmen* quantenmechanischer Kausalität genannt habe. Er sieht darin das „Prinzip der kausalen Geschlossenheit des Physischen" gewahrt und meint damit nichts anderes als eben die Kompatibilität des freien Willens mit der Quantenphysik. Angesichts der Doppelstruktur der Wirklichkeit in der Quantentheorie ist aber nicht klar, was „das Physische" eigentlich ist. Deshalb ist dieses Prinzip wohl zu unterscheiden von dem, was ich das Axiom (N) der kausalen Geschlossenheit der materiell-*faktischen* Welt als der Basis des naturalistischen Monismus genannt habe (s. S. 19).

Eine Differenz zum epistemischen Wirklichkeitskonzept dieses Buches zeigt sich im Titel „Anomaler Interaktionismus" des genannten Aufsatzes, der auf einen ontologischen Dualismus des Physischen und des Psychischen hindeutet, während ich das Psychische im Sinne der Einheit der Wirklichkeit als spezifische Ausprägung quantenphysikalischer Potentialität des Gehirns ansehe.

### Kann man Willensfreiheit empirisch prüfen?

Wollte man die These von der Freiheit des Willens falsifizieren, müßte man experimentell zeigen, daß Gründe ‚nichts anderes als' Ursachen sind. Im Abschnitt 2.2 – Faktenwirklichkeit – habe ich allgemein beschrieben, was ein Experiment ist: Das Objekt des Experiments muß als Repräsentant einer Klasse gleichartiger Objekte präpariert und einer definierten Einwirkung ausgesetzt werden, so daß die Reaktion beobachtet werden kann. Gleichartige Objekte sind solche, die in den für das Experiment wesentlichen Parametern übereinstimmen. So wird Wiederholbarkeit gewährleistet, denn Reproduzierbarkeit ist das Wesen des Experimentes.

Hier sind „Gründe" die für ein solches Experiment wesentlichen Parameter. Man müßte also Menschen nach ihren Gründen klassifizieren können und diejenigen mit etwa den gleichen Gründen einer definierten Handlungssituation aussetzen, um zu sehen, ob und in welchem Ausmaß sie gleichartig handeln.

Schon diese Schilderung zeigt, daß so etwas unsinnig ist. Man kann Menschen nach Größe, Gewicht, Alter, Geschlecht, Blutdruck oder sonst etwas klassifizieren, aber nicht nach Gründen, die sie haben. Gründe sind eben keine objektiv feststellbaren Merkmale von Menschen. Somit wäre die Wiederholbarkeit eines solchen „Experimentes" nicht gewährleistet, d.h. die wichtigste Voraussetzung für ein Experiment wäre nicht erfüllt. Vielmehr ist zu vermuten, daß es nicht zwei Menschen

[79] Christian Suhm, Anomaler Interaktionismus – Überlegungen zu einer libertarianischen Freiheitskonzeption und ihren indeterministischen Naturbedingungen in: Sibille Mischer, Michael Quante, Christian Suhm (Hg.), Auf Freigang – Metaphysische und ethische Annäherungen an die menschliche Freiheit, Münsteraner Philosophische Schriften, Band 11, LIT Verlag 2003, S. 61-86

mit dem gleichen Komplex von Gründen in einer gegebenen Handlungssituation gibt. Selbst ein und derselbe Mensch hat in wiederholten Handlungssituationen nicht zweimal die gleichen Gründe, so oder so zu handeln, d.h. die Dekontextualisierung von Gründen ist unmöglich. Selbst wenn man die Hirntätigkeit eventueller Probanden „scannen" könnte, könnte man sie dennoch nicht dekodieren. Gründe – auch in ihrer als Information kodierten Form – sind transempirisch und können nicht zu empirisch feststellbaren Parametern eines Experimentes gemacht werden. Das bedeutet: Willensfreiheit – oder besser ihr Fehlen – läßt sich nicht empirisch feststellen. Willensfreiheit ist somit kein Faktum oder Sachverhalt, sondern transempirische Wirklichkeit. Naturalisten wären mit dieser Antwort zufrieden, wenn in ihr ‚Epiphänomen' oder ‚Begleiterscheinung' und nicht ‚Wirklichkeit' stünde, was eine Wirkung auf die materielle Welt einschließt.

Nun ist aber das Libet-Experiment mit verschiedenen Menschen gemacht worden und ist in der Tat reproduzierbar. Aber es geht in ihm gar nicht um *begründetes*, sondern um *willkürliches* Handeln, das jeglicher Gründe entkleidet ist. Es gibt nämlich keinen signifikanten Grund, den Finger jetzt oder etwas später zu krümmen.

Die Intention Libets scheint es gewesen zu sein, einen „reinen", d.h. nicht weiter begründeten Willensakt als *kausale* Ursache – wie einen Willensklick im Kausalgeschehen – nachweisen zu wollen derart, daß *danach* ausführende neuronale Prozesse auftreten sollten. Gefunden hat er aber, daß schon ca. 0.3 Sek. *vor* dem vom Probanden angegebenen Zeitpunkt des Willensaktes im Elektroenzephalogramm (EEG) ein sog. Bereitschaftspotential zu sehen war. Was bedeutet es? Es kann durchaus lediglich das bedeuten, was die Bezeichnung sagt, nämlich die Bereitschaft, *demnächst* einen Finger zu krümmen.

Gegen die übliche Interpretation des Libet-Experimentes als einer Falsifikation der Willensfreiheit ist ein weiterer gewichtiger Einwand zu erheben. Es wird nämlich nicht beachtet, daß zwischen der internen beziehungswirklichen Zeit des Probanden und der externen faktenwirklichen Zeit, in der das EEG aufgezeichnet wurde, unterschieden werden muß. Ergebnisse der Neuropsychologie, die ich zum Stichwort personale Beziehungswirklichkeit im Abschnitt 4.3 (S. 51) dieses Kapitels dargestellt habe, zeigen, daß die interne beziehungswirkliche Zeit gleichsam in Jetzt-Schritten mit einer Dauer von etwa drei Sekunden externer Zeit voranschreitet. Man kann nicht so tun, als ob ein aus dem internen Zeitraum der Gleichzeitigkeit heraus bestimmter Zeitpunkt externer Zeit einfach in das Nacheinander externer faktenwirklicher Zeit eingeordnet und dann kausal interpretiert werden darf.

Bei der Gegenbeweis-Interpretation des Libet-Experiments wird unterstellt, es müsse bei Vorliegen von Willensfreiheit einen Fingerkrümmungs-Willensakt als einen objektiv feststellbaren Kausalklick zum Einschalten von entsprechenden Kausalketten zu einem bestimmten Punkt externer Zeit geben. Dies aber ist eine irrige Annahme. Jedes Wollen, insbesondere begründetes Wollen, ist vielmehr ein Kodierungs-geschehen, das externe Zeit beansprucht. Wenn denn ein Wollen als Absicht kodiert ist, dann kann das kodierende neuronale Erregungsmuster motorische Neuronen mit einbeziehen, ansprechen und eine Handlung in die Welt setzen. Ein solcher Vorgang kann aus den beiden genannten Gründen – Nichtwiederholbarkeit und Nicht-dekodierbarkeit – nicht empirisch beobachtet werden. Somit kann die Frage nach der Willensfreiheit *nicht* empirisch beantwortet werden. Kann sie überhaupt beantwortet werden oder muß sie als unbeantwortbar für alle Zeiten offen bleiben? Dies muß nicht so sein. Im nächsten Kapitel, im Abschnitt 5.6, möchte ich zeigen, daß man andere Kriterien der Wahrheit als das der Übereinstimmung zwischen Aussage und empirischem Sachverhalt heranziehen kann, um eines Tages vielleicht doch zu einer Entscheidung zu kommen.

### 4.6 Das Penrose-Argument: Menschliches Denken ist nicht algorithmisch

Von erheblicher Bedeutung für das Menschenbild unserer Zeit war und ist jene schon fast leidig gewordenen Debatte darüber, was Computer im Vergleich zum Menschen können und was nicht. Sie entzündete sich am Anspruch der „Künstliche Intelligenz" (KI) genannten Forschungsrichtung, menschliches Verhalten und Denken simulieren und, was letzteres betrifft, auch übertreffen zu können. Wann immer man genauer bezeichnete, was Computer angeblich nicht können, dauerte es nicht lange, und man fand, daß es doch geht. So etwas genauer zu bezeichnen heißt ja zumindest, Angaben zu machen, wie es formalisiert werden kann. Längst ist klar, daß alles, was formalisiert werden kann, auch auf geeigneten Computern implementiert werden kann. Etwas zu formalisieren heißt, ein Verfahren, einen Algorithmus anzugeben, nachdem eine solche Leistung erbracht werden kann. Ein Algorithmus ist also eine Vorschrift zur Ausführung von Datenverarbeitungsvorgängen. Aus Eingabedaten (input) werden als Ergebnis der Datenverarbeitung Ausgabedaten (output) erzeugt. Das ist es, was Computer tun. Algorithmen, die ihrerseits Algorithmen (Subroutinen) verwenden, sind natürlich wieder Algorithmen. Sie können durchaus auch Zufallselemente enthalten, z.B. um Suchvorgänge oder evolutionsartige Prozesse zu implementieren. In solchen Fällen kann das Ergebnis unvorhersagbar sein. Wie schon gesagt, ist es die Basis-Hypothese der Forschungsrichtung „Künstliche Intelligenz" (KI), daß menschliches Denken algorithmisch ist, also auf der Ausführung solcher Datenverarbeitungs-vorschriften beruht und daher grundsätzlich simulierbar ist.

Von weltweit beachteter paradigmatischer Bedeutung war jenes Schach-Duell zwischen Großmeister Karpov und dem Programm Deep Blue, das ersterer schließlich verlor. Es schien bewiesen zu haben, daß hinreichend große und schnelle Computer das besser können, was Privileg des Menschen ist, nämlich das Denken, gilt doch das Schachspiel als die hohe Schule des Denksports. Nun läßt sich aber Schach als regelgeleitetes Spiel ziemlich leicht algorithmisieren, programmieren und somit einem Computer „beibringen". Das Problem ist nur die ungeheure Zahl möglicher Folgen eines Spielzugs, die berechnet und in dessen Bewertung einbezogen werden müssen.

In dieser Situation ist das von Roger Penrose in seinem Buch „Der Schatten des Geistes"[80] aus dem Gödelschen Unvollständigkeitstheorem (s. Abschnitt 3.3) abgeleitete strenge Argument, wonach menschliches Denken gerade in seinen höchsten Leistungen nicht algorithmisch ist, von großer klärender Bedeutung. Das heißt natürlich nicht, daß der Mensch nicht auch Algorithmen anwenden kann, wenn er es will, von den zahllosen unwillkürlichen und lebensnotwendigen Regelprozessen des menschlichen Organismus, die selbstverständlich algorithmisch sind, ganz zu schweigen. Das Penrose-Argument bezieht sich nur auf bewußtes Denken und zieht

---

[80] Roger Penrose, Der Schatten des Geistes – Wege zu einer neuen Physik des Bewußtseins, Spektrum Akademischer Verlag, 1995,S.91-97

dazu eine Art des Denkens heran, von der man eher das Gegenteil erwartet, nämlich mathematisches. Natürlich erfindet mathematisches Denken Algorithmen, aber deren Anwendung ist nicht mehr eigentliche Mathematik. Ich möchte das Argument im folgenden wiedergeben.

Das Gödelsche Theorem besagt ja, daß alle formalen Systeme, die aus Grundannahmen (Axiomen) und allen darauf anwendbaren Ableitungsregeln bestehen – von der Art sind mathematische Theorien – unvollständig sind in dem Sinne, daß es in ihnen richtige Sätze gibt, die sich innerhalb des Systems nicht ableiten (beweisen) lassen.

Penrose stützt sich auf eine von Alan Turing stammende Version des Gödelschen Theorems und dessen Beweis, der verhältnismäßig leicht nachvollzogen werden kann: Betrachtet werden Berechnungsverfahren (Algorithmen) $C(n)$, die auf eine ganze Zahl $n$ als Input wirken. Dieser Begriff ist allgemein genug, denn Eingabedaten einschließlich verbaler Voraussetzungen lassen sich immer als ganze Zahlen z.B. im Binärkode[81] darstellen, die auch zu einer einzigen hinlänglich langen Binärzahl zusammengefaßt werden können. Beweisverfahren mit Schlußregeln lassen sich immer als ein solcher Algorithmus und deren Voraussetzungen in Form einer Binärzahl kodieren.

Nun werden alle möglichen solcher Berechnungsverfahren betrachtet und zur Unterscheidung mit einem ganzzahligen Index $k$ nummeriert: $C_k(n)$, wobei diese Nummerierung ebenfalls systematisch, d.h. algorithmisch vorgenommen werden kann. Interessant ist nun, ob ein solches Verfahren ein Ende findet, d.h. zu einem Ergebnis führt. Diese Frage läßt sich in der Regel wieder durch ein Berechnungsverfahren – nennen wir es A – beantworten. Wendet man A auf $C_k(n)$ an, hat man also das Verfahren $A(C_k(n))$, so hängt dies von zwei ganzen Zahlen $k$ und $n$ ab, und wir können es $A(k,n)$ nennen. Wenn es zu dem Ergebnis kommt, daß $C_k(n)$ kein Ende findet, dann hält $A(k,n)$ mit eben diesem Ergebnis an.

Nun steht es einem ja frei, auch einmal beide Zahlen gleichzusetzen und den Input gleich der Nummer oder die Nummer gleich dem Input, also $k = n$ zu setzen[82]. Dann hängt $A(n,n)$ nur noch von einer (Input-)Zahl ab und *muß* daher ein spezielles der Verfahren C, sagen wir das q-te $C_q(n)$, sein, denn die Verfahren $C_k$ ($k = 1,2,3, ...$) sollen ja *alle* Verfahren umfassen, die von *einer* ganzen Zahl abhängen. Wir haben also $A(n,n) = C_q(n)$ mit einem ganz speziellen $q$. Diese Relation besagt: $A(n,n) = C_q(n)$ hält an, wenn $C_n(n)$ nicht anhält, also kein Ende findet. Wieder haben wir die Möglichkeit, die Zahl $n$ gleich dem speziellen $q$ zu wählen, für das $A(n,n) = C_q(n)$ ist, also: $A(q,q) = C_q(q)$, und das bedeutet: $A(q,q)$ hält an, wenn $C_q(q) = A(q,q)$ nicht anhält. Formal-logisch ist das ein Widerspruch und signalisiert Unsinn. Auf nichtformale Weise aber ist der Sinn zu erkennen:

$C_q(q)$ hält nicht an, aber wir können es innerhalb unseres hier beschriebenen Systems, also mit einem formalen Verfahren A, nicht beweisen.

---

[81] Im Binärkode werden Zahlen im System der Potenzen von 2 als Aneinanderreihung von Nullen und Einsen dargestellt. Im gewohnten Dezimalkode geschieht dies im System der Zehnerpotenzen. So ist beispielsweise die Zahl $17 = 1 \cdot 2^4 + 0 \cdot 2^3 + 0 \cdot 2^2 + 0 \cdot 2^1 + 1 \cdot 2^0$ im Binärsystem zu schreiben als 10001. Umgekehrt kann jede Folge von Nullen und Einsen eines Binärkodes auch als eine ganze Zahl gelesen werden.

[82] Dieses sog. Diagonalverfahren geht auf Georg Cantor zurück. Diagonalverfahren heißt es deshalb, weil eine von zwei ganzen Zahlen abhängige Größe eine sog. Matrix bildet, deren Zeilen und Spalten von diesen Zahlen nummeriert werden. Setzt man sie gleich, so erhält man die Größen in der Diagonalen der Matrix.

Das ist das erstaunliche Resultat: Wir wissen auf die vorgeführte (nicht-algorithmische) Weise, daß es mit Sicherheit (mindestens) ein nicht abbrechendes Verfahren $C_q(q)$ tatsächlich gibt, von dem man dies aber nicht formal (d.h. algorithmisch) mit einem Verfahren A beweisen kann.

Die mit diesem Beweis demonstrierte Fähigkeit mathematischen Denkens, auf nicht-algorithmische und trotzdem zwingende Weise zu sicheren Aussagen kommen zu können, beruht m.E. darauf, daß menschliches Denken ganz allgemein *sinn*volle Metaebenen bilden kann. Sinnzusammenhänge aber sind i.a. nicht formalisierbar. Hier besteht die Metaebene darin, Verfahren auf Verfahren anzuwenden: Das Verfahren A wird auf die Verfahren C angewendet. Verfahren mit Verfahren sind aber wieder Verfahren, und zwar Verfahren wie alle anderen, die sich nicht mit *formalen* Kriterien von anderen unterscheiden lassen. Nur inhaltlich, d.h. von ihrer *Bedeutung* her, lassen sich in Fällen wie diesem Verfahren mit Verfahren als Metaverfahren charakterisieren. Die Verfahren A(C) und C haben eben unterschiedliche Bedeutungen. Wieder haben wir es mit der Tatsache zu tun, daß formale Verfahren *per se* bedeutungs- und damit geistlos sind. Bedeutungen sind es, die Ortho- und Metaebenen unterscheiden. Sinnvoll mit einer Orthoebene zusammenhängende Metaebenen aber müssen Konsistenzbedingungen erfüllen. Hier ergeben sie sich sehr einfach und schlüssig aus der Cantorschen Diagonalmethode. Die doppelte Anwendung dieser Methode zeigt, daß die zu fordernde Konsistenz die Unabgeschlossenheit der Orthoebene – hier die abzählbare Klasse der Verfahren C – nach sich zieht.

Das Penrose-Argument für den nicht-algorithmischen Charakter menschlichen Denkens hat eine weitere bedeutsame Konsequenz: Wäre nämlich menschliches Denken *ausschließlich* naturgesetzlich determiniert, wie die Mehrheit der Neurobiologen behauptet, dann wäre es auf eben diese Weise prinzipiell berechenbar. Die Naturgesetze stellten gewissermaßen den *allein* bestimmenden Algorithmus. Da menschliches Denken andererseits im Einklang mit den Naturgesetzen im Gehirn kodiert wird, folgt aus dem Penrose-Argument, daß dies auf nicht-berechenbare Weise geschieht. Zufallseinflüsse in der Naturgesetzlichkeit genügen nicht, denn andererseits ist menschliches Denken ersichtlich semantisch kohärent. So ist die Penrose-Überlegung ein starkes Argument dafür, daß sich menschliches bewußtes Denken zwar im Rahmen der Physik, aber auf prinzipiell nicht algorithmisch berechenbare Weise vollzieht. Dieser Rahmen kann nur die Quantentheorie sein. Diese Konsequenz zieht Penrose in seinem in Fußnote 80 genannten Buch. Im nächsten Abschnitt skizziere ich Vorstellungen, die Penrose und Hameroff dazu entwickelt haben. Zusammenfassend kann festgestellt weren, daß das Penrose-Argument der sog. starken KI (s. Abschnitt 4.2) den Boden entzieht.

### 4.7 Wie können Bedeutungen im Gehirn kodiert werden? – Mutmaßungen über die Wirklichkeit des Geistes im Gehirn

Wie kommen Ideen ursprünglich in die Welt? Wie können Bedeutungen kodiert werden? Wie *entstehen* Informationen? Recht verstanden, ist dies die Frage aller Fragen, nach Schopenhauer der „Knoten der Welt". Wenn denn Bedeutungen wirklich sind, weil sie wirken können, wie ich immer wieder betont habe, indem sie als Informationen kodiert werden, wenn denn Kodierung um der Bedeutung willen da ist und nicht umgekehrt, wenn also Bedeutungen ihrer Kodierung logisch vorausgehen, dann muß der Überschritt *von* der ideell-relationalen *zur* materiell-substanzialen Ebene der Wirklichkeit mit der Physik vereinbar sein, denn die wird nirgends verletzt. Daß so etwas im Gehirn tatsächlich stattfindet, schließen Michael Stadler und Peter Kruse[83] aus Figur-Hintergrund-Differenzierungen. Sie schreiben:

> „Damit gewinnt Bedeutung einen Einfluß auf die Struktur. Die scheinbare Unmöglichkeit, daß Nichtmaterielles wie Bedeutung die materiell-energetischen Prozesse beeinflußt, scheint durch Versuche dieser Art nahezuliegen."

Es ist dies nur möglich im *Rahmen* der Quantentheorie, denn dort findet der Überschritt von der Potentialität zur Faktizität des Seins in Gestalt des *Meßprozesses* statt. Im Rahmen der klassischen Physik mit ihrer ontologischen Prämisse des an sich (substanzhaft) Seienden ist dies nicht möglich. Dort ist es unmöglich, daß nichtmaterielle Entitäten wie Bedeutungen auf materielle einwirken, um kodiert zu werden. Diese dann allerdings weltanschaulich verallgemeinerte Aussage findet ihren Ausdruck in dem schon mehrfach zitierten Axiom (N) von der kausalen Geschlossenheit der materiell-faktischen Welt, welches das Fundament des naturalistischen Monismus ist. Es führt, wie gezeigt, zur Ablehnung der Willensfreiheit, zum Maschinenparadigma und letztlich zur Bestreitung der Menschenwürde als „Wesenswürde" im Sinne Kants.

Deshalb also ist die hier gestellte Frage von absolut zentraler Bedeutung. Um sie zu erörtern, habe ich vorbereitend im Zusammenhang des Abschnitts 2.6 folgende grundsätzlichen Hypothesen aufgestellt:

- Bedeutungen sind semantisch strukturierte Potentialität.
- Potentialität ist „korrelational", ist leere Relationalität.
- Die Kodierung von Bedeutungen geschieht durch quantenmechanische Meßprozesse.

Hier geht es mir darum, diese Hypothesen für den Ort des Geschehens, das menschliche Gehirn, zu konkretisieren, so weit dies heute aus meiner Sicht möglich ist.

Die Wirklichkeit des Geistes im Gehirn ist die Wirklichkeit von Bedeutungen in ihrem jeweiligen Sinnzusammenhang. Meiner Auffassung darüber kommt der Hirnforscher Gerhard Roth ziemlich nahe, wenn er in seinem Aufsatz „Die Konstitution von Bedeutung im Gehirn"[84] schreibt:

> „Wir müssen daraus den Schluß ziehen, daß Bedeutungen genauso konstitutive Elemente des Gehirns als eines kognitiven und verhaltenssteuernden Systems sind wie neuronale Erregungen. ... Nur wenn man diese Tatsache unter den Tisch fallen läßt, kann man so tun, als sei das Gehirn eine rein physiko-chemische Maschine."

Daher ist es verwunderlich, daß derselbe Autor in dem schon zitierten Interview (s. S. 48) als Verfechter einer eher reduktionistisch-naturalistischen Sicht des Menschen in Erscheinung trat. Neuronale Erregungen kodieren Bedeutungen. Welches von beiden –

---

[83] Michael Stadler, Peter Kruse, Visuelles Gedächtnis für Formen und das Problem der Bedeutungszuweisung in kognitiven Systemen, in: Siegfried J. Schmidt (Hg.), Gedächtnis, suhrkamp taschenbuch wissenschaft 1991, S. 264

[84] Gerhard Roth, Die Konstitution von Bedeutung im Gehirn, in: Siegfried J. Schmidt (Hg.), Gedächtnis, suhrkamp taschenbuch wissenschaft 1991, S. 369

Kode oder Bedeutung – primär ist, läßt Roth allerdings offen. Gerade davon aber hängt es ab, ob von der Wirklichkeit des Geistes im Gehirn gesprochen werden kann oder nicht. Nur wenn Bedeutungen ihrer Kodierung vorausgehen, können ganze Sinnzusammenhänge kodiert werden, denn nur Bedeutungen können einen Sinn-Nexus bilden. Wie anders sollen wir sinnvoll zusammenhängende Gedanken denken können? Ein deterministischer, d.h. blinder Kausal-Nexus kann keinen Sinn machen. Wohl aber können deterministische Kausalzusammenhänge – Signalübertragung mit gehörigem Rausch-Impuls-Abstand – einmal kodierte Sinnzusammenhänge nahezu unversehrt übertragen und auch automatisch umkodieren. So etwas ist *Datenverarbeitung* im Unterschied zu *Informationserzeugung*. Datenverarbeitung ist ein geistloser, Informationserzeugung ein geistvoller, kreativer Prozeß. Datenverarbeitung geschieht im Gehirn auch, sogar in großem Umfang, und zwar *unbewußt* durch automatisch ablaufende quasi-maschinelle Vorgänge. Die kreative Fähigkeit, Ideen als Informationen in die Welt zu setzen – das ist es, was der Mensch in seinem Gehirn kann, eine Maschine aber nicht, denn Bedeutungen gibt es nur in Sinnzusammenhängen lebendiger Beziehungswirklichkeiten, an denen leblose Maschinen entgegen gewissen Phantasien der Science-fiction-Literatur prinzipiell nicht beteiligt sein können.

In der Neurobiologie und -psychologie ist deutlich geworden, daß das Bewußtsein vor allem damit befaßt ist, *neue* Situationen zu bewältigen, *Neues* zu erfahren oder zu erproben und natürlich auch, *Neues* zu denken. Das Gewohnte in gewöhnlichen Situationen wird bald automatisiert und unbewußt verrichtet, d.h. es wird programmiert und verläuft weitgehend in den Bahnen der Datenverarbeitung. Daher ist anzunehmen, daß wesentliche *Informationserzeugung* Sache des Bewußtseins, Sache des Denkens ist.

Dies ist, wie ich dargetan habe, nur im Rahmen der Quantentheorie denkbar, aber nur eine kleine Minderheit von Neurobiologen glaubt – assistiert von theoretischen Physikern –, daß die Quantentheorie wesentlich ist für das Verständnis des so singulären und rätselhaften Bewußtseinsphänomens. Ich nenne hier den unlängst verstorbenen Nobelpreisträger John C. Eccles in Zusammenarbeit mit Friedrich Beck[85] und Stuart Hameroff in Zusammenarbeit mit Roger Penrose (s. Fußnote 80). Ich selbst schließe mich dieser Auffassung an.

Ich möchte zwei Vermutungen und eine dritte Aussage, die schon mehr ist als eine Vermutung, vorstellen, um die Bedeutung der Quantentheorie für das Bewußtseinsphänomen zu konkretisieren.

Das Gehirn ist das höchst geordnete materielle System, das wir kennen. Zur Aufrechterhaltung seiner funktionellen Ordnung bedarf es guter Durchblutung zur ständigen Zufuhr freier Energie, die dafür dissipiert, d.h. in Wärme umgewandelt wird. Wie alle lebenden Systeme ist das Gehirn somit ein sog. dissipatives System fern vom thermodynamischen Gleichgewicht.

---

[85] John C. Eccles, Wie das Selbst sein Gehirn steuert, Piper, 1997, Kap. 9;
Friedrich Beck, Quantenprozesse im Gehirn – ein Tor zum Verständnis von Bewußtsein. Ein physikalischer Beitrag zur Steuerung neuronaler Prozesse, in: Jan C. Schmidt, Lars Schuster (Hg.), Der entthronte Mensch? – Anfragen der Neurowissenschaften an unser Menschenbild, mentis 2003, S. 138-159

1. Die erste Vermutung ist nun, daß es sich beim Übergang vom bewußtlosen zum bewußten Zustand des Gehirns um einen Nichtgleichgewichts-Phasenübergang handelt. Phasenübergänge sind immer Übergänge zwischen Zuständen verschiedener Ordnung, meist solche von geringerer zu höherer Ordnung (Symmetriebrechung) oder umgekehrt. Phasenübergänge in der Festkörperphysik können nur im Rahmen der Quantentheorie zureichend beschrieben werden. Der bewußtlose Zustand ist offenbar ein Zustand geringerer Ordnung als der bewußte. In der Bewußtlosigkeit bleibt die physiologische Ordnung bestehen, aber im bewußten Zustand kommt eine neue Ordnung hinzu, über die wir noch nichts wissen, weil das Gehirn ein so unvergleichliches, kaum simulierbares System ist.

2. Dennoch gibt es eine Vermutung darüber. Es ist die zweite, die ich anführen möchte. Sie stammt von Penrose und Hameroff[86], und sie besagt, daß es sich um einen kohärenten Zustand von polaritonartigen[87] sog. Fröhlich-Moden[88] handelt, die sich in den sog. Mikrotubuli wie in Hohlleitern ausbilden. Mikrotubuli sind mikroskopisch feine Röhren aus leicht polarisierbaren Eiweißmolekülen, die das sog. Cytoskelett auch in Nervenzellen bilden. Unter der weiteren Annahme, daß sich an den Synapsen[89] Josephson-analoge Kontakte[90] ausbilden, könnten sich Mikrotubuli zu einem ausgedehnten Netzwerk zusammenfügen, in dem sich beim Übergang vom bewußtlosen zum bewußten Zustand des Gehirns ein kohärenter makroskopischer Quantenzustand solcher Fröhlich-Moden bilden könnte[91].

3. Wenn das Entleeren (Exocytose) synaptischer Bläschen[92] tatsächlich als „Messung" an einem solchen Quantenzustand angesehen werden kann – das ist die dritte Aussage, die mehr ist als eine Vermutung[93] – dann könnte es bedeuten, daß die dadurch ausgelösten postsynaptischen Depolarisationsimpulse ein kodierendes Muster aufbauen, so daß Information entsteht. Zugleich können die beteiligten Josephson-analogen Kontakte so modifiziert werden, daß Erinnerungsspuren davon bleiben.

Die Annahme eines über weite Bereiche des Gehirns ausgebreiteten intratubulären Quantenzustands könnte vielleicht das sog. Bindungsproblem der bewußten Wahrnehmung lösen. Es besteht darin, daß die optische und akustische Wahrnehmung eines Objekts über so weite Bereiche des Gehirns verteilt ist und so verschiedene

---

[86] Stuart R. Hameroff, Roger Penrose, Conscious Events as Orchestrated Space-Time Selections, J. of Consciousness Studies, **3**, No. 1 (1996), S. 36-53

[87] Polaritonen sind an elektromagnetische Wellen gekoppelte Schwingungsmoden polarisierbarer Systeme.

[88] Herbert Fröhlich war der erste, der schon 1967 auf die Möglichkeit und die Bedeutung metabolisch gepumpter kohärenter, longitudinaler elektrisch-mechanischer Schwingungsmoden in lebenden Systemen hinwies, die u.U. auch einen makroskopischen Quantenzustand bilden können. Siehe dazu auch Gerard J. Hyland, Kohärente Anregungen in lebenden Biosystemen und ihre Konsequenzen, in H.P. Dürr, F.A. Popp, W. Schommers, Elemente des Lebens – Naturwissenschaftliche Zugänge, Philosophische Positionen, Die Graue Edition, 2000; englische Fassung: Coherent Excitations in Living Biosystems and Their Implications: A qualitative Overview, in: H.P. Dürr, F.A. Popp, W. Schommers (Ed.), What is Life? – Scientific Approaches and Philosophical Positions, World Scientific 2002

[89] Siehe Fußnote 59.

[90] Josephson-Kontakte kennt man bei Supraleitern. Das sind dünne isolierende Schichten zwischen zwei Supraleitern, dünner als die sog. Kohärenzlänge, über die hinweg sich der supraleitende Zustand ausbreiten kann.

[91] Eine solche Vermutung könnte gestützt werden, wenn es gelänge, in einem Netzwerk aus supraleitenden Drähten mit Josephson-Kontakten einen kohärenten supraleitenden Zustand herzustellen.

[92] Siehe Fußnote 59.

[93] F. Beck, Quantenprozesse im Gehirn – ein Tor zum Verständnis von Bewußtsein, s. Angaben in Fußnote 85.

Zentren dabei beschäftigt werden, daß es rätselhaft ist, wie das Gehirn all dies dennoch zu einer einheitlichen Wahrnehmung ein und des selben Objekts „zusammenbindet".
Vielleicht läßt ein solcher kohärenter Quantenzustand, der dann die Potentialität des Bewußtseins – je und je verändert durch kodierende „Messungen" – darstellt, auch Anregungszustände zu, die bei der Kodierung ebenfalls eine Rolle spielen könnten. Die Analyse des grundlegenden Doppelspalt-Experiments der Quantenmechanik und seiner Modifikationen im Abschnitt 2.5 (S. 23) brachte ja das Phänomen der wechselwirkungsfreien sog. „Nullmessung" zum Vorschein, bei der nichtmaterielle Entitäten materielle Entitäten beeinflussen. Dies wurde besonders deutlich bei der Elitzur-Vaidman-Version des Experimentes. Es ist denkbar, daß die durch bestimmte Proteine miteinander vernetzten Mikrotubuli Elitzur-Vaidman-Konfigurationen bilden (s. Anhang 2), in denen Anregungen des vermuteten bewußtseinstragenden kohärenten Quantenzustands miteinander verschränkt werden und eventuelle „Nullmessungen" stattfinden können. Dabei könnten Synapsen die Rolle der Detektoren in Fig. 4 des Anhangs 2 spielen.
Mit der Vermutung, Bedeutung sei semantisch strukturierte Potentialität, die durch „Messung" kodiert wird, ist bei näherem Zusehen – selbst wenn sie zutrifft – noch gar nicht sehr viel gewonnen, denn es handelt sich ja um die Potentialität des *Kodes*, die bei einer Messung realisiert wird. Kode und Bedeutung aber sind, wie ich immer wieder betont habe, von einander unabhängig. Allerdings ist der kategoriale Unterschied zwischen beiden, der „ontologische Sprung", von dem auch Gerhard Roth spricht[94], auf der Seite der Potentialität nicht mehr gegeben. Den leistet, wie ich meine, der quantenmechanische Meßprozeß. Die Erklärungslücke, wie *Bedeutung* kodiert werden kann, ist damit nur auf die Seite der Potentialität verschoben, aber noch nicht geschlossen. Wie – so wäre salopp zu fragen – schafft es die Bedeutung, Potentialität so zu strukturieren, daß sie durch einen „Meßprozeß" kodiert werden kann?
Man kommt einer Lösung dieses Problems näher, wenn man bedenkt, daß es sich bei der Informationserzeugung durch Kodierung virtuell präexistenter Bedeutungen um ein Geschehen handelt, das sich in und an der Potentialität eines bereits semantisch-assoziativ strukturierten, erinnerungsfähigen Netzwerks abspielt, das wir *Gedächtnis* nennen und das – hier sei es wiederholt – etwas völlig anderes als ein Datenspeicher ist. Neue Informationen entstehen also immer schon in einem semantisch assoziierten Kontext, der die semantische Strukturierung jener Potentialität mitbewirkt, die als virtuell präexistente Bedeutung durch Meßprozesse nach dem Muster von Friedrich Beck kodiert werden kann. In der Potentialität des Gedächtnisses liegen also Bedeutung und potentieller Kode so nahe beieinander, daß sich die besagte Erklärungslücke schließt.
Diese Kongruenz zwischen einer Bedeutung und der Potentialität ihrer neuronalen Erstkodierung im Gehirn ändert nichts an der prinzipiellen Unabhängigkeit von Kode und Bedeutung im allgemeinen. Der Erstkodierung im bewußten Kurzzeitgedächtnis, das das „Jetzt" aufspannt, folgen einige unbewußte Umkodierungen bis beispielsweise ein Gedanke ausgesprochen oder niedergeschrieben wird. Der Kode wechselt, die

---

[94] Gerhard Roth, Die Konstitution von Bedeutung im Gehirn, in: Siegfried J. Schmidt (Hg.), Gedächtnis – Probleme und Perspektiven der inter disziplinären Gedächtnisforschung, suhrkamp taschenbuch wissenschaft, 1992, S. 369/370

Bedeutung bleibt. Aber die Erstkodierung spielt durch die strukturelle Kongruenz ihrer Potentialität zu der Idee, die sie kodiert, doch eine besondere Rolle.

Auch dafür gibt es eine Analogie in dem im Abschnitt 2.4 (S. 18) gezogenen Vergleich zwischen abstrakten „Gruppen" und ihren Matrix-Darstellungen einerseits und Sprachen als Bedeutungssystemen mit ihren Kodierungen andererseits. Es gibt nämlich „Gruppen", die nicht anders als durch eine ihrer Darstellungen definiert sind, die man deshalb auch Fundamentaldarstellung nennt. Sie ist der Gruppe isomorph. Auch hier haben wir also eine solche besondere Kongruenz. Dennoch gibt es die Gruppe als abstrakte Struktur, denn sie hat noch viele andere Darstellungen.

Wie jeder Vergleich so hinkt auch dieser. Während die Fundamentaldarstellung einer solchen Gruppe natürlich eine objektive Darstellung einer objektiven abstrakten Struktur ist, ist die Erstkodierung einer Idee in einem Gehirn eine höchst subjektive Angelegenheit.

So wichtig wie die Erstkodierung zur Erzeugung von Informationen ist die Dekodierung von Informationen, d.h. das Verstehen. Ist die Kodierung der Überschritt von der ideellen zur materiellen Seite, so ist das Verstehen der umgekehrte Schritt.

Betrachten wir das Lesen oder Hören von Sprache. Wie ich schon im Abschnitt 3.3 auf S. 32 unter Berufung auf Varela und Maturana ausführte, empfangen wir mit unseren Sinnesorganen nicht Informationen, sondern lediglich Sinnesreize, aus denen in den Sinnesorganen erst Informationen erzeugt werden. Auch dies schon ist Informationserzeugung, die aber erst die äußeren Merkmale des Gesehenen oder Gehörten rekonstruiert. In den sensorischen Cortices führt dies dann – immer noch unbewußt – bis zur Zeichenerkennung. Beim Lesen oder Hören ist dies die Identifikation der Buchstaben oder Phoneme, vielleicht sogar der Wortsymbole. Noch immer sind dies bloß Merkmale des Kodes. Weil aber auch dies immer schon Rekonstruktionen sind, ist auch dabei schon ‚Geist' im Spiel, etwa im Sinne des Vergleichs mit und der Zuordnung zu gewissen Typen, die abstrakt, d.h. geistig gegeben sind. Zum Verstehen, dem eigentlichen Dekodieren zumindest von neuen Informationen kommt es erst im Bewußtsein. Verstehen ist das Einordnen und Einpassen von Bedeutungen in potentielle Sinnzusammenhänge auf der semantischen Ebene der internen Kommunikation zwischen Bewußtsein, sensorischem Cortex und Gedächtnis. Vielleicht kann sogar von einem Einrasten in eine den Sinnzusammenhang darstellende zyklische Quantenkohärenz der zeitlich nichtlokalen Potentialität des Bewußtseins die Rede sein in dem Sinne, wie ich es im Abschnitt 3.6 (S. 43) angesprochen habe.

Es ist klar, daß für solche rekonstruierenden Arrangements die Potentialität des semantisch-assoziativ strukturierten Gedächtnisses mit seiner präformierten „Nähe" von potentiellem Kode und seiner Bedeutung entscheidend ist. Der Ort des Verstehens ist also ebenfalls da, wo potentielle Struktur und Bedeutung nahe bei einander sind: im Gedächtnis. „Verstanden" ist eine aus Sinnesreizen rekonstruierte Information dann, wenn diese Potentialitäten „messend" faktifiziert, d.h. rekodiert oder übersetzt werden in die je eigenen internen Kode. So ist auch Verstehen Informationserzeugung, und zwar eine rekonstruierende. Erfolgt die Rekonstruktion in einem falschen Sinnzusammenhang, so handelt es sich um Mißverstehen.

## 5. Wahrheit und Leben

Das Ziel dieses Kapitels ist es, den engen inneren Zusammenhang von Wahrheit und Leben aufzuzeigen. Damit ist schon gesagt, daß ich den Begriff Wahrheit, der durch Ideologieverdacht in Verruf geraten ist und in der Postmoderne geradezu emphatisch abgelehnt und aufgegeben worden ist, für unaufgebbar halte. Darauf bin ich im einleitenden ersten Kapitel bereits eingegangen. Um diesen Begriff zu verteidigen, muß er richtiggestellt werden. Was da abgelehnt wird, ist eigentlich ein unzutreffender Wahrheitsbegriff. Es zeigt sich nämlich, daß der gängige Wahrheitsbegriff da, wo er einigermaßen klar ist, zu eng gefaßt ist und da, wo er darüber hinausgeht unklar und verschwommen ist. Es muß also geklärt werden, was Wahrheit im Verhältnis zur ganzen Wirklichkeit in ihrer Doppelstruktur aus Fakten- und Beziehungswirklichkeit ist. Erst dann läßt sich der angekündigte innere Zusammenhang von Wahrheit und Leben aufweisen, wie er in der evolutionären Erkenntnistheorie bereits anklingt. Weil Wahrheit in Kognition und Relation für alle Lebewesen lebenswichtig ist, bekommt der Wahrheitsbegriff so eine sehr allgemeine, man könnte einwenden, zu allgemeine Bedeutung. Deshalb werde ich mich im wesentlichen auf die Wahrheit menschlicher Erkenntnis beschränken und diesen am Leben orientierten Wahrheitsbegriff „andiskutieren" – mehr kann es im Rahmen dieses Buches nicht sein. Wenn ich aber den Wahrheitsbegriff in voller Allgemeinheit anspreche, werde ich dies ausdrücklich anmerken. Zunächst aber ist, wie üblich, von der Wahrheit menschlicher Erkenntnis die Rede.

### 5.1 Wahrheit und Wirklichkeit

Was ist Wahrheit? Ich sage nichts Neues, wenn ich an dem alten und kaum bestreitbaren Satz

(W)  Wahrheit ist Erkenntnis der Wirklichkeit.

festhalte. Interessant wird es, wenn wir ihn auf die ganze Wirklichkeit in ihrer Doppelstruktur aus Fakten- und Beziehungswirklichkeit beziehen. Was Erkenntnis der Faktenwirklichkeit heißt, ist einigermaßen klar und entspricht dem üblichen Verständnis von Erkenntnis und insbesondere dem von wissenschaftlicher Erkenntnis. Aber Erkenntnis der Beziehungswirklichkeit? Was soll das sein? Hat denn Erkenntnis auch eine relationale und nicht nur eine kognitive Bedeutung? Ich meine ja, aber gängig ist sie nicht. Ich erinnere an die Redeweise der hebräischen Bibel, in der die Liebe zwischen Mann und Frau Erkenntnis genannt wird, wenn ein Kind daraus hervorgeht. Ich denke, daß es richtig ist, Liebe als Form von Erkenntnis zu sehen: Einen Menschen zu lieben, heißt, ihn in der Tiefe zu erkennen und anzuerkennen. So glaube ich, daß der Satz (W) tragfähig ist und beibehalten werden kann, wenn wir bereit sind, das Wort Erkenntnis breiter und tiefer zu verstehen, als es üblich ist. Dann nämlich kann nicht nur in den empirischen, sondern auch in den hermeneutischen Wissenschaften gleichrangig von Erkenntnis gesprochen werden. Dann nämlich wird auch Ethik zur Sache von Erkenntnis, eben der „Erkenntnis des Guten und Bösen" (Gen. 2,9), und kann einen Wahrheitsanspruch erheben. Alles kommt dabei auf die Kriterien der Wahrheit an, die für eine Erkenntnis von Beziehungswirklichkeit natürlich andere sein müssen als für die Erkenntnis der Faktenwirklichkeit. Davon wird weiter unten noch zu handeln sein.

Es ist sinnvoll, eine Basisebene der Wahrheit – ich nenne sie auch Orthoebene – von höheren Metaebenen zu unterscheiden, auf die ich im Abschnitt 5.5 zu sprechen komme. Die Basis- oder Orthoebene ist die *unmittelbare* Ebene der vielen richtigen Aussagen über Fakten und Sachverhalte im Bereich der Faktenwirklichkeit und der vielen ehrlichen und gedeihlichen Beziehungen im Bereich der Beziehungswirklichkeit.

Die Doppelstruktur der Wirklichkeit muß auch eine Doppelstruktur der Wahrheit, jedenfalls auf ihrer Basisebene, zur Folge haben. Diese Doppelstruktur kommt u.a. dadurch zum Ausdruck, daß wir in unserer Sprache zwei Gegenbegriffe zur Wahrheit haben, nämlich Irrtum und Lüge. Irrtum ist das Gegenteil von wahren Aussagen *über* Fakten und Sachverhalte. Lüge ist das Gegenteil von Wahrheit *in* Beziehungen. Ich möchte diese Doppelstruktur auch begrifflich zum Ausdruck bringen und

- Wahrheit über Faktenwirklichkeit *Richtigkeit* und
- Wahrheit in Beziehungswirklichkeit *Wahrhaftigkeit*

nennen. Wahrhaftigkeit wird damit zu einem Oberbegriff, der manches mit umfaßt, was auch anders bezeichnet werden kann, z.B. mit Aufrichtigkeit, Redlichkeit, Ehrlichkeit. Wichtig ist mir, daß Wahrhaftigkeit hier unmittelbare Beziehungen charakterisieren und nicht von einer Metaebene aus Beziehungen bewerten soll. Wieder wird deutlich, daß Liebe eine Form beziehungswirklicher Wahrheit ist, denn wirkliche Liebe kann nur wahrhaftig sein.

Beide Orthoebenen sind mit Richtigkeit und Wahrhaftigkeit gut charakterisiert. Beide sind aber auch so verschieden, daß man sich fragt, ob es überhaupt sinnvoll und nicht vielmehr verwirrend ist, beide unter dem Oberbegriff Wahrheit zu verhandeln. Wäre es nicht klarer und besser, den Wahrheitsbegriff wie üblich auf die Richtigkeit von Aussagen über Fakten und Sachverhalte zu beschränken?[95] Ich komme auf diese Frage zurück.

Sehr wichtig ist die Feststellung, daß Wahrheit den kategorialen Status von Information hat. Wahrheit ist nur Wahrheit, wenn sie kommuniziert wird. Wahrheit ist aber auch das Ergebnis von Kommunikation, sei es durch Nachdenken im Selbst-Dialog zwischen Bewußtsein und Gedächtnis, sei es im Gespräch oder im argumentativen Diskurs. Das Nachdenken ist offen für Ein-fälle, für Intuition, für Ideen. Aber auch das Gespräch ist unverfügbar und offen für gegenseitig veranlaßte neue Ideen. Kein Zweifel ist, daß Wahrheit auch durch Meditation und Kontemplation erfahren werden kann. Auch dies ist ein kommunikatives Geschehen. Wahrheit ist damit selbst Teil der Wirklichkeit, und zwar der Beziehungswirklichkeit.

Wichtig ist auch, daß Wahrhaftigkeit als Orthoebene der Wahrheit in Beziehungen sowohl auf zwischenmenschliche Beziehungen als auch auf die personale Selbstbeziehung anwendbar sein soll. In dieser Differenzierung gibt es auch andere Gegenbegriffe zur Wahrheit als die Lüge, z.B. die Selbsttäuschung. Wahrhaftigkeit sich selbst gegenüber ist die rechte Form der Selbstliebe. Sie ist auch die Voraussetzung für Wahrhaftigkeit anderen gegenüber. So bringt Wahrhaftigkeit in der

[95] H. J. Bieber , H.G. Nutzinger, Brauchen wir einen neuen Wahrheitsbegriff? In: H.P. Dürr, H.J. Fischbeck (Hg.), Wirklichkeit, Wahrheit, Werte und die Wissenschaft – Ein Beitrag zum Diskurs Neue Aufklärung, Wissenschaftsverlag Berlin, 2003

Selbstbeziehung und in zwischenmenschlicher Beziehung Selbstliebe und Nächstenliebe in die Balance, die für gelingendes Leben notwendig ist. Für die Selbstbeziehung sind Gefühle von entscheidender Bedeutung. Ohne Gefühle kann es keine wahrhaftige Selbstbeziehung und keine mitfühlende Beziehung zu anderen Menschen geben – auch dies gehört zum Oberbegriff Wahrhaftigkeit hinzu. Ich folge hier der Darstellung von Antonio Damasio in seinem Buch „Descartes' Irrtum"[96]. Er zeigt darin anhand von neuropathologischen Ausfallerscheinungen, daß Gefühle wertende Wegweiser im Dickicht der vielen kleinen und großen Entscheidungen im Lebensgeschehen sind, ohne die Lebensvernunft gar nicht möglich ist. Er unterscheidet zwischen primären Grundgefühlen wie Glück, Traurigkeit, Furcht, Ekel und Wut, die weitgehend unbestimmt sind, einerseits und sekundären *erworbenen* Gefühlen, die Empfindungen und Geschehnisse bewerten und dabei Grundgefühle auslösen und einbeziehen, andererseits. Während Grundgefühle präorganisiert sind in Teilen des limbischen Systems (Amygdala und Gyrus cinguli) (s. Fußnote 60) und weitgehend genetisch bestimmt sind, gehen die erworbenen Gefühle aus vom präfrontalen Cortex, der das limbische System einbezieht.

Wahrhaftigkeit in der Selbstbeziehung ist somit sichtlich ein erworbenes Gefühl, das eng mit der Selbstachtung verbunden ist. Erworbene Gefühle aber werden entwickelt in der sozialen Beziehungswirklichkeit, meist in der Beziehung zwischen Eltern und Kindern. So bedingen sich Wahrhaftigkeit in der personalen und der sozialen Beziehungswirklichkeit gegenseitig. Ein Mensch, der nie geliebt wurde, kann auch nicht lieben, weder sich selbst noch andere.

Als Bedenkzeit zu der oben gestellten Frage, ob denn der Wahrheitsbegriff nicht nur auf die Fakten-, sondern auch auf die Beziehungswirklichkeit und damit auf die ganze Wirklichkeit angewendet werden kann und soll, möchte ich an die drei für unsere Kultur so wesentlichen Wahrheitsbegriffe *adaequatio, emet, aletheia* erinnern.

Der adaequatio-Begriff geht wohl auf Aristoteles zurück, ist aber von Thomas von Aquino gleichsam klassisch wie folgt definiert worden: *Veritas est adaequatio intellectus et rei,* Wahrheit ist die Übereinstimmung von Aussage und Sachverhalt. Dies ist in der Tat unser gängiges Verständnis von Wahrheit, also Wahrheit im Sinne von Richtigkeit. Adaequatio hat eindeutig einen kognitiven Akzent.

Emet – das ist der hebräische Wahrheitsbegriff mit der Grundbedeutung des Vertrauens, des Vertrauens auf verläßliche Beziehungen: Wahr ist, worauf man sich verlassen kann. Zwar kann man sich auch auf richtige Aussagen über Sachverhalte verlassen, aber das ist weniger gemeint als tragfähige Beziehungen zwischen Menschen, die ihren letzten Grund haben in der Verläßlichkeit und Treue Gottes. Vertrauen kann man nur zu jemandem haben, Vertrauen ist ein Beziehungswort. Emet hat einen deutlichen relationalen Akzent.

Aletheia – das ist der griechische Wahrheitsbegriff. Ethymologisch bedeutet a-lethes gegen lethes, gegen das Vergessen. So kann man aletheia übersetzen mit: Wahrheit ist das Erinnern des Vergessenen, die Aufdeckung des Verborgenen. Martin Heidegger hat die eine große Vergessenheit der abendländischen Moderne zur Sprache gebracht unter dem Titel Seinsvergessenheit. In der Fixierung auf das an sich Seiende vergaß das neuzeitliche Denken die elementare und zugleich umfassende Relationalität, die im *ist*-Sagen, d.h. im Verbum *sein*, steckt. Wenn wir beispielsweise

[96] Antonio Damasio, Descartes' Irrtum – Fühlen, Denken und das menschliche Gehirn, dtv 1999.

erkennend oder definierend sagen: Das da *ist* dies oder jenes, dann drückt sich in dem ‚ist' eine Beziehung des Erkannten oder Definierten zu dem Erkennenden oder Definierenden aus, ohne die selbst das Wort Wirklichkeit jeden Sinn verliert. Der Satz (D), mit dem ich Wirklichkeit im Abschnitt 2.1 definiert habe, drückt diese Beziehung aus. Das *Sein* des Seienden im Sinne des ist-Sagens ist gewissermaßen der allgemeine – man kann sagen – leere Hintergrund der umfassenden Beziehungswirklichkeit, von der im Abschnitt 4.3 (S. 54) die Rede ist.

Die Seinsvergessenheit der Moderne wird im Reduktionismus des Naturalismus zum Black out: Beziehungswirklichkeit als Wirklichkeit entfällt, wird zur Illusion erklärt, und es wird behauptet, sie sei auf Faktenwirklichkeit zurückführbar.

Vor allem gegen diese Vergessenheit muß die Aletheia, die Erinnerung des Vergessenen, die Aufdeckung des eigentlich schon immer Gewußten als Wahrheit zur Geltung gebracht werden. Das leistet der adaequatio-Begriff nicht. Der Wahrheitsbegriff muß also so weit gefaßt werden, daß er *adaequatio, emet* und *aletheia* umfaßt.

Damit ist aber noch nicht begründet, warum das zu Differenzierende in einen Topf geworfen und unter einem Oberbegriff, eben dem der Wahrheit verhandelt werden soll. Gegen das Differenzieren ist natürlich nichts einzuwenden. Es ist dann nichts einzuwenden, wenn man den Zusammenhang dabei nicht verkennt, der durch den Oberbegriff gewahrt werden soll. Wenn wir den Satz (W) festhalten wollen, daß Wahrheit Erkenntnis der Wirklichkeit sei, und wenn die Wirklichkeit eine ist und nicht zerfällt, wie ich im Abschnitt 2.4 gezeigt habe, dann kann es auch nur eine Wahrheit geben, die ebenfalls nicht zerfällt in viele Wahrheiten, so sehr Differenzierungen nötig und hilfreich sind. Viele Wahrheiten? – das würden wir in der Postmoderne ja noch gelten lassen, aber nur eine? Die müßte ja verbindlich sein, oder? Da sträuben sich dem Zeitgenossen alle Haare, und im Köcher der Gegenargumente liegen schon die tödlichen Pfeile bereit, die da heißen: Intoleranz, Ideologie oder gar Fundamentalismus etc. Diese Pfeile aber treffen nicht. So kann Wahrheit nicht beschaffen sein, denn dies sind geradezu Kriterien der Unwahrheit. Die Einheit der Wahrheit muß erwiesen werden durch ihren sich selbst stützenden inneren Zusammenhang.

## 5.2 Wahrheitstheorien

Was Wahrheit ist und wie sie zu gewinnen und zu prüfen ist, ist Gegenstand von Wahrheitstheorien. Im Laufe der Philosophiegeschichte sind die Korrespondenz-, die Kohärenz- und die pragmatische Wahrheitstheorie sowie die Evidenz- und die Konsenstheorie vertreten worden.

Gewiß spielen Evidenz und Konsens bei der Wahrheitsfindung eine wichtige Rolle, aber als alles begründende Prinzipien sind sie m.E. nicht geeignet. Es läßt sich nämlich nicht klar sagen, was Evidenz ist. Evidenztheorien wollen die Wahrheit auf „evidente" Grund-Sätze gründen, die keiner weiteren Prüfung bedürfen und auch nicht dafür zugänglich sind. Was für die Grundlegung mathematischer Theorien das einzig Richtige ist, muß nicht auch für die Wahrheit gelten, die nach (W) Erkenntnis der *ganzen* Wirklichkeit sein soll. Ein Beispiel für einen solchen sehr weit reichenden Grund-Satz, den viele Wissenschaftler für evident halten, so daß geradezu von einem Konsens gesprochen werden kann, ist das schon mehrfach kritisierte Axiom von der kausalen Geschlossenheit der materiell-faktischen Welt. Eine Folgerung aus diesem

Satz ist, was Wolf Singer in dem im Abschnitt 4.5 (S. 61) unter dem Stichwort Bestreitungen der Willensfreiheit angeführten Zitat ausdrücklich als Konsens unter Neurobiologen darstellt. Dies wirft ein kritisches Licht auch auf die Konsenstheorie der Wahrheit: Welcher Konsens soll gelten und warum? Noch einmal: Die bedeutende Rolle von Konsensen im „herrschaftsfreien Diskurs" für die Wahrheitsfindung soll damit nicht bestritten werden.

Ich lasse also die Evidenz- und die Konsenstheorie außer Betracht und wende mich kurz den drei anderen Wahrheitstheorien zu, die sich m.E. auf verläßlichere Kriterien stützen, als es bei der Evidenz- und Konsenstheorie der Fall ist:

Korrespondenztheorie

Die Korrespondenztheorie stützt sich auf den adaequatio-Begriff:

> Wahre Aussagen korrespondieren Gegebenheiten der Wirklichkeit im Verhältnis der Adäquatheit.

Die Allgemeinheit der Korrepondenztheorie steckt hier in den etwas vagen Worten „Gegebenheiten" und „Adäquatheit". Was sind Gegebenheiten? Was ist adäquat? An welchen Kriterien prüft man Adäquatheit?

Klarer ist die Einschränkung, die ich schon als Übersetzung des adaequatio-Satzes von Thomas von Aquino gegeben habe, nämlich:

(W1) Wahrheit ist die Übereinstimmung zwischen Aussage und Sachverhalt,

wenn man unter Fakten und Sachverhalten das versteht, was beobachtet und reproduzierbar festgestellt werden kann. Dann wird auch klar, wie Übereinstimmung zwischen Aussage und Sachverhalt festgestellt werden kann, nämlich durch Beobachtung, im Idealfall der Wissenschaft durch das Experiment. Damit haben wir den Wahrheitsbegriff der empirischen Wissenschaft.

Jedoch birgt der Begriff der Übereinstimmung, der Korrespondenz, erhebliche Probleme, auf die ich kurz eingehen möchte. Gegen diesen Begriff ist eine vierfache Kritik, eine ontologische, eine methodologische, eine epistemische und eine soziologische Kritik vorgebracht worden.

Die *ontologische* Kritik richtet sich gegen die stillschweigende ontologische Prämisse der an sich seienden und als solche erkennbaren Realität als dasjenige, mit dem Aussagen darüber übereinstimmen sollen. Diese auf die Quantentheorie und ihre „ontologische Revolution" gestützte Kritik habe ich schon eingehend erörtert. Sie richtet sich gegen einen Allgemeinheits- und Allgeltungsanspruch korrespondenztheoretisch begründeter Wahrheit, wie er aus der genannten ontologischen Prämisse abgeleitet wird.

Die *methodologische* Kritik richtet ihr Augenmerk auf das konstitutive Mittel objektiver Erkenntnis, das Experiment als das Mittel, das korrespondenztheoretische Wahrheitskriterium der adaequatio zu prüfen. Der Gegenstand des Experiments aber muß erst zu einem *Objekt* präpariert, d.h. zu einem Repräsentanten einer Klasse gleichartiger Gegenstände unter Absehung von seiner Besonderheit gemacht werden. Dazu muß er aus seinen konkreten Zusammenhängen gelöst und in die kontrollierte Situation des Experiments gebracht werden. Nur so kann die Wenn-Dann-Aussage (E) auf S. 14 gemacht oder geprüft werden. Hier schließen sich die kritischen Fragen an:

- Erkennt solches Wissen eigentlich die „an sich seiende" oder die präparierte Realität, die dem ‚Wenn' des Experiments entspricht? Kommen gewisse ‚Wenns' in der Natur überhaupt vor oder sind sie völlig künstlich?
- Sind die Besonderheiten des Gegenstands und seines natürlichen Zusammenhangs eigentlich immer unwichtig oder nicht doch manchmal höchst bedeutsam?
- Wie objektiv ist die Realität eigentlich, wenn sie solchermaßen erst objektiviert wird?
- Kann von Vollständigkeit objektivierender Erkenntnis die Rede sein, wenn ihr überhaupt nur die reproduzierbaren Züge der Wirklichkeit zugänglich sind, wo doch eigentlich nichts *exakt* reproduzierbar ist?

In gewissen Grenzen können diese Fragen mit Ja beantwortet werden, aber eben in Grenzen, deren man sich bewußt sein muß und die bestimmt werden müssen. Viele experimentelle Wenns kommen in der Natur vor. Oft bestimmen die Besonderheiten des Objekts lediglich die Streubreite des Experiments. Tatsächlich kommt es auf die reproduzierbaren Züge der Realität, also die kausalen Gesetzmäßigkeiten des Wenn-Dann besonders an. Nur eben vollständig könnte solche Erkenntnis nur werden, wenn die Streubreiten beliebig klein gemacht werden könnten, was aber im Licht der ontologischen Kritik der Quantentheorie aus den erörterten tiefliegenden Gründen prinzipiell nicht möglich ist.

Die *epistemische* Kritik beleuchtet die Tatsache, daß die experimentellen Fragen, die wir an die Natur richten, um eine eventuelle Übereinstimmung mit getroffenen Aussagen konstatieren zu können, keineswegs unvoreingenommen sind und auch nicht sein können. Immer schon liegen Begriffsbildungen, liegen Hypothesen, liegt eine Theorie im Vorhinein zugrunde. Wer sagt uns, daß die Antwort, die das Experiment gibt, nicht schon durch die Frage so vorgeprägt ist, daß sie eher einer Selbsttäuschung als der „Wahrheit" gleichkommt? Wer sagt uns, daß unsere Begriffsbildungen, also das Vokabular unserer Erkenntnis, überhaupt adäquat sein *können*?

Die drei genannten Kritiken setzen die vierte, nämlich die *soziologische* Kritik am Wahrheitsanspruch der empirischen Wissenschaften mit ihrem angeblich so objektiven Kriterium der Übereinstimmung ihrer Aussagen und vermeintlichen Sachverhalten ins Recht. Seit Thomas Kuhn wird nicht mehr bestritten, daß der Erkenntnisfortschritt ein *sozialer* Prozeß ist, der sehr viel stärker soziokulturell, sozialpsychologisch, institutionell, politisch und ökonomisch beeinflußt wird, als man es sich unter Berufung auf eine fiktive „Logik der Forschung" eingestehen möchte. Jedoch könnte man im Sinne der ontologischen Prämisse einer an sich seienden Realität immer noch annehmen, daß es sich um einen sozialen Prozeß handelt, der sich durch sozial bedingte Irrtümer und Paradigmenwechsel hindurch der objektiven Wahrheit über eben diese objektive Realität annähert. Wenn es nun aber, wie die ontologische Kritik zeigt, diese Zielgröße so uneingeschränkt gar nicht gibt und wenn unsere Methoden und begrifflichen Fragestellungen systematische Ausblendungen und eventuelle Blindheiten mit sich bringen, dann muß der korrespondenztheoretisch begründete Wahrheitsanspruch der empirischen Wissenschaften soziologisch relativiert werden, und zwar umso mehr, je mehr unreflektierte Prämissen, Intentionen, Intepretationen, Bewertungen und Interessen im Spiel sind.

Dennoch ist es der ungeheure Erfolg, den die empirischen Wissenschaften mit ihrem korrespondenztheoretisch begründeten Wahrheitsanspruch haben, der die in den genannten vier Kritiken angesprochenen Schwierigkeiten mit der klaren Fassung dessen, was Übereinstimmung bedeutet, in den Hintergrund treten läßt. Die Möglichkeit der objektiven Prüfung von Aussagen am Übereinstimmungskriterium ist die große und unaufgebbare Stärke der Korrespondenztheorie.

In der hier diskutierten Fassung ist die Korrespondenztheorie zwar einigermaßen klar und überaus erfolgreich, aber ersichtlich nicht mehr allgemein genug, um der Definition (W) der Wahrheit zu genügen, denn in dieser Fassung ist sie nur auf die Faktenwirklichkeit anwendbar, die nicht die ganze Wirklichkeit ist.

In der philosophischen Tradition seit Aristoteles erhebt die Korrespondenztheorie jedoch durchaus den Anspruch allgemeiner Gültigkeit über den Bereich der Faktenwirklichkeit hinaus für den Preis, daß eben nicht mehr klar gesagt werden kann, was „Gegebenheiten der Wirklichkeit" sind und wie die Adäquatheit von Aussagen darüber geprüft werden kann.

Gewichtige Stimmen sagen heute: Laßt uns die Allgemeinheit des Wahrheitsbegriffs aufgeben und sagen: Wahrheit ist durch Beobachtung gesichertes Wissen, nicht mehr und nicht weniger[97]. Läßt man sich aber ein auf die naturalistische Reduktion der Wirklichkeit auf das Faktische, dann – so könnte man meinen – läßt die Korrespondenztheorie nichts zu wünschen übrig.

Dem ist aber nicht so, denn die Anwendbarkeit des Übereinstimmungskriteriums hat eine beträchtliche Lücke: Wie prüft man Aussagen über *vergangene* Ereignisse, die man nicht mehr beobachten und nicht reproduzieren kann? Es ist dies ein Grundproblem jeder historischen Wissenschaft bis hinein in die Naturwissenschaft. Die Biologie mit ihrem zentralen Evolutionsparadigma ist ja auch eine historische Wissenschaft. Selbst die physikalische Kosmologie ist eine solche, wenngleich sie insofern gut dran ist, als sie wegen der Endlichkeit der Lichtgeschwindigkeit tatsächlich weit in die kosmische Vergangenheit zurückblicken kann, nämlich bis zur Abkopplung der elektromagnetischen Strahlung von der baryonisch-leptonischen Materie ca. 380 000 Jahre nach dem Urknall. Beobachtbar sind eben heute nur noch *Relikte* der Vergangenheit, zu denen die kosmische Hintergrund-Strahlung gehört. Viel näher liegen uns andere Relikte wie schriftliche Zeugnisse, Ruinen, Scherben, archäologische Funde, Fossilien vergangener Lebewesen, geologische Schichtungen usw. Daraus ergeben sich Fragen wie: Welches ist der Wahrheitsgehalt ruhmrediger Selbstdarstellungen antiker Potentaten? Welches ist der historische Kern biblischer Erzählungen? Was besagen prähistorische Malereien und Grabanlagen? Wovon zeugen fossile Knochenfunde und geologische Schichtenfolgen? Wie kam es zur Häufigkeitsverteilung chemischer Elemente im Weltall, wie zur fast vollkommen homogenen und isotropen kosmischen Hintergrundstrahlung?

Antworten auf solche Fragen lassen sich nicht mehr durch Beobachtung prüfen. Die Vorgänge, die zu den heute beobachtbaren Relikten geführt haben, sind vergangen und lassen sich eben nicht reproduzieren. Sie müssen auf andere Weise geprüft und validiert werden. Dazu hat man immer schon die

---

[97] Hans Mohr, Verfügungswissen und Orientierungswissen – Kommentar zu den Aufsätzen von H.J. Fischbeck und W. Liebert, in: H.P. Dürr und H.J. Fischbeck (Hg.), Wirklichkeit, Wahrheit, Werte und die Wissenschaft – Ein Beitrag zum Diskurs „Neue Aufklärung", Wissenschaftsverlag Berlin, 2003

Kohärenztheorie
der Wahrheit angewendet, die da sagt:

(W2) Wahr ist, was mit schon als (mutmaßlich) wahr erkannten Aussagen vereinbar ist und ‚sinnvoll' zusammenhängt.

Was Vereinbarkeit und sinnvoller Zuammenhang in den so verschiedenen historischen Wissenschaften von der Geschichtswissenschaft über die Evolutionsbiologie bis hin zur Kosmologie bedeutet, ist mit wenigen Worten nicht zu sagen. Selbstverständlich ist logische Konsistenz eine notwendige, aber keineswegs hinreichende Bedingung. Auf weitere Wahrheitskohärenzen, die über die Logik hinaus von Bedeutung sind, komme ich weiter unten noch zurück. So sieht die Kohärenztheorie die Wahrheit als ein vielschichtiges Netz von Aussagen an, die untereinander durch Wahrheitskohärenzen miteinander verknüpft sind und sich damit gegenseitig „beglaubigen".
Dies allein aber kann Wahrheit nicht begründen. Man denke nur an eine frei erfundene Geschichte, bei der alles zueinander paßt und alle erforderlichen Wahrheitszusammenhänge gegeben sind und die doch nicht auf der Orthoebene ihrer Aussagen stimmt. Deshalb hängt die Kohärenztheorie für sich allein gewissermaßen in der Luft. Sie muß sich auf andere schon als (mutmaßlich) wahr erkannte Aussagen stützen, deren Wahrheitsvermutung anderweitig begründet ist. Es können dies Evidenzen, Konsense oder durch Beobachtung bestätigte Richtigkeiten sein. So ist es ja auch bei den historischen Wissenschaften, wo die heute noch beobachtbaren Relikte solche Anhaltspunkte liefern. Somit ist klar, daß die Kohärenztheorie allein nicht ausreicht, um Wahrheit zu begründen.
Wenn erfundene oder überlieferte Geschichten auf der Orthoebene ihrer Sachaussagen nicht stimmen, weil sie frei erfunden oder inkonsistent sind, dann heißt das nicht, daß sie nicht wahr sein können. Nur liegt ihre Wahrheit eben nicht auf der Ortho-, sondern auf einer Metaebene, wenn die dort geltenden Wahrheitskohärenzen „stimmen". Es geht dann aber ganz sicher nicht um Wahrheit über die Faktenwirklichkeit, sondern um Wahrheit in und über Beziehungswirklichkeiten. Aussagen über scheinbare Sachverhalte können nämlich einen doppelbödigen Kode bilden, dessen eigentlichen Bedeutungen auf einer Metaebene liegen. Solche Aussagen haben dann eine symbolische Bedeutung. Sie bilden Fabeln, Parabeln, Gleichnisse, Metaphern, Allegorien oder Ähnliches. Auf diese Weise kann Literatur ihren so wesentlichen Beitrag zur Wahrheit leisten, der aber nur im Rahmen der Kohärenztheorie begründbar ist.
Dies gilt nicht nur für Literatur im engeren Sinne, sondern auch für überlieferte Geschichten, die sich um historische Ereignisse und Personen ranken. Ihr „historischer Kern" – oft nur ein kümmerlicher Rest – ist ebenfalls mit den dafür geeigneten Kohärenzen zu ermitteln. Es wäre aber falsch, nur diesen Kern als Beitrag zur Wahrheit gelten zu lassen, nämlich dann, wenn ihre eigentliche kohärente Bedeutung auf einer Metaebene zu finden ist. So gibt es zahlreiche biblische Geschichten, deren Wahrheit ersichtlich nicht auf der Orthoebene ihrer scheinbaren Sachaussagen, sondern nur auf der Metaebene ihrer eigentlich kohärenten Bedeutung zu finden ist, so daß unverständige Interpreten sie gern als unwahr deklarieren. Wesentliche Aufgabe der hermeneutischen Wissenschaften ist es, die jeweils angemessenen Wahrheitskohärenzen herauszuarbeiten und anzuwenden.

Man könnte meinen, daß die Korrespondenztheorie für Richtigkeiten, also für Wahrheit über die Faktenwirklichkeit zuständig sei und die Kohärenztheorie für Wahrheit aus der und über die Beziehungswirklichkeit. Dem ist aber nicht so, denn selbstverständlich weist auch die Faktenwirklichkeit Zusammenhänge auf. Dementsprechend gehören zu den Wahrheitszusammenhängen der Kohärenztheorie nicht nur die Logik, sondern auch die kausale mathematisch formulierte Naturgesetzlichkeit. Beide gelten in den Zusammenhängen der Faktenwirklichkeit und müssen herangezogen werden für kohärenztheoretische Schlüsse aus beobachteten Fakten und Sachverhalten.

So gilt beispielsweise die sog. Standardtheorie des Urknalls auch für die unbeobachtbare Zeit vor der Auskopplung des Strahlungsfeldes, hat aber ihren verifizierenden Anhalt an den beobachtbaren Relikten dieser Zeit, nämlich der kosmischen Hintergrundstrahlung und der Elementhäufigkeit im Weltall, hauptsächlich was Wasserstoff, Helium und Deuterium betrifft. Die Standardtheorie des Urknalls ist also kohärenztheoretisch geprüft ebenso wie ihre Grenze, die da liegt, wo ihre Kohärenzen nicht mehr stimmen, nämlich da, wo die Vereinbarkeit von klassischer Einsteinscher Gravitationstheorie und herkömmlicher Quantenfeldtheorie aufhört und Quantengravitation unabdingbar wird.

Die Kohärenztheorie gilt also für beide Wirklichkeitsbereiche und vermag damit – wenigstens im Prinzip – die Einheit der Wahrheit über die eine Wirklichkeit zu begründen. Sie braucht aber, wie schon gesagt, Anhalt an anderweitig begründeten wahren Aussagen vornehmlich über die Faktenwirklichkeit auch und gerade dann, wenn es um beziehungswirkliche Wahrheit geht. Auch darin kommt die Einheit der Wahrheit zum Ausdruck.

Kann nun die Korrespondenztheorie jene sicheren Anhaltspunkte über die Faktenwirklichkeit garantieren, die gebraucht werden, um kohärenztheoretische Aussagen-Gewebe so „aufhängen" zu können, daß sie nicht in der Luft hängen und bei jedem Hauch herunter- und in sich zusammenfallen? Im Blick auf die vier Kritiken an der Übereinstimmungsrelation der Korrespondenztheorie mit ihren Voraussetzungen und Bedingungen selbst in ihrer beschränkten Anwendung auf Fakten und Sachverhalte – die ontologische, die methodologische, die epistemische und die soziologische – muß man skeptisch sein, so skeptisch wie Karl Popper, der sinngemäß gesagt hat: „Wir bauen auf sumpfigem Grund". Gegen diese Kritik verwies ich auf den ungeheuren *praktischen* Erfolg des korrespondenztheoretisch begründeten Wahrheitsanspruchs der empirischen Wissenschaft. Dies war im Grunde bereits ein Argument der

Pragmatischen Wahrheitstheorie,
die da sagt:

(W3) Wahr ist, was sich im Leben bewährt.

Das Wort Bewährung ist mit dem Wort Wahrheit eng verwandt und bedeutet ja den Erweis – nicht Beweis – von Wahrheit und Zuverlässigkeit. Es insinuiert auch eine gewisse Langfristigkeit, die für einen sochen Erweis erforderlich ist. Dieser Satz ist als das Kriterium der pragmatischen Wahrheitstheorie zu nehmen. Aber dazu muß natürlich genauer geklärt werden, was denn „Bewährung im Leben" heißt und um welche Fristen es dabei geht. Seinen klassisch-literarischen Ausdruck fand das Bewährungskriterium beispielhaft in Lessings Ringparabel in „Nathan der Weise".

Eine explizite, auf das menschlich-gesellschaftliche Leben bezogene, also anthropozentrische und polemisch zugespitzte Fassung des Kriteriums (W3) findet sich in Thomas Manns Zauberberg in der dort geschilderten Debatte zwischen Lodovico Settembrini, der – grob gesprochen – (W1) vertritt, und Leo Naphta, der (W3) mit folgenden Worten verficht[98]:

> „Wahr ist, was dem Menschen frommt ... Er ist das Maß der Dinge und sein Heil das Kriterium der Wahrheit. Eine theoretische Erkenntnis, die des praktischen Bezugs auf die Heilsidee des Menschen entbehrt, ist dermaßen uninteressant, daß jeder Wahrheitswert ihr abzusprechen ist und ihre Nichtzulassung geboten ist."

Während in dieser Debatte (W1) und (W3) gegeneinander gestellt werden, möchte ich zeigen, daß sich beide Wahrheitskonzepte eben nicht widersprechen, sondern – recht verstanden – gegenseitig ergänzen.

Es wird also schon lange im Sinne der pragmatischen Wahrheitstheorie gedacht. In der Ringparabel ist immerhin schon die Menschheitsgeschichte als Horizont der Bewährung gemeint. Belehrt durch die globale ökologische Krise unserer Tage, wissen wir heute, daß dieser Horizont erweitert werden muß auf die ganze Biosphäre und (W3) nicht anthropozentrisch verengt werden darf. Durch die UNO-Weltkonferenz 1992 in Rio wurde dies weltweit anerkannt und verdeutlicht, daß langfristige Bewährung *zumindest* „nachhaltige Entwicklung" (sustainable development) bedeuten muß.

Welche entscheidende Bedeutung der Horizont und die Dauerhaftigkeit der Bewährung haben, kann man an zwei Zitaten erkennen, die ich gegenüberstellen möchte. Das eine Zitat ist die gleichsam technologische Fassung des pragmatischen Wahrheitskriteriums (W3), wie es schon in der Aufklärung von Giovanni Batista Vico (1668-1744) gegeben wurde mit seinem Diktum

> „Verum et factum convertuntur".

Frei übersetzt heißt das: Wahr ist, was wir erfolgreich anwenden können. Immanuel Kant kleidete es in die Worte: „Was wir machen, verstehen wir von seinem Grunde." So ist es der technologische Erfolg, der empirisch bestätigte Erkenntnis derart validiert, daß die vier geäußerten Kritiken ihr nicht viel anhaben können.

Das andere Zitat erweitert den Horizont der Bewährung und stützt sich auf die 300 Jahre Erfahrung seit der Aufklärung. Es stammt von dem Philosophen und Freund Carl-Friedrich von Weizsäckers Georg Picht (1913-1982) und lautet[99]:

> „Das neuzeitliche Denken hat die Natur auf Begriffe gebracht und hat dank dieses Kunstgriffes Methoden entwickelt, mit deren Hilfe es sich anschickt, das Stück Natur, in dem wir leben, zu zerstören. ... Eine Wissenschaft, die die Natur zerstört, kann keine wahre Erkenntnis der Natur sein."

Offensichtlich legt Georg Picht in seinem weiteren Horizont auch einen viel weiteren Wahrheitsbegriff zugrunde als den der korrespondenztheoretischen der Richtigkeit.

---

[98] Thomas Mann, Der Zauberberg, Aufbau Verlag 1979, S. 563.
[99] Georg Picht, Der Begriff Natur und seine Geschichte, Stuttgart 1989, S. 15

Wendet man das obige Kriterium (W3) im engeren Sinne an, dann verifiziert unsere technologische Praxis die Richtigkeit der ihr zugrundeliegenden Erkenntnisse der Faktenwirklichkeit „des Stücks Natur, in der wir leben". Wenden wir es hingegen im weiteren Sinne Pichts an, dann falsifiziert es eben diese Praxis in ihrer aufs Ganze bezogenen langfristigenWirkung. Verkürzt kann man dies so zusammenfassen: Das im engeren Sinne Richtige kann im weiteren Sinne falsch sein. Es kommt also sehr auf die „richtige" Fassung des Wahrheitsbegriffs an: Welcher Wahrheitsbegriff ist wahr? Kann man Wahrheitskriterien auf sich selbst anwenden? Wie soll diese Frage entschieden werden? Ich lasse diese Frage hier offen und komme im nächsten Abschnitt darauf zurück.

Deutlich ist, daß das pragmatische Wahrheitskriterium nur auf größere Zusammenhänge und kaum auf einzelne Aussagen angewendet werden kann. Somit setzt die pragmatische Theorie bereits kohärenztheoretisch begründete Zusammenhänge voraus.

Reschers Wahrheitstheorie

Meine Schilderung der Korrespondenztheorie, der Kohärenztheorie und der pragmatischen Theorie zeigt, daß sich diese drei Theorien nicht ausschließen, sondern gegenseitig ergänzen, und legt somit nahe, was Nicholas Rescher[100] tatsächlich durchgeführt hat und ich von ihm gelernt habe, nämlich in einer Kohärenztheorie alle drei Wahrheitstheorien miteinander zu verbinden und damit ebenfalls für die Einheit der Wahrheit zu plädieren. Von den drei Theorien ist die Kohärenztheorie geeignet, die beiden anderen zu integrieren, eben weil es ihr um die wahrheitsstiftenden Zusammenhänge geht.

Rescher legt sein Hauptaugenmerk auf *logische* Zusammenhänge, auf logische Konsistenz, und entwirft ein Verfahren, wie aus einer gegebenen und hinreichend großen Menge von z.T. inkonsistenten „Daten" diejenigen konsistenten herausgefiltert werden können, für die vernünftigerweise ein vorläufiger Geltungsanspruch erhoben werden kann. Wie dieses Verfahren im einzelnen aussieht, kann hier nicht interessieren. Wichtig ist das Zusammenspiel der drei Theorien in der vereinenden Kohärenztheorie. Rescher stellt zunächst fest, worauf ich auch schon Bezug genommen habe, nämlich daß das Übereinstimmungskriterium der Korrespondenztheorie schon deshalb nicht ausreicht, weil es auf eine Fülle wahrheitsfähiger Aussagen nicht anwendbar ist, bei denen Übereinstimmung nicht geprüft werden kann wie bei Allaussagen und historischen Aussagen. Deshalb sind in solchen Fällen, wie ich schon dargetan habe, zur Wahrheitsqualifikation *Kohärenzen* – z.B. mit adaequatio-Korrespondenzen – nötig.

Welche Rolle spielt die pragmatische Theorie in Reschers Kohärenztheorie? Zunächst gibt es einen formalen Grund: Wie kann man der Selbstbezüglichkeitsfalle, auf die wir schon gestoßen sind, entgehen? Wie kann über die Wahrheit der Wahrheitskriterien entschieden werden? Um einen infiniten Regreß oder einen tautologischen Zirkel (wahr ist, was wahr ist) zu vermeiden, tut Rescher das einzig Richtige: Er bindet das „Wahrheitsfindungsverfahren" an seinen langfristigen Erfolg im Leben, d.h. es muß immer wieder rückgekoppelt und so geändert werden, daß es langfristig dem Leben

---

[100] Heinrich Coomann, Die Kohärenztheorie der Wahrheit: Eine kritische Darstellung der Theorie Reschers vor ihrem historischen Hintergrund, Frankfurt/M. 1983

dient. Das Leben wird zum Validierungskontext des Wahrheitsverfahrens, Bewährung im Leben zum umfassenden, gleichsam pauschalen Kriterium. So wird Wahrheit bezogen auf und gemessen an etwas, was nicht sie selbst ist und doch viel mit ihr zu tun hat: dem Leben.

## 5.3 Wahrheit und Leben

Die pragmatische Wahrheitstheorie stellt mit ihrem Kriterium „Wahr ist, was sich im Leben be*währt*" die tiefe innere Verbindung zwischen Wahrheit und Leben fest. Wie sehr dies berechtigt ist, zeigt die von Konrad Lorenz begründete evolutionäre Erkenntnistheorie. Sie geht davon aus, daß jedes Lebewesen jeder Spezies auf die Kognition seiner ökologischen Nische angewiesen ist und daß sein Überleben und das seiner Art davon abhängt, daß diese Kognition in der für diese Art wesentlichen Hinsicht zutrifft. Die Darwinsche Evolution greift also auch an den Kognitionssystemen der Arten an und läßt nur die überleben, die ihre ökologische Nische ‚richtig' erkennen. Das Überleben wird zum Maßstab und zum Erweis der Richtigkeit. Das Bewährungsprinzip nimmt hier – ähnlich wie bei Poppers „Logik der Forschung" – die Form einer Falsifikation, hier einer

Falsifikation durch Extinktion

(Aussterben) an. Die evolutionäre Erkenntnistheorie nimmt nur die Kognition der Faktenwirklichkeit in den Blick, nicht aber die Beziehungswirklichkeit(en) des Lebens, die aber in der Soziobiologie und der Verhaltensforschung (Ethologie) thematisiert werden. Dabei herrscht allerdings die naturalistische Sicht der Dinge vor, die die Beziehungswirklichkeit auf die Faktenwirklichkeit reduziert. Weil aus dem Sein des Seienden nach David Hume (1711-1776) kein Sollen folgt und dies aber als das allein Wirkliche angesehen wird, kann Ethik unter dieser reduktionistischen Voraus-Setzung nicht Teil der Wirklichkeitserkenntnis, also der Wahrheit sein. Der Wahrheitszusammenhang zwischen *Kognition* und *Relation*, der in der Einheit der Wirklichkeit mit ihrer *irreduziblen* Doppelstruktur aus Fakten- und Beziehungswirklichkeit wurzelt, wird nicht gesehen. Legt man diese aber, wie ich es tue, allen Überlegungen zugrunde, dann bekommt Wahrheit unausweichlich eine ethische Dimension, wird Ethik eine Sache der Erkenntnis, wie es der biblische Mythos vom Baum der Erkenntnis, die zuerst Erkenntnis des Guten und Bösen ist, immer schon weiß. Der Maßstab der Erkenntnis des Guten und Bösen ist ebenfalls das Kriterium (W3) der pragmatischen Wahrheitstheorie. Die heutige, mehr und mehr zu Technologie mutierte marktgesteuerte Wissenschaft mit ihren zivilisatorischen Folgen der globalen ökologischen Krise genügt nach dem zitierten Votum von Georg Picht diesem Kriterium nicht. Wenn es der Wissenschaft nicht gelingt, im Wege einer *Erneuerung der Aufklärung* zur Besinnung zu kommen[101], ist Falsifikation durch Extinktion zumindest dieser wissenschaftlich-technologischen Marktzivilisation zu befürchten.

In dem so harmlos klingenden Satz (D): Wirklich ist, was auf *uns* wirken *kann*, oder in der anderen Fassung (D'): Wirklich ist, was *wir* erfahren *können*, steckt drin, daß Wirklichkeit nur als Wirklichkeit des Lebens für das Leben ein sinnvoller Begriff ist.

---

[101] H.J. Fischbeck, J.C. Schmidt (Hg.), Wertorientierte Wissenschaft – Perspektiven für eine Erneuerung der Aufklärung, Edition Sigma, 2002

Das ‚uns' und das ‚wir' soll jetzt einmal (mit kaum einlösbarer, aber doch irgendwie gegebener Berechtigung) ausgedehnt werden auf alle Lebewesen. Dann ist Wahrheit als Erkenntnis der Wirklichkeit – und zwar als Kognition und Relation, d.h. in Richtigkeit und Wahrhaftigkeit – lebens-wichtig. In Paraphrase eines bekannten biblischen Satzes (Mt. 4,4 und 5. Mos. 8,3) kann man das ganze Kapitel 3 dieses Buches zusammenfassen in dem Satz:

> Das Leben lebt nicht vom Stoffwechsel allein, sondern zuerst und vor allem vom Austausch sinnvoller Informationen.

Denn dieser ist es, der Leben erst lebendig macht. Von daher ist es in äußerster Erweiterung des Wahrheitsbegriffs auf alle Lebewesen richtig, zu sagen:

> Wahrheit ist die Gesamtheit sinnvoller Informationen.

Was sinnvoll ist, bestimmt sich an der *Erhaltung, Entfaltung* und *Gestaltung* biosphärischen Lebens. Sinnvoll ist allemal *richtige* Kognition und *wahrhaftige* Relation. Irrtümliche Kognition ist gefährlich, zuweilen sogar tödlich. Krankheit ist fast immer auch eine Kommunikationsstörung auf zellulärer und organismischer Stufe der Autopoiese des Lebens. Lüge vergiftet das soziale Leben. Diese Andeutungen mögen genügen, um den weiteren allgemeinen Satz zu begründen:

> Wahrheit ist der Logos des Lebens.

Ohne Wahrheit in Kognition und Relation kann Leben nicht leben: Wahrheit ist lebens-wichtig.
Ich verlasse jetzt die volle Allgemeinheit des Wahrheitsbegriffs und wende mich wieder der Wahrheit als *menschliche* Erkenntnis der Wirklichkeit in ihrem inneren Zusammenhang mit dem Leben zu. Ich beschränke mich dabei auf einige wenige Gesichtspunkte.
In dem Fragment gebliebenen Kapitel „Was heißt die Wahrheit sagen?" seines Buches „Ethik" erhellt Dietrich Bonhoeffer diesen inneren Zusammenhang. Er schreibt dort:

> „Das wahrheitsgemäße Wort ... ist so lebendig wie das Leben selbst."

Ein anderer Kronzeuge für die Lebenswichtigkeit der Wahrheit ist Vaclav Havel, der in seinem Essay „Versuch, in der Wahrheit zu leben" den Hunger nach Wahrheit als Wahrhaftigkeit in der Verlogenheit des Staatssozialismus zum Ausdruck brachte, einer Verlogenheit, die wesentlich zum Kollaps dieses Systems beitrug. Gorbatschows Heilungsversuch durch sein Glasnost- (Durchschaubarkeit, Offenheit) und Perestroika-Programm in letzter Minute konnte ihn nicht mehr verhindern. An diesem Beispiel war zu sehen, daß das Selbstlob der Herrschenden zum Zweck der Stabilisierung ihrer Macht wesentliches Merkmal staatlicher Verlogenheit ist.
Dies ist eine besonders krasse Ausprägung einer generellen Spannung zwischen Wahrheit und Macht, die bis zum Widerspruch gehen kann: Die Mächtigen stehen mit der Wahrheit auf Kriegsfuß. Sie brauchen Geheimhaltung und Schönfärberei bis hin zur Lüge zur Ausübung und Aufrechterhaltung ihrer Macht. Besonders Angriffskriege werden häufig durch Lügen vorbereitet und begründet. Jeder kennt das Diktum:

> „Das erste Opfer eines Krieges ist die Wahrheit."

Es hat eine viel tiefere Bedeutung als den meisten, die es zitieren, bewußt ist, denn Krieg kommt von kriegen und findet im weiteren Sinne überall dort statt, wo man kriegen will.

In wohl keiner Szene der Weltgeschichte kam die Spannung zwischen Macht und Wahrheit so deutlich zum Ausdruck wie in dem Verhör Jesu durch Pilatus, wie es das Johannes-Evangelium berichtet (Joh. 18, 37-38). Jesus, der Mann der Wahrheit, steht macht- und wehrlos vor dem Machthaber und hat nur die Wahrheit auf seiner Seite:

> „Ich bin dazu geboren und in die Welt gekommen, daß ich von der Wahrheit zeugen soll. Wer aus der Wahrheit ist, der höret meine Stimme."

Dazu hat der Machtmensch Pilatus nur die wohl zynische, aber nichtsdestoweniger berühmte Gegenfrage: „Was ist Wahrheit?" Seit dem ist klar, daß die Wahrheit nicht neutral ist. Sie ist auf der Seite der Armen, Gedemütigten und Entrechteten, mit denen sich der Gekreuzigte identifiziert hat (Mt. 25, 40).

Der Wortwechsel zwischen Jesus und Pilatus war kein Diskurs, sondern ein Verhör. Wahrheit kann argumentativ nur zur Sprache kommen im *herrschaftsfreien Diskurs*. Hier zeigt sich auch die ohnmächtige Macht der Wahrheit durch den „eigentümlich zwanglosen Zwang des besseren Arguments" (Habermas). Herrschaftsfreiheit war auch das Kennzeichen der Gemeinschaft der Jüngerinnen und Jünger Jesu, in der keine andere Macht als die der Wahrheit galt.

Die Gefahr *staatlicher* Verlogenheit ist in demokratisch verfaßten Gesellschaften nicht gegeben, solange die Öffentlichkeit gegen Eingriffe des Staates hinreichend geschützt ist. Die demokratischen Gesellschaften des Westens aber haben sich – beschleunigt und verschärft durch die sog. Globalisierung – mehr und mehr der Vermarktung preisgegeben. Sie sind dabei, den Primat der Politik aufzugeben und sich damit anderen Mächten, nämlich den ökonomischen, zu unterwerfen, die unter kapitalistischen Vorzeichen gesetzmäßig immer stärker werden. Auch für diese nun dominierende, anonym und funktional werdende „Herrschaft des Geldes" und derer, die es besitzen, gilt, daß sie in Spannung zur Wahrheit steht. Wahrheit hat nämlich immer den Bezug zu einem Ganzen, welches der Horizont des Kriteriums (W3) der Bewährung im Leben ist. Ohnehin ist das Leben in autopoietischen Ganzheiten organisiert. Im Zeitalter der Globalisierung ist dieses Ganze – man kann es auch Gemeinwesen nennen – die Menschheit in ihrem Angewiesensein auf die ganze Biosphäre. Wahr ist – so könnte man (W3) in Umkehrung des Pichtschen Verdikts (S. 82) umformulieren –, was dem Gemeinwohl dieses Gemeinwesens *nachhaltig* dienlich ist. Wahrheit ist somit nicht marktkonform, denn das Ziel marktförmigen Handelns ist nicht die Wahrung und Mehrung des Gemeinwohls, sondern der Eigennutz konkurrierender Akteure. Um das Gemeinwohl brauche man sich nicht zu sorgen – so die Marktideologie –, denn dieses werde ja von ganz allein durch die „unsichtbare Hand des Marktes" realisiert, viel besser als jede Politik es könne. Aber die „unsichtbare Hand" weiß nicht, was Nachhaltigkeit ist, sie kann es nicht wissen, weil weder die Armen (mangels Kaufkraft) noch die zukünftigen Generationen noch überhaupt die ‚Natur' als Akteure auf dem Markt auftreten können. Demzufolge sagen die Marktpreise nicht die ökologische und nicht die soziale Wahrheit, weil diese Kosten unter dem Wettbewerbsdruck des globalisierten Marktes externalisiert werden. Marktkonform hingegen ist der schon in der Einleitung genannte postmoderne Grundsatz:

Wahrheit gibt es nicht, sondern nur Interessen,

denn um Interessen und deren Ausgleich nach dem Maß monetärer Macht geht es ja am Markt. Marktkonform ist auch der Begriff des Wissens, der als Ersatzbegriff für Wahrheit dient und keinen Bezug zu einem Ganzen hat. Wahrheit ist kohärent, Wissen nicht. Wissen kann man parzellieren und besitzen, d.h. geheimhalten oder patentieren. Genau deshalb wird es ja in der privat und zunehmend auch in der öffentlich finanzierten Wissenschaft erworben, denn:

„Wissen ist Macht",

wie schon Francis Bacon (1561-1626) wußte. Wissen kann man vermarkten, d.h. kaufen und verkaufen, Wahrheit hingegen nicht. Wäre Wahrheit käuflich, verlöre sie ihren Anspruch, wahr zu sein, denn Wahrheit ist für das Gemeinwesen, auf das sie sich in ihrer Bewährung bezieht, ein allgemeines Gut, sonst könnte sie sich nicht bewähren. Das unterscheidet Wahrheitswissen von Herrschaftswissen, das geheimgehalten oder patentiert wird.
Die postmoderne Gesellschaft des Westens sieht ihre Zukunft gern als „Wissensgesellschaft". Angesichts ihrer ablehnenden Haltung gegenüber der ideologieverdächtigen Wahrheit wird man sagen können:

Der Wissensgesellschaft kommt die Wahrheit abhanden.

Wo es Wahrheit nicht gibt, gibt es auch Lüge nicht, und so hat man in der postmodernen Marktgesellschaft mit der Lüge eigentlich kein Problem mehr. Die altmodischen Begriffe ‚Wahrheit' und ‚Lüge' passen für die ‚moderne' Form gesellschaftlicher Kommunikation nicht mehr, die durch den Begriff ‚Werbung' zutreffend zu charakterisieren ist. Wahrheit und Lüge gibt es nicht, sondern nur gute und schlechte Werbung – so könnte man den obigen Satz ergänzen. Das Wesen der Werbung aber ist das Selbstlob, und das ist eher das Gegenteil dessen, was man unter Wahrhaftigkeit versteht.
So ist zu befürchten, daß es um die heutige *vermarktete* Risiko-Gesellschaft des Westens auch nicht viel besser bestellt ist als um die damalige *verstaatlichte* des Ostens, weil in ihre alles bestimmenden Strukturen eingeschrieben steht: Wahrheit gibt es nicht, sondern nur Interessen.

### 5.4 Überlegungen zu einem lebensgemäß erweiterten Wahrheitsbegriff

Als Synthese aus Kohärenz-, Korrespondenz- und pragmatischer Theorie kann Reschers Wahrheitstheorie zum Vorbild genommen werden für die Entwicklung eines lebensgemäß erweiterten Wahrheitsbegriffs, der der Doppelstruktur der Wirklichkeit aus Fakten- und Beziehungswirklichkeit gerecht wird. Er sollte den folgenden Bedingungen genügen: Wahrheit soll
(1)   an Kriterien entscheidbar sein,
(2)   das herkömmliche und bewährte Wahrheitsverständnis umfassen,
(3)   auch auf Beziehungswirklichkeiten anwendbar sein und
(4)   nicht in unverbundene oder gar widersprechende Teilwahrheiten zerfallen und somit für die Wissenschaft interdisziplinär wirksam sein.
Bloße Behauptungen oder axiomatische Setzungen, die nicht weiter geprüft werden können, können nach (1) keinen Wahrheitsanspruch erheben. Man möchte ja so gern

Beweise für Behauptungen sehen. Wenn man das Wort Beweis ernst nimmt, ist das kurzschlüssig gedacht, denn Beweise sind logische Deduktionen aus Axiomen, die selbst nicht mehr beweisbar sind. Sonst hätte man einen „infiniten Regreß", eine unabschließbare Kette. Der Wahrheitsanspruch der Axiome muß daher anderweitig prüfbar sein. Bei physikalischen Theorien ist das klar. Sie können aus Axiomen deduziert werden. Aber die Prüfung der Theorie und damit auch der zugrunde liegenden Axiome erfolgt durch experimentelle Beobachtung im Sinne des adaequatio-Kriteriums wie bei allen Aussagen über die Faktenwirklichkeit. Beobachtungen aber haben, wie Karl Popper klargestellt hat, keine eigentliche Beweiskraft. Sie können Theorien nur *bestätigen* oder – eventuell – falsifizieren. Mathematischer Beweis und Beobachtung sind zwar unverzichtbar für die Begründung von Wahrheitsansprüchen bei Aussagen über die Faktenwirklichkeit, reichen aber streng genommen allein nicht aus. Und doch zeigt die *technische Praxis*, daß sich Aussagen und Aussagensysteme (Theorien) über die Faktenwirklichkeit wenn schon nicht beweisen, so doch *validieren* lassen eben durch die Möglichkeit ihrer eventuellen Falsifizierung. Theorien können also nur einen vorläufigen Wahrheitsanspruch erheben, der umso sicherer wird, je länger es nicht gelingt, sie zu falsifizieren.

„Die technische Praxis zeigt" – das ist das Bewährungskriterium. Logische Deduktion – das ist das Kohärenzkriterium, denn abgeleitete Sätze hängen logisch mit den zugrundeliegenden Axiomen zusammen. Das gilt auch für Aussagensysteme etwa in Gestalt physikalischer Theorien, die in sich mathematisch zusammenhängen. Das ist noch einmal das Zusammenspiel der drei Wahrheitstheorien in Anwendung auf die Faktenwirklichkeit, wobei das Bewährungskriterium der pragmatischen Theorie als das unschärfste und allgemeinste dennoch unverzichtbar ist.

Ich meine nun, daß die drei Kriterien (W1), (W2), (W3) – Korrespondenz, Kohärenz, Bewährung – auch ausreichen, um Wahrheit im Sinne des *lebensgemäß erweiterten Wahrheitsbegriffs*, für den ich plädiere, zu prüfen. Er ist viel allgemeiner, weil er gemäß (3) auch auf die Beziehungswirklichkeit anwendbar sein soll. Die Erweiterung kann nur die Kohärenztheorie und die pragmatische Theorie betreffen, da das adaequatio-Kriterium in der Fassung (W1) nur auf die Faktenwirklichkeit anwendbar ist.

Das Kriterium (W2) aber kann und muß um weitere Kohärenzen ergänzt werden, um auf die Beziehungswirklichkeit anwendbar zu sein. Neben *logische* und *mathematische* sollten *semantische, ethische* und *ästhetische* Kohärenzen treten. Für den Zusammenhang der Wahrheit insgesamt muß noch *begriffliche Konsistenz* gefordert werden. Schließlich spielen auch *grammatische* Kohärenzen eine Rolle, soweit es sich um sprachlich zusammenhängende Informationen handelt. Ob diese Kohärenzen ausreichen, um alle Teilwahrheiten gemäß (4) miteinander zu verbinden, muß sich erweisen.

Das Kriterium (W3) muß natürlich viel weiter gefaßt werden als es etwa im verum-factum-Prinzip technischer Praxis geschieht. Alle Aspekte des Lebens, insbesondere natürlich die relationalen, müssen einbezogen werden, und der Horizont der Bewährung muß nach heutiger Einsicht die biosphärische Symbiose von Mensch und Natur und ihre nachhaltige Entwicklung (sustainable development) sein. Wahr, d.h. gut und richtig, ist – so könnte man (W3) auch formulieren –, was Leben in diesem Horizont gelingen läßt. Dieses Kriterium ist alles andere als eindeutig. Es läßt vieles gleichermaßen gelten. Das ist kein Mangel, sondern lebensgemäß. Was Gelingen des Lebens ist, kann, Gott sei Dank, niemand eindeutig sagen, denn die *Entfaltung* des Lebens ist unverfügbar und offen für die Zukunft. Eindeutiger ist dieses Kriterium in der Falsifikation: Falsch ist, was Leben schädigt oder gar vernichtet. Hier geht es um die *Erhaltung* des Lebens. Artenvielfalt und ökologisches Gleichgewicht werden dabei zu leitenden Werten.

Bewährung im Leben kann Wahrheit zwar nicht beweisen, aber *erweisen.* Sie ist nach dem Vorschlag von Nicholas Rescher der alles umfassende und haltende Rahmen der Wahrheit. Dies setzt die un-bedingte Bejahung des Lebens voraus.

> Un-bedingte Bejahung des Lebens ist das Grundprinzip der lebensgemäßen Wahrheitstheorie, das nicht mehr bewiesen werden muß.

Es ist dies ein (Bewertungs-)Prinzip und kein Axiom. Man kann aus ihm nicht wie aus einem Axiom andere Sätze *logisch* deduzieren, die dann auch wahr sein müssen. Aber lebensgemäße Wahrheit ist eben auch keine Doktrin, die nur wahr oder falsch sein kann. Für Wahrheit als Wahrhaftigkeit kann das *tertium non datur* – eine Aussage ist wahr oder falsch, etwas Drittes gibt es nicht – nicht gelten. Wahrheit als Wahrhaftigkeit ist nämlich notwendig perspektivisch. Sie muß und kann nicht logisch widerspruchsfrei sein. Wahrhaftige Zeugnisse von beziehungswirklichen Erfahrungen können sich widersprechen und doch aus der jeweiligen Perspektive wahr sein. Dies zu erkennen und anzuerkennen ist lebensgemäß:

> Toleranz wird zum Kriterium der Wahrheit als Wahrhaftigkeit.

Wie ich einleitend zu diesem Kapitel schon sagte, ist Liebe eine Form beziehungswirklicher Wahrheit, weil wirkliche Liebe nur wahrhaftig sein kann. Deshalb ist das „Toleranzprinzip" in unüberbietbarer Weise ausgedrückt im Paulinischen „Hohen Lied der Liebe" (1. Kor. 13, 4,6-7):

> „Die Liebe ist langmütig und freundlich ... sie freut sich ... an der Wahrheit; sie erträgt alles, sie glaubt alles, sie hofft alles, sie duldet alles."

In der „Stunde der Wahrheit" am Kreuz sagte Jesus zwei einander widersprechende und doch wahrhaftig-wahre Worte: „Mein Gott, mein Gott, warum hast Du mich verlassen?" und: „Vater, ich befehle meinen Geist in Deine Hände".

Leben ist immer auch Wille zum Leben. Der Wille zum Leben baut auf Hoffnung, daß Leben weiterhin möglich ist. Diese Hoffnung ist nicht unbegründet, eben weil Leben lebt. Ihr Grund ist ein Grundvertrauen in die Möglichkeit von Leben überhaupt. Dieses Grundvertrauen ist, wie Hans Küng ausführt, Gabe und Aufgabe[102]. Es ist dem Leben als Bedingung seiner Möglichkeit immer schon gegeben, und daraufhin zu leben, ist ihm aufgegeben. Ein notwendiger, wenn auch nicht hinreichender Grund für solches Vertrauen sind die erstaunlicherweise lebensgemäßen Naturgesetze (s. Abschnitt 6.2), die heute und auch morgen noch gelten. Grundvertrauen – das ist *emet,* das hebräische Wort für Wahrheit.

Daß wir ohne Grundvertrauen nicht leben können, ist eine Grundwahrheit, die uns kaum bewußt ist. Wir haben sie „vergessen", obwohl wir sie als Lebende eigentlich

---

[102] Hans Küng, Existiert Gott? – Antwort auf die Gottesfrage der Neuzeit, Piper 1995, S. 627-629

immer schon „kennen", eben weil wir leben. Solches zu „erinnern" und wieder zu erkennen, ist Erkenntnis im Sinne von *aletheia*.

Mit der Einbeziehung des *adaequatio*-Kriteriums und der bisher auch schon beachteten logischen und mathematischen Kohärenzen erfüllt der gesuchte lebensgemäße Wahrheitsbegriff die Bedingung (2) und beinhaltet zugleich den hebräischen, griechischen und Aristotelischen Wahrheitsbegriff.

## 5.5 Zur Struktur des lebensgemäß erweiterten Wahrheitsbegriffs

Die folgenden Überlegungen wollen nur Denkanstöße sein und sind entsprechend vorläufig und kritikwürdig. Sie auszuarbeiten, würde den Rahmen dieses Buches sprengen.

Grundsätzlich ist Wahrheit ein strukturiertes und zusammenhängendes riesiges und unabschließbares System von Informationen, das in seiner Vorläufigkeit ständig in Bewegung und Entwicklung ist. Als Erkenntnis der Wirklichkeit mit ihrer Doppelstruktur aus Fakten- und Beziehungswirklichkeit hat Wahrheit natürlich ebenfalls eine Doppelstruktur, die ich im Abschnitt 5.1 mit *Richtigkeit* und *Wahrhaftigkeit* bezeichnet habe. Am ausgeprägtesten ist sie auf der Basis- oder Orthoebene der Wahrheit, die ich ebenfalls bereits in 5.1 eingeführt habe. Es ist dies die unmittelbare Ebene der *richtigen* Aussagen über Sachverhalte und der *wahrhaftigen* (aufrichtigen, redlichen, ehrlichen) beziehungsstiftenden Informationen (Worte, Gesten, Symbole, Kunstwerke, etc.). Über dieser Orthoebene baut sich die eine umfassende Wahrheit in Schichten von Metaebenen auf, die durch gleichsam „horizontale" und „vertikale" Kohärenzen zu einer reich strukturierten Einheit miteinander verbunden sind.

Metaebenen entstehen dadurch, daß Begriffe von Begriffen der jeweils niederen Ebenen gebildet werden. Es sind Begriffe, die Zusammenhänge herstellen und bezeichnen. So muß man sich, schon um Kohärenzen der Orthoebene zu erkennen und zu prüfen, auf eine geeignet zu bildende nächst höhere Metaebene begeben. Auf Metaebenen kann durchaus auch über die Unwahrhaftigkeit von Beziehungen und über die Unrichtigkeit von Aussagen über Fakten und Sachverhalte wahrheitsgemäß die Rede sein. Metaebenen dienen der Zusammenfassung und Ordnung, man kann auch sagen, Komplexitätsreduzierung dessen, was auf niederen Metaebenen „gesagt" wird. Sie werden i.a. nicht durchgängig zusammenhängen, aber je höher eine Metaebene ist, desto mehr umfaßt sie.

Die Metaebenen sind es, die die Wahrheit integrieren und den Zusammenhang der auf der Orthoebene noch zusammenhangslos erscheinenden Doppelstruktur von Richtigkeit und Wahrhaftigkeit herstellen. „Horizontale" Kohärenzen sind logischer und ethischer Art, wobei auf niederen Ebenen die logischen Zusammenhänge im Bereich der Richtigkeit vorrangig sind und die ethischen im Bereich der Wahrhaftigkeit. Weil aber Begriffe von Begriffen meist Begriffssysteme bezeichnen und Begriffssysteme meist einen mengentheoretischen Hintergrund haben, müssen auf Metaebenen immer auch logische Kohärenzen bestehen[103], um (W2) zu erfüllen. Weil andererseits Erkenntnisse über die Faktenwirklichkeit wegen ihrer wenn-dann-Struktur, wie sie im Satz (E) im Abschnitt 2.2 (S. 14) festgestellt wurde, immer auch

---

[103] Ich erinnere daran, daß die Mengenalgebra der Booleschen Algebra der Logik isomorph ist.

technische Anwendbarkeit beinhalten, sind sie zwar immer Wissen, aber Wahrheit nur dann, wenn sie mit der ethischen Wertigkeit ihres Wozu ethisch kohärent sind und so den Kriterien (W2) und (W3) genügen. Solche Kohärenzen müssen Gebote und Verbote der Anwendung beinhalten.

Die „vertikalen" Kohärenzen sind von ordnender und einordnender Art und stellen sozusagen „hierarchische" Sinnzusammenhänge her. Man kann sie deshalb semantisch nennen. Meist sind viele verschiedene Ordnungen möglich, aber nur wenige „sinnvoll", und nur diese sollen Metaebenen der Wahrheit bilden. Begriffssysteme der Metaebenen müssen in sich begrifflich konsistent sein. Das gilt ebenfalls für die wiederum begrifflich zu fassenden „vertikalen" Ordnungszusammenhänge.

Sehr schwer ist es, etwas über die wahrheitsstiftende Bedeutung ästhetischer Kohärenzen zu sagen. Ich bin aber davon überzeugt, daß die Wahrheit in ihrem großen Zusammenhang auch Wahrheiten umfaßt, die sich nicht in Worten sagen, aber künstlerisch ausdrücken lassen, wobei ästhetische Zusammenhänge entscheidend sind. Sicher ist, daß Ästhetik, wie ich sie hier verstehe, lebensgemäß ist, zumindest so, daß sie Leben bereichert und stärkt und damit von (W3) als wahr erfaßt wird.

Hinweisen möchte ich auf die Überzeugung maßgeblicher theoretischer Physiker, daß grundlegende Theorien „schön" sein müssen, um wahr zu sein. Auf einem der wichtigsten Gebiete heutiger theoretischer Arbeit, nämlich dem der Quantentheorie der Gravitation, ist „Schönheit" oder „Eleganz" (begriffliche Konsistenz gehört natürlich dazu) vorerst das einzige Kriterium, nach dem sich die Theoretiker richten können, weil der sonst immer zu fordernde experimentelle Test im Bereich der sog. Planck-Skala[104] unerreichbar ist und selbst die Beobachtung des frühen Kosmos in diesen Bereich bei weitem nicht hineinreicht. Es bleibt aber die Forderung, daß wenigstens die niederenergetischen Konsequenzen der erhofften „schönen" Universaltheorie mit den verfügbaren Beobachtungstatsachen vereinbar sein müssen.

## 5.6 Anwendung der lebensgemäß erweiterten Wahrheitstheorie auf die Frage nach der Willensfreiheit

Im Abschnitt 4.4 habe ich gezeigt, daß die Frage nach der Willensfreiheit als der Freiheit, aus selbstbestimmten *Gründen* handeln zu können, weil man nicht schon durch kausale *Ursachen* völlig festgelegt ist, nicht empirisch beantwortet werden kann. Denn Willensfreiheit gehört zur *trans*empirischen Wirklichkeit des Selbstdialogs des Handelnden. Deshalb scheidet das Kriterium (W1) zur Prüfung dieser Frage aus. Willensfreiheit ist kein Sachverhalt.

Die Verneinung der Willensfreiheit ist eine zwingende Konsequenz des schon häufig erwähnten naturalistischen Axioms von der kausalen Geschlossenheit der materiell-faktischen Welt. Ein Korrolar dieses Satzes ist: Es gibt nur Ursachen, keine Gründe, also auch keine Freiheit, nach Gründen zu handeln. Nachdem erwiesen ist, daß Kausalbeziehungen nicht eindeutig, sondern mehr oder weniger statistisch sind, muß

---

[104] Schon Max Planck erkannte, daß sich aus drei fundamentalen Naturkonstanten, nämlich der Gravitationskonstanten, dem Planckschen Wirkungsquantum und der Lichtgeschwindigkeit c ‚natürliche' Maßeinheiten bilden lassen, nämlich die Planck-Länge $l_P$ von etwa $10^{-33}$cm, die Planck-Zeit $t_P$ von etwa $10^{-43}$ Sek. und die Planck-Masse $m_P$ von etwa $10^{-5}$g. Erst bei diesen Dimensionen treten Quanteneffekte der Gravitation in Erscheinung. So unvorstellbar kleine Distanzen wie $l_P$ spielen nur bei ungeheuer großen Energien wie der Ruheenergie $E_P = m_P c^2$ der Planck-Masse von etwa $10^{27}$ eV eine Rolle, die absolut unerreichbar sind.

das Axiom von der kausalen Geschlossenheit sinngemäß ergänzt werden durch die weitere *Behauptung*: Alles, was kausal nicht eindeutig bestimmt ist, ist rein zufällig. Zunächst ist festzustellen, daß dieser Satz einschließlich seiner Ergänzung *nicht* empirisch geprüft werden kann, denn empirisch ist ja sowieso nichts anderes zu sehen als eben kausale Relationen vom Typ (E). Das Kriterium (W1) ist folglich nicht geeignet, um über die Wahrheit dieses Satzes zu entscheiden, so daß er im Rahmen des Naturalismus als *Axiom* angesehen werden muß. Erweitert man aber die Wahrheitstheorie nach dem Vorbild von Rescher, wie ich es in diesem Kapitel vorschlage, dann können auch die Kriterien (W2) und (W3) zur Prüfung des Satzes von der kausalen Geschlossenheit herangezogen werden. Zu den gemäß (W2) zu fordernden Kohärenzen gehört auch die begriffliche Konsistenz. Hier zeigt sich nun aber eine unheilbare begriffliche Inkonsistenz des Naturalismus, die eng zusammenhängt mit der wohl entscheidenden Inkonsistenz mit der Quantentheorie, die nun aber ihrerseits durch (W1) bestens gesichert ist.

Ich exemplifiziere die Inkonsistenz am unverzichtbaren Begriff ‚Wissen'. Der Naturalismus kann nämlich nicht vernünftig sagen, was das ist. Seine Antwort würde lauten: Aktuelles, „gewußtes" Wissen – das ist eine „repräsentationale Struktur", ein „repräsentationaler Zustand" im Gehirn eines Menschen. Wissen muß aber, um Wissen zu sein, auch mitteilbar sein, denn es kann ja gelehrt werden. Teilt einer dem anderen Wissen mit, entsteht auch im Gehirn des anderen eine Struktur, die aber mit Sicherheit anders ist als beim Mitteilenden. Und doch soll sie dasselbe, nämlich das mitgeteilte Wissen „repräsentieren". Was wird da transferiert? Wieso repräsentiert die durch Mitteilung erzeugte neuronale Struktur auf andere Weise dasselbe? Was ist dieses Selbe? Es fehlt hier, was es im Naturalismus nicht geben darf, nämlich eine von der Kodierung unabhängige, also immaterielle relationale Kategorie, eben ‚Bedeutung', von der es heißt, sie sei „in Wirklichkeit nichts anderes als" eben die repräsentierende neuronale Struktur. Wissen ist eben nicht eine „repräsentationale Struktur", sondern das, was sie repräsentiert, d.h. kodiert. Wissen ist Bedeutung, die so oder anders kodiert sein kann, und die Bedeutung ist es, die eigentlich bei der Mitteilung transferiert wird und dann dafür sorgt, daß sie durch Dekodierung – „verstehen" – und Neukodierung wiederum repräsentiert, d.h. neu kodiert wird. Deshalb muß die Bedeutung, wie ich im Abschnitt 4.5 ausgeführt habe, wirksam, d.h. eben doch wirklich sein, indem sie die Beziehung zwischen ‚Sender' und ‚Empfänger' – in diesem Falle der Wissensinformation – herstellt. Es geht eben nicht ohne die relationale, notwendig immaterielle Kategorie der Bedeutung. Ohne sie kann man nicht vernünftig sagen, was Wissen eigentlich ist. Um es auf die Spitze zu treiben: Der Naturalismus kann nicht sagen, was er selbst ist, nämlich eine von Kodierungen unabhängige Lehre, die gelehrt werden kann.

Auch Gründe, nach denen zu handeln die Freiheit des Willens ermöglicht, ohne schon völlig durch Ursachen kausal festgelegt zu sein, sind natürlich Bedeutungen. Sie sind mitteilbar und müssen mitgeteilt werden, wenn sich jemand wegen seiner Gründe vor Gericht für sein Handeln verantworten muß. Dann ist es wesentlich, daß Gründe als Bedeutungen unabhängig sind von den je verschiedenen Kodierungen beim Angeklagten und beim Richter.

Das begriffliche Defizit des Naturalismus ist natürlich eine Folge der „Monostruktur" des Naturalismus als eines Monismus. Man wendet ein, Bedeutungen seien ja nicht empirisch feststellbar, also unwirklich. In der Tat sind, wie ich im Abschnitt 2.3 dargetan habe, Bedeutungen *trans*empirisch, so daß man die Wirklichkeit von Bedeutungen, die ich im gleichen Abschnitt eingehend begründet habe, tatsächlich nicht empirisch bestätigen und Aussagen darüber auch nicht anhand von (W1) prüfen kann. Dies zeigt aber nur, daß eine Wahrheitstheorie, die sich ausschließlich auf (W1) und logisch-mathematische Kohärenzen stützt, ebenso defizient ist wie der Monismus des Naturalismus.

Diese Argumente werden diejenigen, die nur das empirisch, d.h. reproduzierbar Feststellbare für wirklich halten, also naturalistische Monisten sind, kaum überzeugen. Sie sollten aber ernsthaft bedenken, daß die „Monostruktur" des Naturalismus inkonsistent ist mit der Doppelstruktur der Wirklichkeit aus Potentialität und Realität in der Quantentheorie. Wie ich im Abschnitt 2.5 eingehend dargelegt habe, ist quantenmechanische Potentialität keine materiell-substanziale Kategorie. Man kann auch nicht sagen, wie man es sonst bei ‚geistigen' Phänomenen gern tut, Potentialität sei ein Epiphänomen, eine Begleiterscheinung der Faktizität. Umgekehrt ist es. Die Potentialität geht der Faktizität voraus und ist darum wirksam (s. (Q) S. 20). Ebenso geht die Bedeutung ihrer Kodierung logisch und – wie ich behaupte – wirksam voraus. Die Monostruktur der Wirklichkeit im Naturalismus ist daher inkonsistent mit der Doppelstruktur der Wirklichkeit in der im Sinne von (W1) empirisch bestens bestätigten Quantentheorie.

Mein Bild von der Doppelstruktur unserer Erfahrung als Fakten- und Beziehungswirklichkeit *ist* hingegen konsistent mit der Doppelstruktur der Wirklichkeit in der Quantentheorie. Die Willensfreiheit hat ihren Platz in der personalen Beziehungswirklichkeit des Selbst-Dialogs, nicht aber im Naturalismus, der sie bestreitet. Prüft man schließlich, die Aussage, der Mensch sei frei, nach selbstbestimmten Gründen zu handeln, am Bewährungskriterium (W3), so wird man sagen können, sie habe sich ebenfalls bestens bewährt.

Zusammenfassend kann festgestellt werden: Zwar kann die Frage nach der Willensfreiheit empirisch nicht entschieden werden, aber der sie verneinende Naturalismus ist begrifflich defizient und inkonsistent mit der Quantentheorie, die empirisch vollauf bestätigt ist. Die bejahende Antwort auf die Frage nach der Willensfreiheit, die zugleich ein Ja zur Menschenwürde ist, hat sich hingegen im Leben für das Leben bestens bewährt.

# 6. Kosmos

Solange der Mensch denken kann, seit er vom Baum der Erkenntnis aß, versucht er nicht nur wie alle Lebewesen auch seine unmittelbare Lebensumwelt zu erkunden, sondern auch seine Stellung zum Ganzen der Wirklichkeit, die bis zum Himmel reicht, zu ergründen und zu verstehen. Zum Mythos kam der Logos. Beobachtungen wurden geordnet und zusammengefaßt zu Welt-Bildern. Das Ringen um das richtige Bild von der Welt vom Babylonischen und Ptolemäischen zum Kopernikanischen ist ein ganz wesentlicher Teil der Geistesgeschichte der Menschheit. Es führte zum heutigen sog. Standardmodell des Universums. Seit Giordano Bruno bis ins 20. Jahrhundert hinein, dachte man sich das Weltall als unendlich in Raum und Zeit, als sich ewig gleichbleibend und gleichförmig von Sternen und „Nebeln" erfüllt, obwohl diese Vorstellung schon mit der elementaren Tatsache des dunklen Nachthimmels nicht vereinbar ist. Astronomische Beobachtungen belehrten uns dann aber eines Besseren. Heute weiß man – und das Standardmodell drückt es aus –, daß auch das Weltall eine Geschichte hat.

Die belebte Welt unseres Planeten mit ihren Pflanzen- und Tierarten dachte man sich ursprünglich ebenfalls als gleichbleibend seit ihrer Schöpfung. Auch dieses Bild mußte durch paläontologische Funde und besonders durch die Einsichten Darwins revidiert werden. Die Kosmologie des Standardmodells und die Evolutionstheorie nach Darwin zeichnen heute im Großen des Weltalls wie im Kleinen der Biosphäre unseres Planeten ein *geschichtliches* Bild unserer Welt.

Weil man den Unterschied zwischen Fakten- und Beziehungswirklichkeit nicht machte und bedachte, kam es zum Konflikt zwischen Mythos und Logos. Der Wahrheitsanspruch des biblischen Schöpfungsmythos, der sich zuerst im Babylonischen und dann im Ptolemäischen Weltbild ausdrückte, wurde mit deren Fall schwer erschüttert. Nicht minder schwer war die Erschütterung durch die Darwinsche Evolutionstheorie, die das Werden der Lebewesen ohne supranaturale Eingriffe Gottes in die Faktenwirklichkeit des Lebens erklären konnte. Für viele war damit der Wahrheitsanspruch des christlich-jüdischen und des islamischen Glaubens endgültig hinfällig geworden. Heute wissen wir jedoch, daß er sich direkt nur auf die Beziehungswirklichkeit und nicht auf die Faktenwirklichkeit bezieht. Aber beide bilden, wie ich im 2. Kapitel gezeigt habe, eine Einheit und sind nicht unabhängig von einander. So soll in diesem und im nächsten Kapitel vom Ganzen der Wirklichkeit die Rede sein, in diesem Kapitel vom Ganzen der Faktenwirklichkeit und im nächsten vom Ganzen der Beziehungswirklichkeit.

## 6.1 Die Evolution des Kosmos

Unser heutiges Wissen über das große Ganze der Faktenwirklichkeit wird, wie gesagt, zusammengefaßt im sog. Standardmodell des Kosmos. Darüber gibt es heute viele gute Bücher. Deshalb umreiße ich es nur in groben Zügen.

Das Standardmodell ist wahrheitstheoretisch gesichert durch eine Reihe grundlegender Beobachtungen und durch stimmige naturgesetzliche Kohärenzen, die sie erklärend miteinander verbinden.

Es sind dies

(1) die erstmals 1927 von Edwin Hubble beobachtete sog. Nebelflucht, wonach sich alle Galaxien mit einer Geschwindigkeit $v = H_0 d$ voneinander entfernen, wobei d ihr Abstand und $H_0$ die in allen Raumrichtungen gleiche sog. Hubble-Konstante ist. Die „Fluchtgeschwindigkeit" v ist also umso größer, je größer ihre Entfernung d von uns schon ist.

(2) die 1964 von Penzias und Wilson entdeckte kosmische Hintergrundstrahlung im Mikrowellenbereich, die ebenfalls in hohem Maße richtungsunabhängig (isotrop) ist und einer Planck-Verteilung[105] zur Temperatur 2.725 K genügt.

(3) die im Großen gleichförmige Verteilung der Galaxien und

(4) die Häufigkeit der leichtesten Elemente Wasserstoff, Deuterium (schwerer Wasserstoff), Helium und Lithium im Weltall.

(5) das Muster der – wenn auch äußerst schwachen – Anisotropien der kosmischen Hintergrundstrahlung.

Dazu kommt noch die sehr plausible *Annahme*, daß der Ausschnitt des Weltalls, den wir im sog. Vergangenheitslichtkegel sehen können, repräsentativ für den ganzen Kosmos ist. Der Vergangenheitslichtkegel erfaßt alle Objekte, deren Licht uns erreichen kann. Er ist begrenzt durch unseren sog. Horizont, dessen Radius $ct_0$ durch die Lichtgeschwindigkeit c und das sog. Weltalter $t_0$ gegeben ist. Für eine Raumdimension x und die Zeit t ist dies in der nebenstehenden Abbildung veranschaulicht.

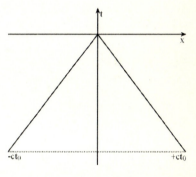

Diese Annahme ist sehr plausibel, denn wäre die Materieverteilung jenseits unseres Horizonts wesentlich ungleichmäßiger, hätte dies Rückwirkungen auf den sichtbaren Teil des Kosmos und die Verteilung dort könnte nicht so gleichmäßig sein.

Die naturgesetzlichen Kohärenzen, die zur Erklärung dieser Beobachtungen herangezogen werden, sind zum einen

(a) die Allgemeine Relativitätstheorie Albert Einsteins und zum anderen

(b) die (ebenfalls Standardmodell genannte) Quantenfeldtheorie der elementaren Teilchen, aus der die Kern-, Atom- und Plasmaphysik folgen.

Die Allgemeine Relativitätstheorie ist eine klassische Theorie. Sie bestimmt die Krümmungsstruktur von Raum und Zeit in Wechselwirkung mit der Materieverteilung. Raum und Zeit sind ihrerseits die Bühne, auf der sich die materiellen, durch die Quantentheorie beschriebenen Prozesse abspielen.

Roger Penrose und Stephen Hawking konnten zeigen, daß Lösungen der Einsteinschen Gleichungen notwendig Singularitäten aufweisen. Das sind solche Punkte in Raum

---

[105] Die von Max Planck im Jahre 1900 gefundene Formel beschreibt die Intensitätsverteilung der elektromagnetischen Strahlung eines Hohlraums im thermodynamischen Gleichgewicht. Sie ist ein Markstein in der Geschichte der Physik, weil Planck zu ihrer Ableitung den Ansatz $E = \hbar\omega$ für die Energie $E$ eines Energiequants mit der Frequenz $\omega$ machte, dabei die nach ihm benannte Konstante $\hbar$ einführte und so den Anstoß zur Entwicklung der Quantenmechanik gab.

und Zeit, in denen Materiedichte und Raumkrümmung unendlich groß werden. In solchen Punkten versagt die Theorie. Dies gilt auch für die besonders wichtigen Lösungen der Einsteinschen Theorie, die man unter der Annahme einer gleichförmigen Materieverteilung, die der Beobachtung (3) im Großen entspricht, ableiten kann. Diese sog. Friedmann-Lemaitre-Modelle haben eine solche Singularität. Sie beschreiben einen expandierenden Kosmos, der in Abhängigkeit von der Materiedichte und einer in Einsteins Gleichungen auftretenden sog. kosmologischen Konstante $\Lambda$ eine positive, negative oder im Grenzfall dazwischen (im Großen) verschwindende Krümmung aufweist. Einen ungekrümmten Raum nennt man „flach". In ihm gilt die gewohnte Euklidische Geometrie.

Die allgemeine Fluchtbewegung voneinander weg zeigt nun aber, daß sich der Kosmos tatsächlich ausdehnt, herkommend von einer solchen „Singularität" – Urknall genannt –, in der Materiedichte und Raumkrümmung extrem hoch gewesen sein müssen. Da Ausdehnung Abkühlung bedeutet, kann man aus der heutigen Temperatur der Hintergrundstrahlung schließen, daß die Temperatur beim Urknall ebenfalls extrem hoch gewesen sein muß.

In jüngster Zeit ist es nicht zuletzt durch Beobachtungen mit dem Hubble-Weltraumteleskop und genauere Messungen der Anisotropie der kosmischen Hintergrundstrahlung gelungen, die fünf wesentlichsten Größen des Standardmodells recht genau zu bestimmen, nämlich[106]

- die Hubble-Konstante $H_0 = (71\pm4)$ km/Mpc·sec; $(1pc = 3.1\cdot10^{13}$ km),
- das „Weltalter" $t_0 = 1/H_0 = (13.7\pm0.2)$ Mrd Jahre,
- die mittlere Materiedichte $\rho_0 \approx 3.2\cdot10^{-30}$ g/cm$^3$,
- die kosmologische Konstante $\Lambda \approx 1.3\cdot10^{-56}$ cm$^{-2}$,
- die Temperatur der Hintergrundstrahlung $T_0 = (2.725\pm0.002)$ K.

Die Beobachtungen (1) – (5) wurden zwar „heute" gemacht, reichen aber wegen der endlichen Lichtgeschwindigkeit ($c \approx 3\cdot10^{10}$ cm/sec) umso weiter zurück, je weiter die beobachteten Objekte von uns entfernt sind. Sie können jedoch nicht weiter zurückreichen als bis zur sog. Entkopplungszeit etwa 380 000 Jahre nach dem Urknall, als sich die Materie elektrisch neutralisierte und damit von der Hintergrundstrahlung abkoppelte. Das Standardmodell umfaßt aber auch eine naturgesetzlich begründete (kohärenztheoretische!) „Retrognose", die weit hinter diesen Zeitpunkt zurückreicht. Sie kann aber nicht weiter reichen, als es die Gültigkeit der beiden Naturgesetze (a) und (b) erlaubt, weil dann die Kohärenzen nicht mehr stimmen.

Die Einsteinsche Gravitationstheorie (a) ist, wie schon gesagt, eine klassische Theorie, die in der Nähe ihrer Divergenzen, hier in der Nähe des Urknalls, versagt. Die Quantenfeldtheorie der elementaren Teilchen (b) gilt nur, solange Raum und Zeit als äußerlich vorgegebene „Bühne" betrachtet werden können, aber nicht mehr in raumzeitlichen Dimensionen, in denen die gravitativen Wirkungen der Quantenfluktuationen nicht mehr vernachlässigbar sind. Dann beeinflussen Quanten-

---

[106] Diese Angaben sind entnommen aus dem Artikel „Das Standardmodell des Universums" von Jürgen Ehlers, in: J. Hübner, I. O. Stamatescu, D. Weber (Hg.), Theologie und Kosmologie – Geschichte und Erwartungen für das gegenwärtige Gespräch, Mohr Siebeck 2004.
$t_0 = 1/H_0$ ist nicht das wahre Weltalter, das von Besonderheiten des Weltmodells abhängt, sondern eher eine obere Grenze. Die kosmologische Konstante $\Lambda$ bestimmt einen Term in den Gleichungen der Einsteinschen Gravitationstheorie, der entgegen der allgemeinen Massenanziehung eine abstoßende Wirkung hat.

fluktuationen unmittelbar die raumzeitlichen Strukturen im Kleinen und Allerkleinsten der schon erwähnten Planck-Skala (s. Fußnote 104). Dann kann auch die Gravitation, d.h. die Struktur von Raum und Zeit nicht mehr klassisch verstanden werden. Zwar kann man die Einsteinsche Theorie nach bewährtem Muster „quantisieren" – das ist längst gemacht worden und führt zur Wheeler- De Witt-Gleichung der universellen Raumzeit-Struktur –, aber eigentlich erforderlich ist eine Einbeziehung aller Entitäten in eine allumfassende Quantentheorie, die oft so genannte „Theorie für alles" (Theory of Everything). Die Suche danach, die sich auf die sog. Superstringtheorie konzentriert, ist in Ermangelung experimenteller Anhaltspunkte wahrheitstheoretisch vorerst weitgehend auf ästhetische Kohärenz angewiesen. So heißt denn auch ein interessantes Buch über die Suche nach einer solchen Theorie „Das elegante Universum"[107]. Diese unerhört schwierigen Bemühungen überschreiten bei weitem das Standardmodell, sowohl das der Kosmologie als auch das der Quantenfeldtheorie. Zwar ist das Standardmodell des Kosmos korrespondenz-theoretisch durch die Beobachtungen (1) - (5) gut gesichert, aber es ist in seiner Gültigkeit begrenzt und reicht an den Urknall nicht heran. In der Nähe des Urknalls aber – etwa zur Planck-Zeit $t_P \approx 10^{-43}$ sec, als die räumlichen Dimensionen des Kosmos selbst von der Größenordnung der Planck-Länge $l_P = ct_P \approx 10^{-33}$cm und die Energiedichte extrem hoch waren –, müssen die Quanteneffekte der Gravitation, d.h. der Raumstruktur, berücksichtigt werden. Man verspricht sich von einer solchen Quantentheorie die Vermeidung der Divergenzen der Einsteinschen Theorie und muß fordern, daß sie im niederenergetischen Bereich in die beiden dort bestens bewährten Theorien (a) und (b) übergeht.

Im Chaos der Quantenfluktuationen des „Vakuums" der (noch nicht gefundenen) universellen Quantentheorie, die Raumstruktur und Materiefeld umfassen muß, gab es noch nichts, weder Raum und Zeit noch irgend etwas materiell Unterscheidbares. Dieses Vakuum war das absolute Nichts.

Mit dem Begriff des Vakuums verbinden wir in unserer Vorstellung einen leeren Raum, in dem nichts ist. Diese Vorstellung ist aber physikalisch falsch, denn einen leeren Raum gibt es nicht. Jeder Raum ist von Materiefeldern erfüllt, so wie der Weltraum zwischen den Himmelskörpern zumindest von der kosmischen Hintergrundstrahlung und von Neutrinos sowie von der noch unbekannten „dunklen Materie" (s. S. 103) erfüllt ist. Der physikalisch vernünftige Begriff des Nichts ist der des sog. Vakuumzustands eines Quantensystems. Es ist sein energetisch niedrigster Zustand. Das quantenphysikalische Vakuum eines Systems ist nun aber nicht bloße Leere, sondern ein Chaos von Fluktuationen der das System ausmachenden Teilchenfelder. Die Fluktuationen eines gewöhnlichen in Raum und Zeit befindlichen Vakuumzustands sind kurzlebig und kurzreichweitig, ein ständig waberndes Auftauchen und Verschwinden. Nichts bleibt in diesem Chaos, nichts gewinnt Gestalt. Insofern ist da wirklich nichts.

Was ich beschrieben habe, ist ein relatives Nichts, ist der Vakuumzustand eines irgendwie definierten Systems, sei es nun ein Festkörper, ein mit einem Gas gefülltes Volumen, ein Strahlungshohlraum oder was auch immer. Es ist ein relatives Nichts in Bezug auf die in diesem System möglichen langlebigen Strukturen und Gestalten: Es

---

[107] Brian Greene, Das elegante Universum – Superstrings, verborgene Dimensionen und die Suche nach der Weltformel, Siedler 2000.

ist seine Potentialität. Aber das System selber ist ja nicht nichts, denn es läßt sich unterscheiden (de-finieren) von anderen Systemen.

Der Vakuumzustand der umfassenden Quantentheorie, die Raumstruktur und Materiefeld einschließt, aber ist das absolute Nichts. Dieses Nichts ist nicht einmal in Raum und Zeit, denn Raum und Zeit ,gibt' es noch nicht, nur einen Quanten-„Schaum" auftauchender und wieder platzender Raumzeitblasen. Aber auch diese Vorstellung als Vor-Stellung ist falsch, denn sie setzt Raum und Zeit im Sinne von Kants a priori schon wieder voraus. Kurz, unsere Vorstellungskraft ist vollständig überfordert. Dieses Nichts ist unvorstellbar, aber vermutlich doch mathematisch faßbar[108]. Es ist die universelle Potentialität. Es enthält potentiell alles und faktisch nichts. Die Geburt von Raum und Zeit aus diesem Nichts – der Urknall also – muß wohl gesehen werden als ein primordialer Akt der Dekohärenz[109] in der universalen Potentialität. Raumzeit und materielle Potentialität treten auseinander. Raum und Zeit werden als Erstes real und damit zur „Bühne" für das weitere Drama der kosmischen Evolution. Die materielle Potentialität wird damit zu einer Potentialität *in* Raum und Zeit. Sie befand sich zu dieser frühen Zeit, wie man vermutet, im Zustand der „Großen Einheit". Damit ist gemeint, daß die drei fundamentalen Wechselwirkungen, die neben der nun schon klassisch gewordenen Gravitation die Architektur des Kosmos bestimmen, *eins* waren. Es sind dies

- die starke Wechselwirkung der Quarks miteinander durch die sog. Farbkraft, die durch die sog. Gluonen vermittelt wird. Ihre Symmetrie wird durch die „Eich"-Gruppe SU(3) (s. Anhang 4) beschrieben[110].
- die schwache Wechselwirkung, die über die W- und Z-Bosonen vermittelt wird und zur Radioaktivität führt. Ihre Eich-Symmetrie SU(2) (s. Anhang 4) ist gebrochen.
- die elektromagnetische Wechselwirkung, die über die Photonen vermittelt wird und die Elektronenphysik, also auch die chemische Bindung beherrscht. Ihre Eich-Symmetrie ist durch die Gruppe U(1) gegeben (s. Anhang 3).

Die Stärke dieser Wechselwirkungen ist „heute" sehr unterschiedlich. Bezogen auf die mit großem Abstand schwächste Wechselwirkung, die Gravitation, ist

- die schwache Wechselwirkung $10^{26}$ mal,
- die elektromagnetische Wechselwirkung $10^{37}$ mal und
- die starke Wechselwirkung $10^{40}$ mal

stärker als die Gravitation. „Damals" aber, bei Wechselwirkungsenergien von über $2 \cdot 10^{16}$ GeV, die einer Temperatur von über $10^{29}$ K entsprachen, waren sie gleich. Das heißt, daß alles eins war: Baryonen (Quarks) und Leptonen (Elektronen, Myonen, Tauonen und ihre Neutrinos) waren gleich und masselos. Sie wechselwirkten mit einer einheitlichen Kraft, deren Eich-Symmetrie noch nicht klar ist. Hier sollte angemerkt werden, daß die heutige Quantenfeldtheorie von einer strikten Zweiheit der

---

[108] Ich zitiere aus dem Buch "Die Geburt des Kosmos aus dem Nichts" von Alan Guth, Wissenschaftliche Buchgesellschaft 1999, S. 436. Dort heißt es unter Berufung auf eine Arbeit von Alexander Vilenkin aus dem Jahre 1982: „Vilenkin konnte jedenfalls zeigen, daß sich der Begriff des absoluten Nichts wenigstens mathematisch widerspruchsfrei definieren ließ. Damit war für Theorien, die sich mit dem Ursprung des Universums beschäftigen, ein fundierter Ausgangspunkt geschaffen worden."

[109] Claus Kiefer, Aus nichts wird … etwas? – Überlegungen zur Quantengravitation, in: Begegnungen 1/95, Ev. Akademie Mülheim, S. 17-30

[110] Der Begriff der Eichsymmetrie wird im Anhang 3 am Beispiel der Elektrodynamik erläutert.

„Fermionen" mit halbzahligem und der „Bosonen" mit ganzzahligem Spin[111] gekennzeichnet ist. Etwas grob kann man sagen, daß die Fermionen die „Materieteilchen" und die Bosonen die „Kraftteilchen" sind, die sich aus der (lokalen) EichSymmetrie der jeweiligen Wechselwirkung ergeben. Die Stärke der Wechselwirkungen wird bestimmt durch die sog. Kopplungskonstanten. Das sind die Vorfaktoren derjenigen Terme in den Feldgleichungen, in denen die Materie- und Kraftteilchen miteinander gekoppelt sind.

Vielleicht ist aber auch diese Doppelstruktur aus Fermionen und Bosonen bereits der Bruch einer umfassenderen Symmetrie, die man Supersymmetrie nennt und die Fermionen und Bosonen miteinander verbindet. Viele theoretische Gründe sprechen dafür, daß die „große Einheit" sogar supersymmetrisch war[112].

Diese große Symmetrie brach – so vermutet man – *verzögert* zu einer SU(3)×SU(2)×U(1)-Symmetrie infolge einer *Unterkühlung* des Kosmos. Die schnelle Ausdehnung des Kosmos bewirkte eine rasche Abkühlung, der eine energetisch günstigere *Strukturierung* nicht gleich folgen konnte. Die „große Einheit" war ja noch völlig strukturlos. Strukturbildung aber bedeutet immer eine Verringerung – Brechung – einer Symmetrie. Ein unstrukturierter Zustand hat immer eine höhere Symmetrie als ein strukturierter.

Ich möchte dies veranschaulichen am Beispiel des Frierens einer Flüssigkeit. In der Flüssigkeit ist kein Ort und keine Richtung ausgezeichnet, sie ist symmetrisch gegenüber Verschiebungen eines Ortes und Drehungen einer Richtung. Gefriert sie, so bildet sich ein Kristallgitter, bei denen die Moleküle an bestimmte Orte des Kristallgitters gebunden und bestimmte Richtungen als Kristallachsen ausgezeichnet sind: Die ursprüngliche Symmetrie ist gebrochen. So etwas nennt man einen Phasenübergang. Hier ist es der Übergang von der flüssigen in die feste „Phase". Er geschieht bei Abkühlung am Gefrierpunkt. Dieser Übergang kann nun aber auch *verzögert* erst unterhalb des Gefrierpunktes erfolgen. Die Flüssigkeit ist dann *unterkühlt*. Die Strukturierung einer Flüssigkeit beim Einfrieren in ein Kristallgitter ist energetisch günstiger als die strukturlose Flüssigkeit. Sie setzt Energie, die sog. Schmelzenergie frei (die man umgekehrt aufbringen muß, um das Eis aufzutauen). Deshalb geschieht die Kristallisation. Wenn sich nun aber das Einfrieren bei Unterkühlung verzögert, dann bleibt diese Energie – latente Wärme genannt – im System.

So war es nach Auffassung der Kosmologen auch im frühen Kosmos in einer winzigen Zeitspanne der Unterkühlung von etwa $10^{-36} - 10^{-34}$ Sekunden nach dem Urknall. Die entsprechende „latente Wärme" – eine hohe Energiedichte – bedeutete in den Einsteinschen Gleichungen eine beträchtliche Erhöhung der kosmologischen Konstante $\Lambda$, die entgegen der Massenanziehung eine auseinandertreibende Wirkung hat. Dies führte in dieser kurzen Zeit zu einer gewaltigen exponentiellen Aufblähung des Raumes um einen Faktor von etwa $10^{30}$, die man die kosmische *Inflation* nennt. Dann aber brach, wie gesagt, die volle Symmetrie der „großen Einheit" zu der energetisch günstigeren SU(3)×SU(2)×U(1)-Symmetrie. Man nennt dies den GUT-

---

[111] Der sog. Spin ist eine quantisierte drehimpulsartige Eigenschaft elementarer Teilchen, die in Einheiten des Planckschen Wirkungsquantums $\hbar$ gegeben ist als $(n+1/2)\hbar$ bei Fermionen und als $n\hbar$ bei Bosonen, wobei $n$ eine ganze Zahl ist.

[112] Gordon Kane, Neue Physik jenseits des Standardmodells, Spektrum der Wissenschaft, Sept. 2003, S. 20.

Phasenübergang. Die Buchstaben G, U, T stehen für Grand Unified Theories, wobei der Plural schon darauf hindeutet, daß es noch keine Einigung über die Symmetrie der „großen Einheit" gibt. Dabei bekamen gewisse Teilchen, Quarks oder allgemein Baryonen genannt, Massen. Sie unterschieden sich von anderen, noch masselosen Teilchen nicht nur durch ihre Massen, sondern vor allem dadurch, daß nur sie, die Baryonen bzw. Quarks, nicht aber die anderen, Leptonen (Elektronen, Myonen, Tauonen und die zugehörigen Neutrinos) genannten Teilchen der SU(3)-symmetrischen „starken" Kraft der Gluonen unterworfen sind. Ein weiteres höchst bedeutsames Merkmal dieses Symmetriebruchs war, daß dabei auch die Teilchen-Antiteilchen-Symmetrie brach: Es entstanden etwas mehr Quarks als Antiquarks. Auf $3 \cdot 10^9$ Antiquarks kamen nämlich $3 \cdot (10^9 + 1)$ Quarks. Auf die wahrlich schicksalhafte Bedeutung dieses Symmetriebruchs komme ich noch zurück.

Die dabei frei werdende „latente Wärme" erhitzte das nun mit den ersten *realen* Strukturen versehene Urplasma[113] erneut sehr hoch. Es war dies ein erster kosmischer strukturbildender Phasenübergang, der ebenfalls als Dekohärenz aus der Potentialität der „großen Einheit" anzusehen ist: Die Baryon-Lepton-Strukturierung wurde für immer faktisch. Jedoch blieb die „elektro-schwache" Wechselwirkung mit ihrer SU(2)×U(1)-Symmetrie, also die Vereinigung aus elektromagnetischer und schwacher Wechselwirkung, zunächst noch erhalten.

Die exponentielle Inflation brach nun mit dem frei-Werden der „latenten Wärme" – oft als „falsches Vakuum" bezeichnet – ab, weil sich nun das „richtige Vakuum" einstellte, das einer sehr kleinen kosmologischen Konstante entspricht, und ging über in die gewöhnliche Expansion des Standardmodells entsprechend der Friedmann-Lemaitre-Lösungen der Einsteinschen Gleichungen. Hier beginnt das durch die Beobachtungen (1)-(5) gesicherte Terrain des Standardmodells.

Bevor ich mit der kurzen Schilderung der kosmischen Evolution nach dem Standardmodell fortfahre, möchte ich zwei starke Argumente anführen, die der Inflationshypothese Anhalt geben an den Beobachtungstatsachen (2) und (3), nämlich die hochgradig isotrope *thermische* Hintergrundstrahlung und die im Großen gleichförmige Verteilung von *Galaxien*. Aus diesen Beobachtungen ergeben sich nämlich zwei fundamentale Probleme, die die Inflations-Hypothese lösen kann. Es sind dies das sog. Horizontproblem und das Flachheitsproblem.

Das Horizontproblem ergibt sich aus der kosmischen Hintergrundstrahlung, die mit ganz geringen, aber höchst aufschlußreichen relativen Schwankungen von $10^{-5}$ aus allen Richtungen gleichmäßig kommt und mit ihrer perfekten Planck-Verteilung der Intensitäten über die Frequenzen von einem thermodynamischen Gleichgewicht im frühen Kosmos zeugt (s. Fußnote 105). Das Standardmodell kann nicht erklären, wie es dazu gekommen ist. Ein System kann nämlich nur dann ein thermodynamisches Gleichgewicht annehmen, wenn alle seine Teile miteinander wechselwirken können. Das ist im Standardmodell nicht der Fall, denn in ihm sind zu allen Zeiten Abstände möglich, die größer sind als der Radius $ct_0$ des Lichthorizonts, wobei c die Lichtgeschwindigkeit und $t_0$ das jeweilige Weltalter ist. Das heißt, daß Teilchen in

---

[113] Als Plasma bezeichnet man in der Physik ein insgesamt neutrales Gas aus positiv und negativ geladenen Teilchen. Beispielsweise sind hinreichend hoch erhitzte Gase in einem solchen Plasmazustand, weil den Gasatomen durch heftige thermische Stöße Elektronen entrissen werden, so daß sie ein Gemisch aus freien Elektronen und positiv geladenen Ionen darstellen.

Raumbereichen mit einem größeren Abstand als $ct_0$ nicht miteinander wechselwirken können, weil keine Wirkung schneller sein kann als das Licht. Bei einer Inflation aber, die der „Standard-Expansion" vorausgeht, kann sich das Weltall aus einem Raumbereich heraus aufgebläht haben, der kleiner war als der Lichthorizont, so daß sich in ihm thermodynamisches Gleichgewicht einstellen konnte.

Das Flachheitsproblem besteht darin, daß die astronomische Grundtatsache (3), zu der es gehört, daß es überhaupt Galaxien gibt, darauf hindeutet, daß das Universum im Großen nicht gekrümmt, d.h. „flach" ist, so daß die Euklidische Geometrie gilt. Collins und Hawking[114] konnten nämlich zeigen, daß nur ein nahezu flaches Universum stabil ist gegen Störungen der Isotropie des Raumes derart, daß solche Störungen gedämpft sind und im Laufe der Zeit wieder verschwinden. Bei größerer Raumkrümmung, sei sie positiv oder negativ, verstärken sich solche Störungen und machen den Raum stark anisotrop im Widerspruch zu Beobachtung (3). Außerdem konnten sie zeigen, daß nur in einem nahezu flachen Universum Galaxienbildung möglich ist. Bei zu großer negativer Krümmung strebt das primordiale Gas so schnell auseinander, daß gar keine gravitative Ballung stattfinden kann. Bei zu großer positiver Krümmung wäre die gravitative Ballung so stark, daß alle Materie in schwarze Löcher zusammenfallen würde.

Im Standardmodell ohne vorausgehende Inflation wäre ein flaches Universum nur möglich, wenn die Massendichte *exakt* gleich der kritischen Massendichte ist, oberhalb derer der Raum positiv und unterhalb derer der Raum negativ gekrümmt ist. Welchen Grund sollte es für diese exakte Übereinstimmung schon am allerersten Anfang gegeben haben? Die Antwort ist: Bei inflationärer Expansion ändert sich das Raumvolumen so, daß sich die Massendichte sehr genau dem kritischen Wert annähert.

Den Rest der kosmischen Geschichte, wie sie das Standardmodell beschreibt, möchte ich nur sehr kurz nachzeichnen, weil sie vielerorts bereits dargestellt worden ist: Die durch Ausdehnung bewirkte Abkühlung brachte zwei weitere universale Phasenübergänge mit sich. Der erste, der sog. Salam-Weinberg-Phasenübergang, brach die SU(2)×U(1)-Symmetrie der elektroschwachen Wechselwirkung, so daß sich die elektromagnetische von der schwachen Wechselwirkung trennte. Dabei wurden die Leptonen und die Kraftteilchen der schwachen Wechselwirkung massiv, während allein das Photon mit der verbleibenden U(1)-Eichsymmetrie der Elektrodynamik masselos blieb. Es war dies die Geburt des Lichtes, wie wir es noch heute haben.

Der andere Phasenübergang war der Quarkeinschluß- oder Confinement-Phasenübergang. Als die Dichte des Quark-Gluon-Plasmas geringer wurde als die eines Nukleons, wurden je drei Quarks und die sie bindenden Gluonen eingeschlossen in Tröpfchen, nämlich in die Nukleonen Proton (zwei up- und ein down-Quark) und Neutron (zwei down- und ein up-Quark). Damit vollzog sich eine weitere Strukturbildung. Aus der Potentialität des Quark-Gluon-Plasmas wurden Proton und Neutron als die Grundbausteine der heutigen baryonischen Materie faktifiziert. Seit dem gibt es keine freien Quarks und Gluonen mehr, sie sind fortan in die Nukleonen eingeschlossen („confined"). Dabei sind Protonen stabil, während freie Neutronen durch die schwache Wechselwirkung mit einer Halbwertzeit von 14.8 Min. je in ein Proton, ein Elektron und das zugehörige Neutrino zerfallen.

---

[114] B. Collins, St. Hawking, Why is the universe isotropic?, Astrophys. J. 180 (1973), S. 317

Als die Temperatur des Kosmos unter die Schwelle von etwa $10^{13}$ K sank, unter der die Bildung von Proton-Antiproton- und Neutron-Antineutron-Paaren aus dem Strahlungsfeld nicht mehr möglich war – dazu ist nämlich die doppelte Ruhenergie von etwa 2 GeV eines Protons erforderlich – begann jene Vernichtungsschlacht, Zerstrahlung genannt, bei der sich Nukleonen und Antinukleonen unter Emission eines Photons gegenseitig vernichteten, ohne daß die umgekehrte Paarbildung noch möglich war. Jetzt wurde die enorme Bedeutung der allerersten Materie-Antimaterie-Symmetriebrechung offenbar. Wenn es dabei nicht jenen winzigen Überschuß der Quarks über die Antiquarks gegeben hätte, dann wäre die baryonische Materie, aus der alle Atome und Moleküle des Weltalls bestehen, vollständig aus dem Kosmos verschwunden und nur Strahlung wäre übrig geblieben. So aber blieb auf $10^9$ (eine Milliarde) Photonen immerhin noch etwa ein Nukleon (drei Quarks) übrig, und die kosmische Strukturbildungsgeschichte konnte weitergehen. Dieses Zahlenverhältnis gilt übrigens noch heute. Die Photonen bilden die kosmische Hintergrundstrahlung.

Der nächste Schritt der Strukturbildung und Faktifizierung war bei weiter abnehmender Dichte und Temperatur die Bildung der ersten zusammengesetzten Atomkerne. Zwar sind auch die Farbkräfte zwischen den Quarks eingeschlossen in die Nukleonen, aber bei sehr kleinen Distanzen zwischen ihnen können sie sich doch noch auswirken und Nukleonen aneinander binden. So bildeten sich etwa eine Sekunde nach dem Urknall bis in die ersten Minuten hinein bei Temperaturen um $10^9$ K die leichtesten zusammengesetzten Atomkerne, nämlich die des Deuteriums, des Heliums und des Lithiums. Frei bleibende Neutronen zerfielen, wie oben beschrieben, die gebundenen überlebten in diesen Atomkernen. Freie Protonen hingegen sind die Atomkerne des häufigsten Elements im Kosmos, des Wasserstoffs.

Aus den Daten des Standardmodells über den zeitlichen Verlauf von Dichte und Temperatur sowie aus bekannten Reaktionsgesetzen der Kernphysik konnte man die relativen Häufigkeiten, also die prozentualen Anteile der genannten Atomkerne als Resultat dieser frühen Kernreaktionen berechnen und fand gute Übereinstimmung mit den Beobachtungsdaten (4). Dies wird allgemein als glänzende Bestätigung des Standardmodells angesehen.

Das Weltall bestand nun aus einem glühenden, vollständig ionisierten Plasma aus den genannten positiv geladenen Atomkernen und den negativ geladenen Elektronen in heftiger elektromagnetischer Wechselwirkung, die zu verstehen ist als ständige Emission und Absorption von Photonen.

Weitere Ausdehnung brachte weitere Abkühlung, bis nach etwa 380 000 Jahren bei Temperaturen um 3000 K eine weitere Schwelle erreicht war, nämlich die Ionisierungsschwelle, unter der die Atomkerne dauerhaft Elektronen einfingen und Atome bildeten, weil die Strahlung nicht mehr heiß genug war, um sie wieder zu ionisieren. Hauptsächlich waren dies Wasserstoff und Helium (zu 23.5%) sowie in geringen, aber wichtigen Spuren auch Deuterium (schwerer Wasserstoff) und Lithium. Dies war eine weitere Strukturbildung und Faktifizierung mit der dramatischen Folge der Neutralisierung der Materie, denn Atome sind ja elektrisch neutral, so daß die Photonen des Strahlungsfeldes abgekoppelt wurden von der Materie und sich seither unabhängig durch Ausdehnung abkühlen auf heute nur noch 2.725 K. Das Weltall wurde, wie man auch sagt, durchsichtig, und die kosmische Hintergrundstrahlung trat in Erscheinung. Sie malt das früheste, heute noch zu sehende Bild des Universums, wie es 380 000 Jahre nach dem Urknall aussah. Die beiden wesentlichsten, seit langem bekannten Fakten, nämlich die Richtungsunabhängigkeit (Isotropie) und die thermische Spektralverteilung zu einer Temperatur von 2.725 Kelvin, aber sind noch kein Bild, sondern gewissermaßen nur der Rahmen. Das in äußerst feinen Strichen gemalte Bild ist erst kürzlich entdeckt worden in Gestalt winziger Abweichungen der Strahlungstemperatur von der Isotropie im Bereich von 20 - 80 Millionstel Kelvin. Sie bilden ein Muster auf dem Himmelsglobus mit Winkelgrößen von 0.1 - 1 Grad. „Gesehen" wurde dieses sehr gut erhalten gebliebene Bild von der im Juni 2001 gestarteten Sonde WMAP (Wilkinson Microwave Anisotropy Probe), die die Sonne außerhalb der Erdbahn umkreist. Es stellt die Beobachtungstatsache (5) (S. 95) dar. Wegen der Abkopplung der Strahlung von der Materie konnte ihm der Zahn der seither vergangenen Zeit nicht viel anhaben. Es zeigt, daß der Kosmos zwischen Inflation und Entkopplung (Neutralisierung) gleichsam von kosmischer „Orgelmusik" erfüllt war[115]. In dieser Zeit befand er sich nämlich in einem schwingungsfähigen Plasmazustand. Wie schon gesagt, war dies erst das Quark-Gluon-Lepton-Plasma und dann, nach dem Salam-Weinberg- und dem Confinement-Übergang, das Nukleon-Elektron-Plasma und schließlich, nach der Bildung der leichtesten Atomkerne, das Wasserstoff-Helium-Plasma. Die halbe Schwingungsdauer des Grundtons dieser Schwingungen waren gerade jene 380 000 Jahre zwischen Inflation und Entkopplung. Plasmaschwingungen mit dieser Grundfrequenz zeigen sich in Mustern mit der Winkelgröße von etwa einem Grad, Obertöne in kleineren Mustern. Die Plasmaschwingungen führten nämlich zu Verdichtungen und Verdünnungen der Materiedichte, die sich in den Temperaturvariationen der Hintergrundstrahlung widerspiegeln. Diese Inhomogenitäten der Materiedichte konnten nun, nach der Abkopplung des Strahlungsfeldes, zum Ausgangspunkt gravitativer Ballungsprozesse, also zur Bildung von Protogalaxien und Protosternen werden, die der nächste und noch andauernde Strukturbildungsvorgang waren.

Spätestens an dieser Stelle muß auf ein dunkles Kapitel der Kosmologie hingewiesen werden, dunkel in des Wortes doppelter Bedeutung. Es geht um die sog. dunkle Materie, von der man bis heute nicht weiß, was sie eigentlich ist. Aus der gemessenen Intensität der kosmischen Hintergrundstrahlung ergibt sich die Photonendichte, die ja in dem schon erwähnten Verhältnis von $1:10^9$ zur Nukleonendichte steht. Daraus ergibt sich als grobe Schätzung, daß die Dichte der baryonischen Materie – die nicht leuchtende in Planeten, kalten Gaswolken etc. eingeschlossen – höchstens 15% der gesamten Massendichte von $\rho_0 \approx 3.2 \cdot 10^{-30}$ g/cm$^3$ ausmacht. Etwa 85% der Massendichte des Universums bleiben also unerklärt. Daß es solche dunkle Materie in erheblichem Ausmaß geben muß, geht auch aus der Dynamik der Galaxien hervor, die ohne sie nicht mit dem Newtonschen Gesetz übereinstimmen würde. Bis heute weiß man also nicht, was der größte Teil der Materie im Weltraum eigentlich ist. Die Interpretation der WMAP-Daten im Wechselspiel von Schwingung und Gravitation hat diese Schätzung bestätigt und präzisiert.

Die Massendichte $\rho_0$ aber macht weniger als ein Drittel der kritischen Energiedichte $\rho_{krit} = 0.96 \cdot 10^{-29}$g/cm$^3$ aus, die wegen der Flachheit des Universums gegeben sein muß. Die WMAP-Daten erlauben nun auch eine unabhängige Bestätigung auch dieses fundamentalen Faktums, indem mit Hilfe der sehr genau berechenbaren

---

[115] Wayne Hu, Martin White, Die Symphonie der Schöpfung, Spektrum der Wissenschaft, Mai 2004, S. 46-55.

104

Schallgeschwindigkeit im Plasma die Winkelsumme von kosmischen Dreiecken in der Tat zu 180° bestimmt werden konnte.

Die fehlenden zwei Drittel der kritischen Dichte werden der Vakuumenergie – „dunkle Energie" genannt – zugeschrieben, die sich durch den GUT-Phasenübergang einstellte und die der auf S. 96 genannten kosmologischen Konstanten $\Lambda$ entspricht. Auch das Verhältnis dieser beiden „dunklen" Beiträge zur kritischen Energiedichte wurde durch die WMAP-Beobachtungen bestätigt.

Für die Strukturbildungen in der kosmischen Evolution spielte die nichtbaryonische dunkle Materie wahrscheinlich nur bei der in Rede stehenden gravitativen Ballung der Materie zu Galaxien eine Rolle. Die baryonische Materie konnte sich nämlich, wie gesagt, erst nach ihrer Neutralisierung und Abkopplung vom Strahlungsfeld daran beteiligen, die ungeladene nichtbaryonische aber schon viel früher. Das kommt der Erklärung der Galaxienbildung durch gravitative Ballung von Schwankungen der Materiedichte entgegen, denn die baryonischen Dichteschwankungen, auf die von den schon genannten äußerst schwachen Inhomogenitäten der Hintergrundstrahlung geschlossen werden kann, waren viel zu gering, um in einer Zeit von etwa einer Milliarde Jahren zur Galaxienbildung führen zu können.

Die gravitative Ballung ist ein sich selbst verstärkender Prozeß. Höhere Dichte in bestimmten Regionen des Raumes führt ja zu stärkerer Gravitation, die weitere Massen an sich zieht und so die Massenkonzentration und mit ihr die Gravitation laufend verstärkt. So haben sich im Verlauf der ersten Jahrmilliarde Protogalaxien und Protosterne gebildet. In den Zentren vieler Galaxien wurden die Massen-konzentrationen so hoch und nahm die Gravitation derart überhand, daß sie zu schwarzen Löchern kollabierten und als Quasare[116] in Erscheinung traten. In den Sternen führte die gravitative Kontraktion zu einer Wiedererhitzung des stellaren Gases bis zur Zündung der Wasserstoff-Fusion zu Helium bei einigen Millionen K. In den nun brennenden Sonnenöfen kam es dann auch zu vielen anderen Kernreaktionen, denen wir die Existenz all der anderen schwereren Atomkerne verdanken, darunter auch die Elemente Kohlenstoff, Stickstoff, Sauerstoff, Phosphor etc., die für die Entstehung des Lebens unabdingbar waren. Mehrere Generationen relativ kurzlebiger massereicher Sterne, die nach Ausbrennen ihres Wasserstoffs als Supernovae explodierten, schleuderten diese Elemente als kosmischen Staub in das Weltall. Aus Wolken interstellaren Gases, die solchen Staub enthielten, konnten sich dann nach mehreren Milliarden Jahren auch Sternsysteme wie unser Sonnensystem mit erdähnlichen Planeten aus solcher Materie bilden. Sterne wie unsere Sonne zeichnen sich durch ein langsames und stabiles Brennen über einige Milliarden Jahre aus. Unser Sonnensystem entstand vor 4.6 Milliarden Jahren, das ist immerhin ein Drittel des Weltalters. Von den Planeten des Sonnensystems erfüllte nur die Erde die zahlreichen, höchst einschränkenden Bedingungen, die als letzten und erstaunlichsten Akt der Strukturbildung die Entstehung des Lebens vor etwa 4 Milliarden Jahren ermöglichten. Ich bin darauf schon am Ende des Abschnitts 3.5 eingegangen. Bei der ungeheuren Zahl von vielleicht $10^{22}$ Sonnen im Weltall ist es denkbar, daß die äußerst speziellen Bedingungen für die Entstehung von Leben mehr als einmal erfüllt waren und Leben

---

[116] Quasare sind „quasi-stellare" Objekte, bei denen aus Raumbereichen stellarer Größenordnung Strahlungsenergien wie von Milliarden von Sonnen hervorbrechen. Die durchweg hohe Rotverschiebung zeigt, daß es sich um ferne und darum relativ frühe Objekte handelt.

auch anderswo im Weltall in sicher ganz anderer Gestalt entstand. Angesichts der Dimensionen des Kosmos ist es allerdings sehr unwahrscheinlich, daß die Menschheit davon je Kenntnis erhält.

Ich fasse diese kurz gefaßte Geschichte des Universums zusammen, indem ich die 8 Dekohärenz-, Faktifizierungs-, Symmetriebrechungs- und Strukturbildungs-Akte dieses Dramas noch einmal aufzähle:

1. Dekohärenz der Quantengravitation durch das klassisch-Werden der Raumzeit, verbunden mit dem Hervortreten der „großen Einheit" der materiellen Potentialität sowie mit der durch Unterkühlung bewirkten kosmischen Inflation.
2. Bruch der „großen Einheit" zur $SU(3){\times}SU(2){\times}U(1)$-Symmetrie, Unterscheidung zwischen Fermionen und Bosonen, Baryonen und Leptonen bei leichter Materie-Antimaterie-Asymmetrie, Wiedererhitzen des Urplasmas durch frei-Werden der Energie des „falschen Vakuums".
3. Salam-Weinberg-Phasenübergang unter Bruch der $SU(2){\times}U(1)$-Symmetrie der elektroschwachen Wechselwirkung: elektromagnetische und schwache Wechselwirkung treten auseinander, nur die $U(1)$-Eichsymmetrie der Elektrodynamik des Lichts bleibt.
4. Der Confinement-Phasenübergang führt zum Einschluß der Quarks und Gluonen in die Nukleonen Proton und Neutron, wobei das Proton stabil, das Neutron aber leicht instabil ist. Nukleon-Antinukleon-Zerstrahlung führt zum Verschwinden der Antimaterie. Nur der kleine Materie-Überschuß von einem Nukleon auf $10^9$ Photonen bleibt.
5. Bildung der ersten zusammengesetzten Atomkerne D, He, Li neben den freien Protonen als den Kernen des Wasserstoffs.
6. Bildung der entsprechenden Atome durch Elektroneneinfang, die zur Neutralisierung der Materie und zur Abkopplung der Hintergrundstrahlung führt.
7. Gravitative Ballungsprozesse zur Bildung von Galaxien und Sternen, Bildung der schwereren Elemente in den Sonnenöfen der Supernovae, schließlich auch Bildung erdähnlicher Planeten aus dem von ihnen ausgestoßenen interstellaren Staub.
8. Entstehung des Lebens unter den einzigartigen Bedingungen, die die Erde bot.

## 6.2 „Anthropische" Fakten des frühen Kosmos

Die sieben ersten Akte der kosmischen Geschichte, die zugleich Dekohärenz, Faktifizierung, Symmetriebrechung und Strukturbildung bedeuteten, haben einen bemerkenswerten Kosmos hervorgebracht, nämlich einen, der *bemerkt* werden kann, will sagen einen, der Leben und mit ihm erkenntnisfähiges Bewußtsein in Gestalt des Menschen hervorgebracht hat. Welchen Sinn sollte der Kosmos sonst haben? Das sah schon Goethe so, als er schrieb[117]:

„Wozu diente all der Aufwand von Sonnen, Planeten und Monden, von Sternen und Milchstraßen, von Kometen und Nebelflecken, von gewordenen und werdenden Welten, wenn sich nicht zuletzt ein glücklicher Mensch seines Daseins erfreut?`"

---

[117] J.W. Goethe, Winckelmann und sein Jahrhundert, 1804

Der achte Akt der Geschichte, so bedeutungslos er angesichts der Größenverhältnisse auch erscheint, ist bedeutungsvoller, als man zunächst denkt. Der Kosmos ist nämlich als Resultat der Geschichte in ihren ersten sieben Akten keineswegs notwendig so, wie er ist. Er könnte im Rahmen der beschriebenen Theorien auch ganz anders aussehen. Das gilt selbst dann, wenn die noch unerkannte universelle Quantentheorie denknotwendig ist und aus Konsistenzgründen nicht anders sein kann, als sie unbekannterweise ist. Viele Theoretiker hoffen das, weil die gesuchte Theorie auf diese Weise wahrheitstheoretisch auch ohne *direkte* empirische Bestätigung, die praktisch unmöglich ist, gesichert werden kann. Das befreit natürlich nicht von der Notwendigkeit einer *indirekten* empirischen Bestätigung dadurch, daß sie bei experimentell erreichbaren Energien zwanglos in das empirisch bestens bestätigte sog. Standardmodell der Teilchenphysik übergehen muß.

Selbst wenn die Hoffnung auf eine denknotwendige Universaltheorie in Erfüllung gehen sollte, ist der Kosmos nicht notwendig so, wie er ist, weil die kosmische Geschichte wesentlich eine Geschichte von Symmetriebrüchen ist und weil beim Übergang von höherer zu niederer Symmetrie immer Parameter offen und unbestimmt bleiben, deren Wahl, d.h. deren Faktifizierung, physikalisch zufällig ist. Man ist sich einig, daß zu den auf diese Weise festgelegten Parametern auch Kopplungskonstanten und Teilchenmassen gehören, die für die Architektur des Kosmos höchst bedeutungsvoll sind.

Das fing schon an bei der Wahl der einen zeitlichen und der drei räumlichen Dimensionen beim makroskopisch- und klassisch-Werden der Raumzeit durch Dekohärenz aus der uranfänglichen Potentialität, dem „Vakuum" der Quantengravitation[118]. Diese 3+1-Dimensionalität der Raumzeit ist ganz gewiß lebensnotwendig.

Unter Berufung auf Hawking und Collins habe ich schon erwähnt, daß auch die Flachheit des Universums insofern lebensnotwendig ist, als nur unter dieser Bedingung die Bildung von Galaxien und Sternen möglich war, die ebenfalls eine fundamentale Vorbedingung für die Entstehung von Leben in vielerlei Hinsicht war. Zwar ist die Flachheit, wie schon gesagt, vermutlich Resultat einer kosmischen Inflation, aber auch die hat Voraussetzungen, die wahrscheinlich auch anders hätten sein können. Hier muß die kosmologische Konstante genannt werden, die offenbar so sein muß, wie sie ist, damit die gesamte Energiedichte des Kosmos gleich der kritischen $\rho_{krit} \cdot c^2$ ist.

Die Dreidimensionalität und Flachheit des Raumes sind gewiß notwendige Vorbedingungen des Lebens, aber sie sind doch sehr allgemein und unspezifisch. Das ist anders bei den symmetriebrechenden kosmischen Phasenübergängen. Beim ersten, dem sog. GUT-Phasenübergang wurden die Quark-Massen, die Kopplungskonstante der starken Wechselwirkung relativ zur elektro-schwachen und zur Gravitation sowie das spätere Nukleon-Photon-Verhältnis von $1:10^9$ gewählt.

Beim Salam-Weinberg-Phasenübergang kamen die Leptonen-Massen und die Differenzierung der elektro-magnetischen und der schwachen Wechselwirkung hinzu. Damit war das Massenspektrum der elementaren Teilchen und die Architektur der drei fundamentalen Wechselwirkungen, nämlich der starken, der schwachen und der

---

[118] Vermutet wird, daß die übrigen Dimensionen einer wohl insgesamt 11-dimensionalen Mannigfaltigkeit „aufgewickelt" bzw. „kompakt" im Bereich der Planck-Skala und damit im Quanten-Regime blieben.

elektromagnetischen, relativ zur Gravitation gegeben. Die W- und Z-Bosonen wurden massiv, wodurch die schwache Wechselwirkung kurzreichweitig wurde. Nur das Photon als das Eich-Boson („Kraftteilchen") der elektromagnetischen Wechselwirkung blieb masselos und diese Wechselwirkung folglich langreichweitig. An dieser Stelle ist eine kurze Betrachtung dieser Architektur der fundamentalen Wechsel-wirkungen angebracht. Die relative Stärke der Wechselwirkungen bezogen auf die Gravitation habe ich auf S. 98 angegeben. Die mit großem Abstand stärkste Kraft, die „Farbkraft" der Gluonen, bestimmt den Aufbau der Nukleonen und der Atomkerne, aber über Abstände von $10^{-13}$ cm hinaus merken wir von ihr nichts, weil sie „eingeschlossen" ist in die Nukleonen.

Die schwache Wechselwirkung, deren Kopplungskonstante größer ist als die der elektro-magnetischen, ist vor allem deshalb so schwach, weil ihre Reichweite so kurz ist. Sie ist verantwortlich für den radioaktiven Zerfall und bewirkt damit, daß sich nicht beliebig große Atomkerne bilden konnten, keine größeren und schwereren als die des Urans.

Die elektromagnetische Wechselwirkung reicht wegen der Masselosigkeit des Photons weit und bestimmt daher mit der chemischen Bindung zwischen den Atomen unser Leben und unseren Alltag. Trotzdem ist ihre Wirkung im Großen begrenzt, weil sie abgeschirmt werden kann durch die gegenseitige Neutralisierung der positiven und negativen Ladungen: Atome sind neutral, erzeugen kein äußeres Feld und koppeln auch nicht daran.

So bleibt die mit riesigem Abstand schwächste Wechselwirkung, die Gravitation übrig, die nichtsdestoweniger das kosmische Geschehen beherrscht. Obwohl sie die schwächste Wechselwirkung ist, kann nur sie allein beliebig groß werden, weil sie nicht abgeschirmt werden kann. Sie greift an den Massen an und wird von ihnen erzeugt, und die sind immer nur positiv. Massen kompensieren sich nicht, sondern verstärken sich. Deshalb kann die schwächste aller Wechselwirkungen stärker als alle anderen werden. Es kann zum Gravitationskollaps in „schwarze Löcher" kommen. Die Gravitation dominiert also das Geschehen am Himmel bis hin zur kosmischen Expansion.

Trotz der riesigen zahlenmäßigen Unterschiede in der Stärke der Wechselwirkungen, die ich auf S. 98 angegeben habe, zeigt es sich, daß die die Kopplungskonstanten in engen Grenzen gerade so bemessen sind, daß Leben möglich wurde. Das heißt, daß schon geringe Abweichungen von den tatsächlichen Werten Auswirkungen haben, die Leben unmöglich machen. Aus einer langen Liste „anthropischer Koinzidenzen", die Rüdiger Vaas gegeben hat[119], zitiere ich eine Auswahl:

Wenn die starke Wechselwirkung 5% schwächer wäre,

> dann wäre das Deuterium instabil und das Wasserstoffbrennen im Innern der Sterne unmöglich, und es gäbe keine schwereren Elemente als Wasserstoff.

Wenn die starke Wechselwirkung 10% stärker wäre,

> dann könnten aus Helium kaum schwerere Elemente gebildet werden.

---

[119] Rüdiger Vaas, Ein Universum nach Maß? – Kritische Überlegungen zum Anthropischen Prinzip in der Kosmologie, Naturphilosophie und Theologie, in: J. Hübner, I.O. Stamatescu, D. Weber (Hg.), Theologie und Kosmologie – Geschichte und Erwartungen für das gegenwärtige Gespräch, Mohr Siebeck 2004

Wenn die starke Wechselwirkung gegenüber der elektromagnetischen 2% stärker wäre,

dann hätten Quarks keine Protonen bilden können, oder Protonen hätten sich zu Diprotonen vereinigt, so daß nur Helium entstanden, aber kein Wasserstoff geblieben wäre. Langlebige Sterne hätten dann nicht entstehen können.

Wenn die starke Wechselwirkung um 0.5% schwächer und Kohlenstoff-12[120] folglich keinen Resonanzzustand bei 7.654 MeV hätte,

dann könnte Kohlenstoff-12 nicht durch Kernfusion aus Helium-4 und Beryllium-8 in Sternen entstehen und wäre zu selten, um „Lebenselement" sein zu können.

Wenn die starke Wechselwirkung um 0.5% stärker wäre und ein Resonanzzustand von Sauerstoff-16 bei 7.119 MeV folglich eine um 1% höhere Energie hätte,

dann würde der im Sterneninneren gebildete Kohlenstoff-12 mit Helium-4 nahezu vollständig zu Sauerstoff-16 verschmelzen und damit aufgebraucht werden.

Wenn die schwache Wechselwirkung nur etwas stärker wäre,

dann wäre kurz nach dem Urknall fast der ganze Wasserstoff zu Helium fusioniert.

Wenn die schwache Wechselwirkung nur etwas schwächer wäre,

dann würden Neutronen nicht in Protonen zerfallen, und es wären nach der Heliumbildung kaum Protonen, d.h. Wasserstoffkerne übrig geblieben.

Wenn die schwache Wechselwirkung nur etwas stärker oder schwächer wäre,

dann gäbe es keine Supernovae, weil die Neutrinos entweder mit der Sternkernmaterie reagieren oder die Sternhülle ungehindert durchdringen würden und sie in beiden Fällen nicht aufheizen und zur Explosion bringen würden.

Wenn die elektromagnetische Wechselwirkung 10 mal stärker wäre,

dann gäbe es keine stabilen Atome, weil die Protonen die Elektronen in die Kerne hineinziehen und sich zu Neutronen umwandeln würden.

Wenn die elektromagnetische Wechselwirkung doppelt so stark wäre,

dann würden die chemischen Reaktionen für die Entstehung und Entwicklung des Lebens viel zu langsam ablaufen.

Wenn die Gravitation nur etwas stärker oder schwächer wäre,

dann hätten sich keine Hauptreihensterne wie unsere Sonne bilden können, sondern entweder nur blaue Überriesen oder nur rote Zwerge. Beide wären für die Entwicklung erdähnlichen Lebens ungeeignet: Blaue Riesen sind zu kurzlebig, und rote Zwerge erfordern zu enge Planetenbahnen und explodieren auch nicht als Supernovae.

So weit das Zitat nach Rüdiger Vaas. Diese Auswahl „anthropischer Koinzidenzen" nimmt nur auf die Kopplungskonstanten, also auf die Stärke der jeweiligen Wechselwirkungen Bezug. Ebenso wichtig sind aber die Massen der elementaren Teilchen und ihr Verhältnis untereinander. Erwähnen möchte ich nur die sehr geringe, aber äußerst wichtige Massendifferenz zwischen Proton und Neutron, die natürlich ihren Grund in der jeweiligen Quarkzusammensetzung und deren Bindung untereinander hat. Entscheidend ist, daß das Proton „leichter" und dadurch stabil ist.

---

[120] Die angefügte Zahl gibt das Atomgewicht an.

Wäre es umgekehrt[121], sähe die Welt total anders und gewiß lebensuntauglich aus. Fast ebenso wichtig ist, daß der Wert der Massendifferenz in engen Grenzen gerade so ist, wie er ist, denn damit hängt die schon erwähnte Halbwertszeit des freien Neutrons zusammen. Auch die nun allerdings sehr große Massendifferenz zwischen dem elektrisch positiven Proton und dem für den atomaren Aufbau der Materie wichtigsten Lepton, dem negativ geladenen Elektron ist von größter Bedeutung auch für das Leben. All dies im einzelnen auszumalen und zu belegen, würde den Rahmen dieses Buches bei weitem sprengen. Festzuhalten ist, daß Leben nicht möglich gewesen wäre, wenn auch nur eine der bei den kosmischen Phasenübergängen bestimmten Größen außerhalb enger Grenzen anders ausgefallen wäre. Obwohl das letzte Wort darüber, was notwendig und was zufällig so ist, wie es ist, noch nicht gesprochen ist, war man doch so verblüfft, daß man von einer „Feinabstimmung" des Kosmos auf die Möglichkeit von Leben gesprochen hat.

### 6.3 Das Anthropische Prinzip

Diese sog. „Feinabstimmung" der Faktifizierungen aus der umfassenden Potentialität des primordialen Quantenvakuums schon in den ersten winzigen Sekundenbruchteilen der Existenz des auf diese Weise realisierten Kosmos ist in die Form eines neuen kosmologischen Prinzips gefaßt worden, das inzwischen aus der Diskussion nicht mehr wegzudenken ist. Es ist das sog. Anthropische Prinzip. Es liegt in zwei Fassungen auf dem Tisch, die ich in den folgenden Satz kleiden möchte:

(AP) Der Kosmos ist so, wie er ist, weil / damit Leben und erkennendes Bewußtsein in ihm möglich sind.

Die weil-Form ist die „schwache" und die damit-Form die „starke" Fassung des Anthropischen Prinzips. Nur die schwache Version kann innerhalb naturwissenschaftlichen Denkens diskutiert werden, während die starke Version wegen ihres teleologischen Gehalts diesen Rahmen sprengt. Ich diskutiere zunächst die schwache und dann die starke Fassung.

<u>Das schwache Anthropische Prinzip</u>
Die weil-Form von (AP) kann man lesen als die tautologische Feststellung: Das Universum ist lebensgemäß, *weil* es Leben in ihm gibt. In dieser Lesart ist das schwache Anthropische Prinzip trivial und in der Tat sehr schwach. Eine nichttriviale Aussage macht es erst, wenn man eine zusätzliche *Annahme* macht, die wie folgt lautet:

(A) Es gibt in Wirklichkeit nicht nur ein Universum, sondern entsprechend der Möglichkeiten der Quantenkosmologie beliebig viele, so daß besser von einem *Multiversum* gesprochen werden sollte.

Mit dieser Annahme macht das schwache Prinzip eine Selektionsaussage, nämlich: Unter den vielen Universen gibt es *zufällig* auch (mindestens) eines, in dem die genannten Konstanten gerade so sind, daß Leben in ihm möglich ist. Es ist nicht

---

[121] Die Masse des Protons ist $m_p = 1.673 \cdot 10^{-24}$ g und die des Neutrons $m_n = 1.675 \cdot 10^{-24}$ g. Das Elektron ist 1836 mal leichter und „wiegt" $m_e = 9.109 \cdot 10^{-28}$ g.

verwunderlich, daß wir gerade in diesem einen leben, denn sonst könnten wir uns gar nicht wundern und die Frage: Warum ist der Kosmos so, wie er ist? gar nicht stellen. Von dieser Selektionsart ist ja auch die Antwort auf die allerdings kosmosinterne Frage: Warum gibt es den Planeten Erde mit seinen höchst speziellen Bedingungen, die Leben ermöglichen? Wie schon angedeutet, lautet sie: Unter den fast unermeßlich vielen Sternen und Sternsystemen gibt es eben *zufällig* auch einen wie die Sonne mit ihrem Planeten Erde.

Weil das schwache Anthropische Prinzip mit seiner Selektionsaussage in den Rahmen naturwissenschaftlichen Denkens zu passen scheint, findet es unter Naturwissenschaftlern auch die meiste Zustimmung. Selbstverständlich ist für den Naturalismus nur das schwache Prinzip annehmbar[122].

Man zahlt dann aber in Gestalt der Annahme (A) einen hohen Preis. (A) kann nämlich nicht als eine wissenschaftliche Hypothese im Sinne Poppers gelten, sondern bleibt eine pure Behauptung, weil sie prinzipiell nicht, auch indirekt nicht, empirisch geprüft werden kann. Zwar beruft man sich zu ihrer Begründung auf Richard Feynmans Satz: „Everything which is not forbidden, is compulsory" (Alles, was nicht verboten ist, kommt vor), aber der bezieht sich auf elementare Teilchen, die beobachtbar sind, und nicht auf andere Universen, die nicht beobachtbar sind, denn wären sie es, gehörten sie zu dem unseren. Somit ist (A) epistemisch und wahrheitstheoretisch ziemlich ungesund. Die Paßfähigkeit des schwachen Prinzips für naturwissenschaftliches Denken ist damit ebenfalls in Frage gestellt.

Dazu kommt, daß man mit (A) doch wieder stillschweigend die klassische Ontologie der an sich seienden Realität, hier die der unbeobachtbaren Universen, unterstellt und vergißt, daß die Quantentheorie, auf deren Möglichkeitsspektrum man sich andererseits beruft, von Grund auf eben nicht eine Theorie der an sich seienden, sondern der beobachtbaren Realität ist. Darauf beruht ihre begriffliche Konsistenz als Theorie möglichen Wissens[123] über Fakten. Über die Faktizitäten anderer Universen aber kann man prinzipiell nichts wissen. Man kann daher nicht sagen, was die Worte „in Wirklichkeit gibt es" in (A) bedeuten. Sind sie aber bedeutungslos, dann ist auch (A) bedeutungslos. Somit ist diese Annahme, die das schwache Anthropische Prinzip erst zu einer nichttrivialen Aussage macht, nicht nur epistemisch ungesund, sondern auch begrifflich inkonsistent.

Das starke Anthropische Prinzip

Die starke damit-Fassung von (AP) kann wegen ihrer teleologischen Aussage kein naturwissenschaftlich begründeter Satz sein, obwohl sie durchaus völlig mit der naturwissenschaftlichen Erkenntnis vereinbar sein kann und dies auch ist. In den Naturwissenschaften hat nämlich nur eine *causa efficiens*, nicht aber eine *causa finalis* ihren Platz. Man kann aber die „anthropischen Fakten", die den ganzen Kosmos, also das Ganze der Faktenwirklichkeit betreffen, als deutlichen Hinweis dafür ansehen, daß zum Ganzen der Faktenwirklichkeit auch eine allumfassende Beziehungswirklichkeit gehört, die dem Kosmos einen Sinn gibt. Genau das bringt die damit-Version von (AP)

---

[122] Bernulf Kanitscheider, Die Feinabstimmung des Universums – ein neues metaphysisches Rätsel?, in: Warum ist die Welt so, wie sie ist?, Begegnungen 3/2000, Ev. Akademie Mülheim
[123] Alfred Gierer, Im Spiegel der Natur erkennen wir uns selbst – Wissenschaft und Menschenbild, Rowohlt 1998, S. 78.

zum Ausdruck und wird so zum Anzeichen der Einheit der allumfassenden Wirklichkeit mit ihrer Doppelstruktur aus Fakten- und Beziehungswirklichkeit. Sie ist nämlich eine beziehungswirkliche Deutung der universalen „anthropischen Fakten", die damit zum Kode einer Bedeutung werden.

Als Aussage über transempirische Beziehungswirklichkeit ist das starke Anthropische Prinzip natürlich ebenfalls nicht empirisch prüfbar. Ist es damit ebenfalls nur eine pure Behauptung wie die Annahme (A) oder läßt sich ein Wahrheitsanspruch für das starke Prinzip begründen? Im Rahmen der in Abschnitt 5.4 skizzierten lebensgemäßen Wahrheitstheorie ist das möglich: Es kommen die Kriterien (W2) – Wahrheits-kohärenz und (W3) – Lebensgemäßheit – in Frage.

Bei den Kohärenzen für (W2) sind begriffliche Konsistenz und semantische Kohärenz heranzuziehen. Begriffliche Inkonsistenz ist nur ein Ausschlußkriterium, das keine positive Aussage macht. Es trifft auf das starke Prinzip nicht zu, eher auf die Annahme (A) für das schwache. Sinnkohärenz ist aber gerade die Aussage des starken Anthropischen Prinzips: Die „anthropischen Fakten" bilden einen Sinnzusammenhang, der vom Urknall bis zur Entstehung des Lebens reicht.

(W3) kommt mit seinem letztbegründenden Prinzip der unbedingten Bejahung des Lebens zum Zuge. Das starke Anthropische Prinzip kann geradezu als eine Form dieses Prinzips angesehen werden. Es ist kaum eine stärkere Anerkennung und Würdigung des Lebens denkbar als die, daß es dem Ganzen der Wirklichkeit, dem Kosmos, seinen Sinn gibt.

Die Kritik am schwachen und die Option für das starke Anthropische Prinzip teile ich vollinhaltlich mit Alfred Gierer[124]. Seine Kritik trifft ebenfalls die Annahme (A): „Zum anderen aber macht die Annahme von Welten, deren bloße Existenz auf keine Weise zu beweisen oder zu widerlegen ist, erkenntnistheoretisch keinen Sinn. Was heißt in solchem Zusammenhang noch ‚wirklich'?" Daß das starke Prinzip kein eigentlich naturwissenschaftlicher Satz ist, bringt er dadurch zum Ausdruck, daß er es ein „übergeordnetes Meta-Naturgesetz" nennt, das besagt:

> „Die formale Gestalt der physikalischen Gesetze, die in ihnen vorkommenden Zahlenwerte der Naturkonstanten sowie die Anfangs- und Randbedingungen des Kosmos entsprachen dem Prinzip, daß die naturgesetzliche Ordnung des Kosmos insgesamt Leben mit Geist ermöglicht."

Wenn er dennoch sagt, dieses „Meta-Naturgesetz" stünde „eher auf dem Boden der Naturwissenschaft", so meint er damit, daß der Boden der empirischen Prüfbarkeit von Aussagen über Fakten und Sachverhalte nicht verlassen werden muß, wie man es andererseits bei der Annahme (A) macht.

---

[124] Alfred Gierer, Im Spiegel der Natur erkennen wir uns selbst – Wissenschaft und Menschenbild, Rowohlt 1998, S. 147-148

## 7. Gott: Die Beziehung zum Ganzen der Wirklichkeit

Es bedurfte wahrlich nicht der Erkenntnis anthropischer Fakten im frühen Kosmos, um Menschen anzuregen, nach ihrer Beziehung zum Ganzen der Wirklichkeit zu fragen. Immer schon haben Menschen die großen Fragen nach dem Woher und Wohin, nach dem Warum und Wozu gestellt, die über ihre eigene kleine und bedrohte Existenz hinausweisen. Immer schon sind in den Religionen Antworten darauf gegeben worden. Religio heißt ja Rückbindung, Rückbindung an das Ganze der Wirklichkeit. Sind diese Antworten nicht aber so verschieden, daß sie nicht alle wahr sein können oder sich sogar widersprechen? Oder sind in diesen Antworten bei aller perspektivischen Verschiedenheit nicht doch Gemeinsamkeiten der Wahrheit enthalten? Nach solcher Gemeinsamkeit zu fragen, ist mindestens so interessant wie die Konstatierung der Verschiedenheiten. „Ehrfurcht vor dem Leben" – von Albert Schweitzer so benannt – scheint mir eine solche Gemeinsamkeit zu sein[125]. Ehrfurcht vor dem Leben aber ist ganz nahe bei dem Prinzip der unbedingten Bejahung des Lebens, das das Wahrheitskriterium (W3) begründet. Es ist vermutlich für viele, wenn nicht für alle Religionen richtig, für den Ursprung und Grund allen Lebens und Seins den Namen Gott einzusetzen. Die Unterschiede fangen da an, wo es um das Verhältnis des Menschen zu dieser alle dinglich-faktische Wirklichkeit transzendierenden Macht geht, nämlich darum, wie dieses Verhältnis zu sehen und zu leben ist. Es sprengt den Rahmen dieses Buches und überschreitet meine Kompetenz, diese Unterschiede auch nur in groben Umrissen skizzieren zu wollen.

### 7.1 Die Wirklichkeit Gottes als umfassende Beziehungswirklichkeit

Im Lichte der Begriffsbildungen und Ausführungen des 2. Kapitels ist klar, daß Gott in der Faktenwirklichkeit nicht zu finden ist, denn Gott ist kein Ding dieser Welt. Das wäre ein Widerspruch in sich. Er kann nicht empirisch festgestellt werden. Wenn ‚es gibt' heißt, daß dieses ‚es' empirisch nachweisbar ist, dann ‚gibt' es Gott nicht, so wie es Bonhoeffer in seinem berühmten Diktum

„Einen Gott, den es gibt, gibt es nicht"

ausgedrückt hat. Im Grunde ist diese Erkenntnis schon im Mosaischen Bilderverbot enthalten: Von etwas, was es in diesem Sinne nicht ‚gibt', kann und soll man kein Bild machen. Tut man es doch, muß es falsch sein.
Weil Gott in der Faktenwirklichkeit nicht vorkommt, kommt er auch in der empirischen Wissenschaft nicht vor. Käme er etwa in einer wissenschaftlichen Hypothese doch vor, müßte sie falsch sein. Das heißt auch, daß es mirakulöse Lücken im Kausalnexus als Einbruchstellen für das Handeln eines entsprechend falsch vorgestellten Gottes nicht geben kann, denn die wären objektiv feststellbar. Gott läßt sich aber nicht dingfest machen, auch nicht als Lückenbüßer angeblicher Lücken im Kausalzusammenhang. Gott ist kein Faktum dieser Welt, sondern nach biblischem Zeugnis ihr Faktor, der *creator mundi*.

---

[125] Dies bestätigte mir Hans Küng, einer der im interreligiösen Dialog erfahrensten Theologen, in einer kurzen Korrespondenz.

Die Wirklichkeit Gottes ist somit reine *transempirische* Beziehungswirklichkeit, nämlich die allumfassende Beziehungswirklichkeit des Lebens in einem Kosmos, der – wie wir gesehen haben – von Anfang an durch „anthropische Fakten" gekennzeichnet ist und dadurch in seinem So-Sein weitgehend festgelegt zu sein scheint. Die Beziehungswirklichkeit Gottes umgreift alle Faktenwirklichkeit und gibt dem Weltgeschehen *Bedeutung*, die dessen Sinngebung enthält. Sie ist in den materiellen Fakten und Prozessen kodiert. Für empirische Wissenschaft ist sie verborgen, weil Sinn und Bedeutung nicht objektiv bestimmbar sind. Die „anthropischen Fakten" aber sind offenbar Teil dieses Kodes, deren transempirische Be-deutung als „anthropisch" so evident ist, daß sie, wenn auch widerstrebend, Eingang in die wissenschaftliche Diskussion gefunden hat.

Wie alle Beziehungswirklichkeiten hat auch die umfassende Beziehungswirklichkeit als Wirklichkeit Gottes eine das Nacheinander faktenwirklicher Zeitlichkeit übergreifende Zeitstruktur – nun aber in einer unser Verstehen übersteigenden Weise. Schon in den ersten Anfängen des Kosmos war Zukunft als sinngebende Option präsent. Sinnversprechender Anfang und sinnerfüllendes Ende gehören bei Gott zusammen, und doch ist die Zukunft offen – auch bei Gott. Er läßt die Geschichte frei und leitet sie doch zwanglos an ihr Ziel so, wie die Wahrheit sich durchsetzt. Das jedenfalls ist die Glaubenshoffnung: „Denn wir sind zwar gerettet, doch auf Hoffnung" (Röm. 8,24).

Sinn und Bedeutung des Weltgeschehens sind nur erfahrbar und erkennbar durch *Beteiligung* an der religiösen *Kommunikation* mit Gott als dem Ursprung und Grund allen Lebens und Seins, einer Kommunikation, die durch Kontemplation, Meditation, Gebet und Teilnahme an der Verstehensgemeinschaft des Glaubens möglich ist. So wird die umfassende Beziehungswirklichkeit Gottes bewußt. Unbewußt aber sind wir Menschen – wie alle Lebewesen – immer schon Beteiligte an der Wirklichkeit Gottes einfach dadurch, daß wir leben, denn Leben ist, wie ich im 3. Kapitel gezeigt habe, ein Kommunikationsgeschehen, das je und je in sich geschlossen *und offen zugleich* ist. Es ist offen zu Gott, wie es die Evolution des Lebens dem Denkenden zeigt, der nicht nur kausal *erklären*, sondern auch den Sinn *verstehen* will.

Wie kann es sein, daß Gott die Welt schuf, ohne mirakulös einzubrechen in den von ihm zugleich mit der Welt geschaffenen Kausalnexus, um je und je Neues entstehen zu lassen? Es gilt hier, was ich im Abschnitt 2.6 über die Wirklichkeit von Bedeutungen dargelegt habe: Bedeutungen sind strukturierte Potentialität. Sie werden kausal wirksam dadurch, daß sie durch quantenmechanische Meß- und Dekohärenzprozesse kodiert werden in materiell faktischen Strukturen. So entstand und entsteht Neues. Grundlegend Neues entstand und entsteht besonders in Situationen der Instabilität von Systemen durch das, was in der Physik „Phasenübergang" genannt wird und mit Symmetriebrüchen verbunden ist. Es können dies Gleichgewichts- und Nichtgleichgewichts-Phasenübergänge sein. In der ersten Sekunde seiner Existenz durchlief, wie wir gesehen haben, der ganze Kosmos solche Stadien thermodynamischer Instabilität, die zu den primordialen symmetriebrechenden Phasenübergängen, nämlich dem GUT-, Salam-Weinberg- und Confinement-Phasenübergang geführt haben, die die Architektur der vier fundamentalen Wechselwirkungen etablierten. Aber auch die lokalen kosmischen Strukturbildungen der Galaxien und Sterne geschahen in Situationen der Instabilität der räumlichen

Materieverteilungen. Das starke anthropische Prinzip behauptet, daß es in diesem Geschehen einen Sinnpfeil gab, *damit* Leben entstehen konnte. Der Glaubende kann darin das Handeln Gottes erkennen, der den Kosmos als Heimstatt für das Leben schuf und ihm so seinen noch nicht erfüllten Sinn gab.

### 7.2 Einheit und Vielheit: Gott als Grund allen Seins

In diesem Abschnitt möchte ich die großen Fragen: woher und wohin?, warum und wozu? aufnehmen, die uns in *Beziehung* setzen zum Ganzen der Wirklichkeit. Es ist dies eine Beziehung des Wissens und des Glaubens. Beide sind Beziehungswirklichkeiten. Es gibt ein Wissen, wie ich es im 6. Kapitel skizziert habe, das uns in Beziehung zum Ganzen der *Fakten*wirklichkeit setzt, und es gibt den Glauben, der sich an das Ganze der *Beziehungs*wirklichkeit richtet. Ich knüpfe an die alten philosophischen Fragen an: Warum ist die Welt so, wie sie ist? Warum gibt es überhaupt etwas und nicht vielmehr nichts?

Wenn es *etwas* gibt, dann muß es auch *anderes* als dieses, also Verschiedenes geben. Wo es Verschiedenes gibt, ist das eine vom anderen zu unterscheiden. Unterscheiden ist eine, wenn nicht die Grundfunktion des Erkennens. Die elementare Unterscheidung ist die zwischen ja und nein, wahr und falsch, null und eins. Die Maßeinheit des Unterscheidens ist das Bit. Die formale Struktur des Unterscheidens ist – ich erinnere daran – gegeben durch die Mengenlehre, und die Mengenalgebra ist der formalen Logik, d.h. der Booleschen Algebra logischer Verknüpfungen, äquivalent. Sie ordnet unser Wissen über unterscheidbare Dinge und Sachverhalte.

Wenn es Grenzen des Wissens gibt, dann müssen sie da liegen, wo das Unterscheiden aufhört, wo auch das Unterscheiden zwischen wahr und falsch aufhört. Wie können solche Grenzen aussehen, wie kann man dahin gelangen?

Es gibt Sätze, die nicht falsch sein können, weil sie sich selbst enthalten oder auf sich selbst bezogen sind. Man nennt sie tautologisch. Sie lassen sich leicht konstruieren, z.B. der Kreis ist rund, das Vakuum ist leer. Subjekt und Prädikat sagen dasselbe. Solche Sätze sind zwar immer richtig, aber trivial, um nicht zu sagen sinnlos.

Kann es auch sinnvolle Tautologien geben? Ich meine damit in einem allgemeineren Sinn Antworten, die nicht mehr anders, die nicht mehr falsch sein können, also fraglos richtig sind. Sinnvolle Tautologien können nur solche wahren Sätze sein, die Kant synthetisch nennt, in denen etwas als eines zusammenkommt, was nicht schon von sich aus eines ist. Dies kann und sollte bei der *einen* Wirklichkeit mit ihrer *zweifachen* Struktur der Fall sein. Genauer gesagt: dies sollte bei der Wahrheit über die *eine*, aber *doppelt* strukturierte Wirklichkeit der Fall sein, wobei zu beachten ist, daß die Wahrheit selbst nicht faktisch, sondern relational ist.

Solche sinnvollen Tautologien, die nicht mehr falsch sein können und die Selbstkonsistenz der Wahrheit über die doppelt strukturierte Wirklichkeit zum Ausdruck bringen, könnten die Grenzen des unterscheidenden Denkens, also die Grenzen des Wissens markieren.

Wie kann man an solche Grenzen des Unterscheidens gelangen? Von zwei chinesischen Physikern, Fang Li Zhi und Li Shu Xian[126], habe ich gelernt, daß man dies erreichen kann, wenn man gleichsam von innen nach außen konsequent fragt:

---

[126] Fang Li Zhi, Li Shu Xian, Creation of the Universe, World Scientific 1989.

Warum so und nicht anders? Wenn etwas nicht mehr anders sein kann, dann ist eine solche Grenze erreicht. Fang Li Zhi und Li Shu Xian fragen so auf zwei Ebenen: Auf der Orthoebene der Wahrheit von Aussagen über Fakten und Sachverhalte fragen sie nach Ursachen als Antworten auf die Frage: warum so und nicht anders? Und so fragen sie nach der Ursache der Ursachen. Auf der Metaebene der naturgesetzlichen Zusammenhänge fragen sie: Warum sind die Naturgesetze so und nicht anders? Sie fragen also nach deren Gründen und nach dem Grund der Gründe. Ich möchte dem noch ein Fragen auf einer dritten Metaebene der Wahrheit, nämlich der der Sinnzusammenhänge hinzufügen.

Ursachen:
Die Frage nach den Ursachen hat eine lange Tradition. Seit langem glaubt man, was in dem Satz (K) auf S. 60 ausgedrückt ist, nämlich daß alles, was geschieht, verursacht sein muß. Ursache-Wirkungs-Beziehungen aufzudecken, ist Sache der Naturwissenschaft. Wenn man nach Ursachen für Geschehenes fragt, stößt man sofort auf das Problem, daß jede Ursache ihrerseits verursacht sein muß, und man bekommt einen unendlichen Regreß, es sei denn, man postuliert, wie es die mittelalterliche Scholastik in Anlehnung an Aristoteles getan hat, einen „unbewegten Beweger", der, wie man glaubte, nur Gott selbst sein könne. Aber dann? Ist das Weltgeschehen nach dem ersten Anstoß durch den „unbewegten Beweger" autonom und automatisch wie ein Uhrwerk nach dem Kausalgesetz abgelaufen, wie der Deismus behauptete? Die andere Antwort auf die Frage nach den Ursachen der Ursachen wollte den „unbewegten Beweger" vermeiden und nahm den unendlichen Regreß auf in das alternative Postulat, daß das Universum keinen Anfang gehabt habe, ewig existiere, unendlich groß sei und sich ewig gleich bleibe.
Beide Vorstellungen sind, wie wir gesehen haben, nach heutigem Wissen nicht mehr haltbar. Weder bestimmen die Naturgesetze – das „Kausalgesetz" – das Weltgeschehen eindeutig, noch ist das Weltall ewig und im wesentlichen gleichbleibend. Es hat die im Abschnitt 6.1 teilweise noch hypothetisch beschriebene Geschichte dramatischer strukturbildender Ereignisse durchlaufen.
Die kausale Rückfrage: warum so und nicht anders? geht den umgekehrten Weg. Er kommt da an, wo ich meine Schilderung begonnen habe. Beschreibt meine Schilderung den Weg von der Einheit zur Vielheit der Welt, so geht die kausale Rückfrage den Weg von der Vielheit der unterscheidbaren Dinge zurück zur Einheit, in der nichts mehr unterscheidbar war, nämlich zum Vakuumzustand der noch nicht erkannten, aber vermuteten universalen Quantentheorie, die Teilchenphysik und Gravitation vereint. Er war, wie ich dargelegt habe, das absolute Nichts, die universale Potentialität. In ihm ‚gab' es nichts Unterscheidbares, denn alles war eins noch über die materielle „große Einheit" hinaus, weil noch nicht einmal Raum und Zeit davon geschieden und durch Dekohärenz realisiert waren. Dieses absolute Nichts war das logische und kausale Bevor des Kosmos. Das ist gemeint, wenn Fang Li Zhi und Li Shu Xian schreiben:

Außerhalb des Kosmos ist das Nichts.

Das ist ein solcher nichttrivialer tautologischer Satz an der Grenze des Wissens, der in sich richtig ist, denn wäre da etwas, dann gehörte es zum Kosmos. Nichttrivial ist er, weil das Nichts nicht nur die bloße Abwesenheit von etwas ist, sondern die universale

Quantenpotentialität, in der deshalb nichts ist, weil noch nichts realisiert ist, nicht einmal Raum und Zeit. Hervorzuheben ist, daß diese nicht-dingliche universale Potentialität nicht etwa beliebig ist, sondern mathematisch definiert ist und die umfassende Symmetrie enthält, die wir noch nicht kennen. Man kann sagen, daß sie den geistigen Grundentwurf des Kosmos darstellt, der sagt, was alles möglich ist:

Die universale Potentialität, das absolute Nichts, ist der uranfängliche Logos des Kosmos.

Zusammenfassend zitiere ich den prominenten russischen Kosmologen Andrei Linde:

„Die Möglichkeit, daß das Universum aus dem Nichts erschaffen wurde, ist sehr interessant und sollte weiter studiert werden. Eine verwirrende Frage bezüglich der Singularität ist diese: Was ging der Genesis des Universums voraus? Diese Frage scheint absolut metaphysisch zu sein, aber unsere Erfahrung mit Metaphysik sagt uns, daß solche metaphysischen Fragen manchmal durch Physik beantwortet werden."

Erläuternd füge ich hinzu, daß die Urknall-Singularität gemeint ist und das Nichts, von dem er spricht, eben der besagte Vakuumzustand der Quantengravitation ist, der vielleicht tatsächlich mathematisch-physikalisch definierbar ist.

Gründe:

Die *kausale* Frage nach den Ursachen: warum so und nicht anders? wird beantwortet durch die Naturgesetze. Sie führte uns zurück zum Uranfang des Nichts. Diese Frage kann aber auch auf einer Metaebene der Wahrheit als Frage nach den Gründen gestellt werden: Warum sind die physikalischen Gesetze so und nicht anders?

Während die Naturgesetze, wie sie sind, durch das adaequatio-Kriterium (W1) gesichert sind, müssen Antworten auf die Frage: warum gerade diese und keine anderen Naturgesetze? auf Grund von Konsistenzprinzipien im Sinne von (W2) beurteilt werden.

Zunächst kann man sich schon darüber wundern, daß es in der Realität überhaupt erkennbare Gesetze gibt, daß also der Erscheinungen Flucht überhaupt Regelmäßigkeiten zeigt. Für Einstein war dies ein tiefer Grund der Verwunderung und Bewunderung. Er sagte:

„Die unverständlichste Sache im Universum ist, daß das Universum verständlich ist."

Mit den folgenden Überlegungen in Anlehnung an Fang Li Zhi und Li Shu Xian wird dieses Unverständliche vielleicht ein wenig verständlicher: Man wird sagen können, daß ohne eine gesetzliche Ordnung in der materiellen Welt Leben nicht möglich ist. Ohne daß Prozesse unter gleichen Bedingungen mehr oder weniger gleich ablaufen und ohne daß es überhaupt wiedererkennbare Strukturen in der Realität gibt, wird lebendige Selbstorganisation (Autopoiese) nicht möglich sein. Andererseits sind es Lebewesen, die diese Ordnungsstrukturen wahrnehmen, um sie auszunutzen und ihr Verhalten danach zu richten. Und menschliches Bewußtsein ist es, das sie sogar begrifflich erkennen kann. Man kann dies als ersten Schritt zu einer gewissen Selbstkonsistenz ansehen: Gesetzmäßigkeiten ermöglichen Leben, Lebewesen können sie wahrnehmen und brauchen diese Kognition, um leben zu können. Bewußtes Leben kann sie sogar begrifflich erkennen und sich systematisch zunutze machen.

Aber diese Überlegung reicht natürlich nicht aus. Gewiß sind Naturgesetze eine notwendige, aber keineswegs hinreichende Bedingung für Leben. Naturgesetze sind denkbar, die Leben ausschließen. Selbst die physikalischen Gesetze, die wir haben, ermöglichen, wie wir gesehen haben, Leben nur, wenn die darin auftretenden Massen und Kopplungskonstanten ganz spezielle Werte in engen Grenzen haben und wenn die kosmologische Konstante sehr klein ist.

Auf die hier gestellte Frage: Warum sind die physikalischen Gesetze so und nicht anders? gibt das Anthropische Prinzip (AP) die Antwort: Sie sind so, weil/damit Leben und erkennendes Bewußtsein möglich sind. Auf der zuvor zu den Ursachen betrachteten Orthoebene der Aussagen über Sachverhalte hat dieses finalistische Prinzip keine Berechtigung, weil dort das Kausalprinzip konstitutiv ist. Auf der nun betrachteten Metaebene der Gründe, wo Konsistenzprinzipien gelten, ist es berechtigt. Somit ist das Anthropische Prinzip auf seine begriffliche Konsistenz zu prüfen. Das schwache Anthropische Prinzip, soweit es sich auf die Annahme (A) bezieht – und nur dann macht es eine nichttriviale Aussage – besteht diese Prüfung, wie wir im Abschnitt 6.3 (S. 110) gesehen haben, nicht.

Die starke damit-Version des Anthropischen Prinzips hingegen läßt sich im Blick auf die Definition (D) bzw. (D') (S. 13) der Wirklichkeit, die dem 2. Kapitel zugrunde liegt, in der Tat selbstkonsistent begründen:

> Die physikalischen Gesetze und ihre Konstanten sind so, wie sie sind, damit Leben und mit ihm Wissen möglich ist, denn die Wirklichkeit muß wißbar, d.h. wirklich sein.

Nach (D) und (D') ist eine Wirklichkeit, die nicht erfahrbar, nicht wißbar ist, nicht wirklich und damit kein sinnvoller Begriff. Wieder verweise ich auf die Quantentheorie, die kategorial eine Theorie möglichen *Wissens* ist, die nur für eine Wirklichkeit, die wißbar ist, einen Sinn hat. Die Tautologie: die Wirklichkeit muß wirklich sein, ist nicht-trivial, weil in ihr die Naturgesetzlichkeit der Faktenwirklichkeit in ihrem So-Sein in Übereinstimmung kommt mit der Beziehungswirklichkeit ihrer Erkennbarkeit, denn Naturgesetze selbst sind ja schließlich wesentlich auch Wissen.

Gegen die Auffassung, daß nur wirklich ist, was gewußt werden *kann,* wird sofort der Einwand erhoben, daß die Welt doch unbestreitbar schon da war, lange bevor es Menschen gab. Dieser Einwand stützt sich wieder auf die trügerische Selbstverständlichkeit der klassisch-physikalischen Ontologie der an sich seienden Realität, die aber – ich erinnere daran – experimentell falsifiziert worden ist (s. Abschnitt 2.5, S. 20 und Anhang 1). Gewiß ist die Faktenwirklichkeit objektiv und unabhängig von irgendwelchen Beobachtern *vorhanden,* auch natürlich die des Kosmos lange bevor es Menschen gab. Bloßes Vorhandensein ist noch keine Wirklichkeit. Zu beachten ist, daß es sich um Faktifizierungen einer vorgängigen und damit primären *Potentialität* handelt, die sinnvollerweise von Anfang an die Möglichkeit von Leben und erkennendem Bewußtsein in sich trug, das dann, wenn es kodiert und realisiert ist, tatsächlich wissen kann, was da lange vor ihm vorhanden war. Und so *wissen* wir in der Tat, daß es lange vor uns all das gab, was ich im Abschnitt 6.1 beschrieben habe; und dieses wissen-Können qualifiziert es als wirklich. Wirklich ist dieses Vorhandene erst dadurch, daß es überhaupt gewußt werden kann, gleichgültig, wann dieses Wissen erworben wird. Die faktenwirkliche Ungleichzeitigkeit von vorhandenen Fakten und ihrer viel späteren Kognition und Kodierung als Wissen ist dabei nicht wesentlich, denn die beziehungswirkliche Zeitlichkeit des Wissens übergreift die Zeit, rekonstruiert erkennend Vergangenes und antizipiert hoffend oder befürchtend Zukünftiges (s. Abschnitt 2.3, S. 16). Das alles macht Wirklichkeit erst wirklich. Bloße, nicht wißbare Vorhandenheit ist Spekulation, aber nicht Wirklichkeit. Es ‚gibt' sie nicht, weil dann niemand da ist, dem sie zu wissen ‚gegeben' sein *kann*.

### Die Frage nach dem Sinn

Auf der primären, der Orthoebene der Wahrheit von Aussagen über Fakten und Sachverhalte fragten wir nach den *Ursachen*, auf der Metaebene der sie ordnenden Gesetzmäßigkeiten nach den *Gründen* für das So-Sein der faktischen Welt. Die erste Fragerichtung führte in die *Vergangenheit* zurück bis zum Uranfang, die zweite betraf den Status quo, gewissermaßen den *gegenwärtigen* Stand. Nun fragen wir auf einer weiteren Metaebene der Wahrheit nach den Zwecken und Zielen, nach dem *Sinn*. Dies ist ein Fragen in die *Zukunft*. Die entsprechende Metaebene der Wahrheit betrifft aber nicht die Fakten-, sondern die Beziehungswirklichkeit, denn Zwecke, Ziele und Sinn sind keine Fakten. Sie sind nur auf der Bedeutungsebene von Kommunikationen zu finden.

Wo es um Schicksale geht – und da werden die grundsätzlichen Sinnfragen gestellt –, ist dies so oder so eine Kommunikation im und zum Ganzen der Wirklichkeit. Je enger uns Schicksale angehen, um so drängender sind sie. Die warum-Frage stellt sich nun im Blick auf Sinn oder Unsinn: Warum widerfährt mir oder uns gerade dies und nicht anderes? Meist sind es widrige Widerfahrnisse, die uns zweifelnd und *klagend* so fragen lassen, während wir glückliche, als sinnvoll empfundene Ereignisse oft selbstverständlich und nicht *dankbar* hinnehmen. Diese Art von warum-Fragen haben immer eine wozu-Bedeutung. Manchmal findet man auf Grabsteinen, zeugend von einem frühen Tod, nur die verzweifelte Frage: Warum?

Es sind Zusammenhänge, übergeordnete Bedeutungszusammenhänge, die Sinn haben und Sinn stiften können. Und so tendiert die Sinnsuche hin zu der Frage: Gibt es einen Sinn dieser Welt, der allen oft widerstreitenden Zielen und Zwecken übergeordnet ist und sie zurecht bringen kann? Gibt es auch hier ein Ende aller Widersprüchlichkeiten und Zweideutigkeiten in der Eindeutigkeit des übergeordneten Sinnes?

Weil ein solcher Sinn offensichtlich nicht erfüllt ist, ist die Frage danach in die Zukunft gerichtet. Die Zukunft ist offen, Sinn kann sich erfüllen. Sie ist, wie wir gesehen haben, viel weniger durch Kausalitäten festgelegt, als man lange geglaubt hat. Im Abschnitt 3.4 habe ich eingehend dargelegt, daß Sinnzusammenhänge im Rahmen physikalischer Kausalität möglich sind. Sie sind zwar nicht-kausal, aber auch nicht a-kausal, denn Sinnzusammenhänge können sich bilden oder gebildet werden, wo Kausalität offen bleibt.

Eine erste sinnvoll-tautologische Antwort auf die Sinnfrage gibt ein Diktum von Helga Königsdorf[127]:

„Der Sinn des Lebens ist das Leben,"

---

[127] Helga Königsdorf, Respektloser Umgang, Aufbau 1989, S. 114.

denn Leben hat seinen Sinn in sich selbst. Aber diese Antwort bleibt offen, weil das Leben offen ist. Auf allen vier Stufen seiner Autopoiese weist das Leben über sich selbst hinaus, wie ich bereits am Ende von Abschnitt 3.3 (S. 33) ausgeführt habe: Schon die Zelle hat ihren Sinn in sich selbst und darüber hinaus im Organismus, zu dem sie gehört. Der Organismus, das Lebewesen, hat seinen Sinn in sich selbst und darüber hinaus in der Artgemeinschaft, zu der es gehört. Auch eine Art hat ihren Sinn in sich selbst und darüber hinaus im Biotop, ja sogar in der ganzen Biosphäre[128]. Das biosphärische Leben, das seinen Sinn offensichtlich nur in einem symbiotischen Miteinander von Kultur und Natur finden kann, aber ist bedroht durch das Gegeneinander in unserer nun weltweit dominierenden wissenschaftlich-technischen Markt-Zivilisation. Sein Sinn ist ersichtlich nicht erfüllt. Das Leben verdankt sich aber nicht selbst und erfüllt sich nicht selbst. Es ist offen für und zu seinem noch nicht erfüllten Sinn. Es weist über sich selbst hinaus auf den, von dem es kommt und der allein seinen letzten Sinn kennt, auf Gott: Weil der Sinn des Lebens das Leben ist, ist Gott selbst sein letzter Sinn.

Die Frage nach dem Sinn bewegt sich im Horizont der Kantschen Fragen: Was dürfen wir hoffen? Was sollen wir tun? Die Antwort ist: Hoffen auf Gott, handeln im Sinne Gottes. Aber was hat Gott im Sinn, wer ist Gott, auf den wir hoffen? Diese weiterführende Frage des Glaubens stellte schon Mose am Berg Horeb, als ihn aus dem brennenden Dornbusch die Anrede Gottes mit der unerhörten Zumutung des Sollens traf: „Gehe hin, ich will dich zum Pharao senden, damit du mein Volk, die Kinder Israel, aus Ägypten führst." „Was ist dein Name?" – so fragte Mose zurück. Und Gott antwortete in majestätischer Tautologie (2.Mos. 3, 14):

„JHWH – Ich werde sein, der ich sein werde."

Das ist die heilige Identität, in der das Fragen: warum dies und nicht anderes? aufhört, in der das unterscheidende Werten und damit die zweiwertige Logik ein Ende hat. Der Logiker Gotthard Günther schreibt im Anschluß an Nikolaus Cusanus' *conicidentia oppositorum*:

„Die irdischen Werte von Positivität und Negativität fallen im Absoluten zusammen ..., aber kein irdischer Verstand kann mit den „theoretischen" Mitteln einer echten einwertigen Logik denken, weil diese die Grund- und Existenzbedingung des menschlichen Bewußtseins, nämlich den Gegensatz von Ich und Nicht-Ich radikal desavouiert. In der absoluten „einwertigen" Logik Gottes fallen, wie wir wissen, Denken und Sein zusammen, und sein Wort läßt die Wirklichkeit aus dem Nichts entstehen. Denn das Wort Gottes ist das Sein selbst. ... Es gibt nur eine einzige „logische" Dimension jenseits von Gott, und das ist die Gottesferne, die bloße Negativität zweiwertigen Erlebens."[129]

Mit diesen Worten spricht Gotthard Günther – ein christlicher Apologetik völlig unverdächtiger Denker – das unvermeidliche Dilemma menschlicher Erkenntnis an, nämlich daß wir aus der Perspektive eines Subsystems und winzigen Teils des Ganzen

---

[128] Biotechnologen sehen das allerdings anders. Für sie hat nichtmenschliches Leben keinen Sinn in sich selbst. Wenn sie die Sinnkategorie überhaupt akzeptieren, dann nur so, daß nichtmenschliches Leben und sein Gen-Pool dem Menschen uneingeschränkt als patentierbare Ressource zur Verfügung steht.

[129] Gotthard Günther, Das Bewußtsein der Maschinen – Eine Metaphysik der Kybernetik, Agis-Verlag Krefeld, S. 48

120

das eine Ganze erkennen wollen und – in aller Begrenztheit – auch können, worüber sich Einstein mit Recht so sehr wunderte. An anderer Stelle fügt Gotthard Günther hinzu:

> „Der Ruf der Ewigkeit, wie er in allen Hochkulturen den Menschen persönlich anspricht, ist der Seele als solcher nur vernehmbar, wenn Offenbarung von oben, d.h. aus einer Dimension kommt, die über die Gebrochenheit des reflektierenden Bewußtseins erhaben ist."130

Mit der Gebrochenheit des reflektierenden Bewußtseins meint er das Angewiesen-Sein unseres Wissens auf zweiwertig-logische Unterscheidung.

Die dreifache Eindeutigkeit

Die drei Fragerichtungen, die nach den Ursachen und die nach den Gründen für das So-Sein sowie die nach dem Werden der Welt führten am Ende zu drei sinnvollen Tautologien, also zu Antworten, die nicht mehr anders sein können, als sie sind:

- ‚Vor' dem Universum war das Nichts.
- Die Wirklichkeit muß wirklich sein.
- JHWH – „Ich werde sein, der ich sein werde".

Sind diese Identitäten verschieden? Dann bliebe am Ende doch Verschiedenes. Ich möchte Argumente dafür bringen, daß sie zusammengehören zu einer dreifachen Eindeutigkeit und dafür das folgende Schema heranziehen, das außerdem die ganze Wirklichkeit zusammenfassen soll:

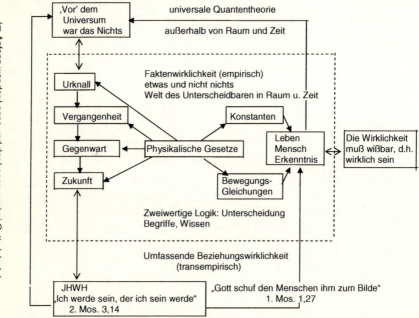

---

130 Gotthard Günther, Das Bewußtsein der Maschinen – Eine Metaphysik der Kybernetik, Agis-Verlag, S. 49

Innerhalb der gestrichelten Linie fasse ich die empirisch feststellbare Faktenwelt zusammen, die gleichwohl kodierend vielfältigste Beziehungswirklichkeiten realisiert und somit von „transempirischen Räumen", den Bedeutungswelten von Kommunikationsgemeinschaften aller Art, überlagert ist. Es ist dies die Welt des Verschiedenen, die Welt der unterscheidbaren Dinge, Fakten und Sachverhalte, die in der beziehungwirklichen Welt des Wissens unterschieden werden durch Begriffe, geordnet durch die zweiwertige Logik. Es ist dies die Welt, die in Raum und Zeit – selbst Faktifizierung aus der umfassenden Potentialität des Vakuums der universalen Quantentheorie – existiert und sich weiter überall im Raum auf geschichtlich-irreversible Weise in weitere Verschiedenheiten faktifiziert. Hier haben wir Vergangenheit, Gegenwart und Zukunft, hier gelten die physikalischen Gesetze, die mit ihren Konstanten gerade so beschaffen sind, daß Leben und sogar bewußtes Leben und mit ihm Erkenntnis möglich sind.

Darüber hinaus ragt die allumfassende transempirische Beziehungswirklichkeit, deren uranfängliche Potentialität außerhalb von Raum und Zeit „jenseits" der gestrichelten Linie zu finden ist, aus der nach dem Urknall die materielle Faktenwelt durch Dekohärenzen und Faktifizierungen hervorgegangen ist.

Die drei tautologischen Pole am Ende unterscheidenden Denkens liegen in diesem Bereich, denn sie sind als Identitäten außerhalb des Unterscheidbaren, außerhalb von Raum und Zeit, und sie sind auch keine empirisch feststellbaren Sachverhalte. Das kann nur richtig sein, wenn auch diese drei Identitäten zu einer einzigen gehören. Um dies zu begründen, habe ich drei verbindende Pfeile eingezeichnet.

Die erste Identifikation findet sich im Prolog des Johannes-Evangeliums (Joh. 1,1):

> „Im Anfang war der Logos, und der Logos war bei Gott, und Gott war der Logos."

Nach unserer heutigen, mehr vermuteten als gewonnenen Erkenntnis ist jenes Vakuum der universalen, Gravitation und Materiefeld vereinenden Quantentheorie die uranfängliche Potentialität, Ausdruck der den Kosmos konstituierenden fundamentalen Symmetrie, gleichsam der Entwurf Gottes für unsere Welt.

Die zweite Identifikation habe ich in den Bereich des Unterscheidbaren von Gott hin zum Menschen gezogen. Sie kann deshalb nur eine gebrochene Identifikation, eine Analogie, sein. Gotthard Günther nennt sie eine „Bewußtseinsanalogie" zwischen Gott und Mensch. Die unserem unterscheidenden Denken unvorstellbare Eindeutigkeit des göttlichen Wollens, des Vorbildes der Analogie (das nach christlicher Lehre gleichwohl eine trinitarische Einheit ist), ist nach Günther auf einen zusätzlichen Wert, die Negation, projiziert und reflektiert. Er meint damit unser zweiwertig-logisches ja-nein- bzw. wahr-falsch-Denken. Man kann darin eine Interpretation des berühmten biblischen Satzes von der Gott-Ebenbildlichkeit des Menschen sehen (1. Mos. 1,27):

> „Gott schuf den Menschen ihm zum Bilde, zum Bilde Gottes schuf er ihn."

Es ist uns aber – und das ist die dritte Identifikation – mit unserem zweiwertig unterscheidenden Denken erstaunlicherweise möglich, zu „erkennen, was die Welt im Innersten zusammenhält". Wir verdanken es jenem paradiesischen Biß in den Apfel vom „Baum der Erkenntnis", der – ich kann mir nicht helfen – von Gott doch wohl gewollt war, obwohl er ihn verbot, denn er machte den Menschen zum Menschen, und: Warum wohl pflanzte Gott diesen Baum überhaupt ins Paradies? Ein Wunder ist dieses Erkenntnisvermögen schon, denn es läßt sich mit der Darwinschen Evolutionstheorie allein nicht erklären (s. Abschnitt 4.3, S. 53). Zugleich ist, wie das Anthropische Prinzip feststellt, das Universum so gestaltet – gleichsam maßgeschneidert –, daß Leben und mit ihm erkennendes Bewußtsein in ihm möglich sind und wirklich wurden.

Ein Drittes sollte hinzugefügt werden, was das Anthropische Prinzip so nicht zum Ausdruck bringt: Das Universum ist überdies so beschaffen, daß es überhaupt erkennbare – und das heißt immer auch wiedererkennbare – Konturen hat. Zwar ist richtig, was Heraklit feststellte, nämlich daß „alles fließt", aber es fließt doch nicht so sehr, daß alles verschwimmt. Zwar „steigt man nicht zweimal in den selben Fluß", aber man erkennt ihn in der Regel doch wieder. Bei aller Veränderung muß es auch Gleichbleibendes geben, das dann mit typisierenden Begriffen bezeichnet und (wieder)erkannt werden kann. Selbstverständlich ist das nicht. Notwendige Bedingung dafür ist eine naturgesetzliche Ordnung der Dinge mit ihren Erhaltungssätzen, die andererseits, wie ich schon angedeutet habe, notwendig dafür ist, daß Leben überhaupt „funktionieren" kann. Diese naturgesetzliche Ordnung muß aber so sein, wie sie ist, nämlich, daß sie nicht *alles* ordnet, sondern auch „Chaos" zuläßt. Sie muß Freiheit ermöglichen, sonst gäbe es Erkenntnis nicht, die nicht bloß passive „Widerspiegelung" ist, die den Namen Erkenntnis nicht verdient. Dies hat der Physiker Paul Davies überzeugend dargestellt in seinem Buch „Der Plan Gottes – Die Rätsel unserer Existenz und die moderne Wissenschaft"[131], in dem er dieses Charakteristikum der Naturgesetzlichkeit „kontingente Ordnung" nennt. Erkenntnisvermögen und Erkennbarkeit stehen so in einem sich gegenseitig stützenden, d.h. selbstkonsistenten Zusammenhang. Beide haben dazu geführt, daß die moderne Wissenschaft mit ihrem beharrlichen Fragen: warum so und nicht anders? von dem unermeßlich vielen Verschiedenen der gegenwärtigen Welt im Rückgang zu ihren Anfängen vordringen konnte zur „großen Einheit" der materiellen Felder und noch darüber hinaus zu dem mutmaßlichen Parmenideischen Einen, dem Nichts, der primordialen Potentialität, die als Vakuumzustand der erhofften universalen Quantentheorie gewissermaßen als Logos des Universums anzusehen wäre.

Sind dieser Logos des Ursprungs, die daraus gewordene, „anthropisch" verfaßte „wirkliche Wirklichkeit" mit ihrem noch ausstehenden Sinn *eins* mit dessen Garanten, „der sein wird, der er sein wird"? Es ist mein Bekenntnis, diese Frage mit Ja zu beantworten.

## 7.3 Die Wirklichkeit Gottes ist die Wahrheit

Im Abschnitt 7.1 sahen wir, daß die Wirklichkeit Gottes die allumfassende Beziehungswirklichkeit des Lebens ist. Nun möchte ich diese Wirklichkeit näher erörtern. Zunächst betrachte ich Wahrheit im allgemeinsten Sinne in ihrem Bezug zum Leben als ganzem, zum Leben aller Lebewesen in allen Lebenszusammenhängen.

Ich gehe aus von der im Abschnitt 5.1 (S. 74) getroffenen Feststellung, daß Wahrheit den kategorialen Status von Information hat und damit eine relationale Größe ist. Sie hat ein Woher und ein Wohin, sie hat Sender und Empfänger. Das gilt für alle

---

[131] Paul Davies, Der Plan Gottes – Die Rätsel unserer Existenz und die moderne Wissenschaft, Insel Taschenbuch 1995, S. 202

einzelnen Wahrheiten auf allen Stufen der Autopoiese in allen Lebenszusammenhängen. Überall gibt es Sender und Empfänger. Gilt das auch für die Wahrheit als ganze? Im Abschnitt 5.3 habe ich Wahrheit in diesem umfassenden Sinne definiert als die Gesamtheit sinnvoller Informationen, von deren Austausch das Leben lebt, weil es sich dadurch organisiert, und zwar auf allen vier Stufen seiner Autopoiese. Leben lebt und gelingt, wo die ausgetauschten Informationen ‚wahr' sind, wo nicht, wird es krank, vielleicht so sehr, daß es sterben muß. Dies habe ich – ebenfalls im Abschnitt 5.3 – ausgedrückt durch den Satz: Wahrheit ist der Logos des Lebens. Natürlich wird Wahrheit kommuniziert auf den Bedeutungsebenen der ausgetauschten Informationen. Sie *inspiriert* das Leben. Ohne deren sinnvollen Zusammenhang kann Leben nicht leben, wären Lebewesen bestenfalls – dann aber sicher sehr störanfällige – Automaten. All dies habe ich im Abschnitt 5.3 eingehend erörtert. Zwei weitere Argumente füge ich hinzu.

Das eine ist: Die Wahrheit hängt in sich zusammen durch allerlei Wahrheitskohärenzen[132]. Sie zerfällt nicht in unzusammenhängende Teilwahrheiten. Bei aller Vielfalt: Es ist *eine* Wahrheit als Erkenntnis der *einen* Wirklichkeit. Das andere Argument ist: Auch als Kommunikationsphänomen ist das Leben immer abgeschlossen und offen zugleich, wie ich im Abschnitt 3.3 gezeigt und im Abschnitt 7.2 erinnert habe. Hier ist mir die kommunikative Offenheit wichtig.

Das Leben ist – so behaupte ich – kommunikativ offen auch für die umgreifende Beziehungswirklichkeit Gottes, denn die *eine* Wahrheit als Logos des Lebens hat als relationale Größe *ein* letztes Woher, *einen* Urheber. Das Wohin der Wahrheit, ihr Empfänger, ist das Leben in aller Fülle und Vielfalt der Lebewesen, und so vielfältig wie das Leben ist auch die Wahrheit als Gesamtheit sinnvoller Informationen. Das heißt nicht, daß alle diese sinnvollen Informationen direkt von Gott kommen – sie werden ja zwischen den kommunikativen Größen des Lebens ausgetauscht –, denn viele, wenn nicht die meisten, leiten sich einfach „logisch" aus Grundrelationen ab. Aber grundsätzlich neue In-Formationen, die neue Sinnzusammenhänge eröffnen, kommen, so glaube ich, von Gott. So kann man das schöpferische und sinnbildende Handeln Gottes in der Evolution sehen, wie es in der biblischen Schöpfungsgeschichte Genesis 1 immer wieder heißt: „Gott *sprach* ... und es geschah so". „Es geschah so" – das meint die Kodierung der Schöpfungsrede Gottes in den Strukturen des Kosmos, die die „anthropischen" Voraussetzungen für das Leben schufen. Und dann, mit und nach der Epiphanie des Lebens, meint es die Kodierung in den Genomen der Lebewesen, wann immer Neues im übergreifenden Sinnzusammenhang der Evolution entstand. Die Evolution als das „Leben des Lebens" (s. Abschnitt 3.5) hat damit ebenfalls eine kommunikative Dimension über die interne biotopische Kommunikation hinaus. Es ist dies eine Kommunikation in der umfassenden Beziehungswirklichkeit des Lebens, eine Kommunikation zwischen Schöpfer und Geschöpf. Der Inhalt der Kommunikation Gottes ist die Wahrheit als Logos des Lebens. Das Leben antwortet, einfach indem es lebt. In Bezug auf den Menschen ist dies sehr sinnfällig in der zweiten Schöpfungsgeschichte zum Ausdruck gebracht. Dort heißt es: „Da machte Gott den Menschen aus Erde vom Acker und blies ihm den *Odem des Lebens* in seine Nase" (Gen. 2,7). Der „Odem des Lebens" – das sind jene sinnvoll zusammenhängenden Informationen, die das Leben organisieren und inspirieren.

---

[132] Für die Wahrheit als menschliche Erkenntnis habe ich im Abschnitt 5.5 solche Wahrheitskohärenzen genannt.

Über die Wahrheit in diesem allgemeinsten Sinne der Gesamtheit sinnvoller Informationen kann auch nur Allgemeines gesagt werden, denn die Bedeutungswelten all der unübersehbar vielen kommunikativen Assoziationen des Lebens auf allen vier Stufen seiner Autopoiese sind ja transempirisch und uns Menschen nicht zugänglich. Das ist bei der Wahrheit im engeren und üblichen Sinne des Satzes (W), also der Wahrheit als (menschliche) Erkenntnis der Wirklichkeit, natürlich anders. Die können wir erkennen, erfahren und verstehen als Beteiligte an der Verstehensgemeinschaft unserer Gattung. Selbstverständlich gilt in der personalen Selbst-Kommunikation und der sozialen Kommunikation des Menschen, was ich allgemein gesagt habe: Sie ist abgeschlossen und offen zugleich, offen für die Kommunikation in der umfassenden Beziehungswirklichkeit, die die Wirklichkeit Gottes ist. Durch Kontemplation, Meditation und Gebet kann der einzelne teilhaben an der Kommunikation mit Gott. So kann beispielsweise das Eins-Sein mit allem meditativ direkt erfahren werden, während es erheblicher Abstraktionen bedarf, um von der Seite des logischen (unterscheidenden) Denkens dahin zu kommen etwa so, wie ich es im vorangehenden Abschnitt dargestellt habe.

Teilhabe an der Kommunikation mit Gott ist aber auch möglich und nötig im *gemeinschaftlichen* Gebet und im Gespräch in der Verstehensgemeinschaft des Glaubens: „Wo zwei oder drei in meinem Namen beisammen sind, da bin ich mitten unter ihnen" (Mt. 18, 20). Das ist nicht nur ein Bibelwort, sondern auch vielfältige Erfahrung.

Wie können wir spüren, woher können wir wissen, daß Gott es ist, der mit uns spricht? Wo Menschen *wahrhaftig* mit einander sprechen, ist Liebe im Spiel, ist Gott dabei, von dem es heißt, daß er die Liebe *ist*. Wo Menschen im wahrheitssuchenden Gespräch Einsichten gewinnen und Zusammenhänge erkennen, die kein einzelner für sich hat haben oder erkennen können, kommt etwas von Gott. Wo im Zusammenwirken von Menschen unverfügbar Gutes geschieht, das keiner für sich so gewollt hat, ist Gott am Werk. Wo im Gebet rückhaltlos nach dem rechten Weg gefragt wird, kommt Antwort von Gott. Wer nachdenkend danach fragt, was ist und was sein soll, kann erleben – ich kann es bezeugen – wie Wahrheit über einen kommt, so daß es den ganzen Menschen, Leib und Seele, Körper und Geist ergreift und man begreift: Ja, so ist es, so soll und muß es sein. Wahrheitserlebnis möchte ich das nennen. Was anderes kann es denn sein, was da von Gott kommt, als die Wahrheit? So möchte ich im Blick auf den in den Abschnitten 5.4 und 5.5 skizzierten lebensgemäß erweiterten Wahrheitsbegriff sagen:

Alle Wahrheit kommt letztlich von Gott.

Diese Erkenntnis ist schon von Augustin vertreten worden. Fromme Menschen mit ihren Glaubenserfahrungen werden sie bestätigen. Der Skeptiker aber wird sagen: „Das ist doch bloß Wunschdenken, das bildet ihr euch doch nur ein. Wie wollt ihr das beweisen? In Wirklichkeit gibt es alles das nicht." Der Skeptiker wird nur der empirisch begründeten Wissenschaft einen berechtigten Wahrheitsanspruch als „gesichertes Wissen" zubilligen. Damit hat aber der Skeptiker unter der Hand die Wirklichkeit schon wieder reduziert auf das objektiv Feststellbare. Und wahr ist dann auch nur noch das empirisch Begründete.

Nun ist es aber sehr merkwürdig, daß die großen Einsichten und Entdeckungen der theoretischen Physik eben nicht durch die Analyse von Meßprotokollen gewonnen wurden, sondern oft als von Glücksgefühlen begleitete Eingebungen, deren mathematische Schönheit überzeugend war. Auch das sind Wahrheitserlebnisse[133]. Meßprotokolle prüfen erst hinterher, ob die intuitiv erkannte Theorie stimmt, und so werden Messungen ja auch meist konzipiert. Gewiß ist immer auch empirisch begründetes Vorwissen Voraussetzung für solche Intuitionen. Aber das eigentlich Neue sind ganzheitliche Ideen, die neue Sinnzusammenhänge herstellen, indem sie Widersprüche und Ungereimtheiten alter Theorien zu experimentellen Daten mit einem Schlage auflösen und sie auf neue Weise „reimen". Wolfgang Pauli, der sich selbst als von „antimetaphysischer Herkunft" bezeichnet, beschreibt dieses Erkennen aus eigener Erfahrung im Licht seines Dialogs mit C.G. Jung folgendermaßen[134]:

„Der Vorgang des Verstehens der Natur sowie auch die Beglückung, die der Mensch beim Verstehen, d.h. beim Bewußtwerden einer neuen Erkenntnis empfindet, scheint demnach auf ein zur-Deckung-Kommen von präexistenten inneren Bildern der menschlichen Psyche mit äußeren Objekten und ihrer Vielfalt zu beruhen. Diese Auffassung der Naturerkenntnis geht bekanntlich auf Plato zurück und wird auch von Kepler in sehr klarer Weise vertreten. Dieser spricht in der Tat von Ideen, die im Geist Gottes präexistent sind und die der Seele als dem Ebenbild Gottes als mit-ein-erschaffen wurden. Diese Urbilder, welche die Seele mit Hilfe eines angeborenen Instinktes wahrnehmen könne, nennt Kepler *archetypisch*."

In dieser von Pauli zustimmend kommentierten Sicht Keplers kommt auch die Wahrheit naturwissenschaftlicher Erkenntnis letztlich von Gott.

Weil Wahrheit kategorial Information ist, ist sie eine kommunikative Größe, auch wenn sie im Selbstdialog gewonnen wird. Deshalb geschieht Wahrheitserkenntnis dialogisch, so wie es Antoine Saint Exupéry gesagt hat: „Die Wahrheit sagt man sich nicht selbst, sie wird einem gesagt."

Ilya Prigogine, der Inaugurator des Prinzips der dissipativen Systeme (s. Abschnitt 3.1), hat eines seiner Bücher „Dialog mit der Natur"[135] genannt. Er stellt darin Naturerkenntnis dar als Ertrag eines Dialogs. Nimmt man das Wort Dialog ernst, muß es zwei Partner des Dialogs geben. Der eine ist natürlich der erkennende Mensch. Der andere aber ist mit dem Wort ‚Natur' ungenau bezeichnet. Die Faktizität und Dinglichkeit der Natur ist stumm. Sie kann schon aus begrifflichen Gründen dieser Partner nicht sein. Wo also kommt die Erkenntnis auch der Faktenwirklichkeit letztlich her? Wer oder was ist der Partner? Partner eines Dialogs kann nach dem Grundverständnis unserer Sprache nur ein ‚Wer' sein. Die Antwort darauf habe ich schon gegeben: Der „Dialog mit der Natur" ist letztlich ein Dialog mit Gott, letztlich deshalb, weil die Erkenntnisvoraussetzungen *a priori* und die grundlegenden Einsichten und Erkenntnisse – letztere als Wahrheitserlebnisse – unmittelbar von Gott

[133] Paul Davies, Der Plan Gottes – Die Rätsel unserer Existenz und die moderne Wissenschaft, Insel Taschenbuch 1995, S. 275-276.
[134] Wolfgang Pauli, Der Einfluß archetypischer Vorstellungen auf die Bildung naturwissenschaftlicher Theorien bei Kepler, in: H. Atmanspacher, H. Primas, E. Wertenschlag-Birkhäuser (Hrsg.), Der Pauli-Jung-Dialog und seine Bedeutung für die moderne Wissenschaft, Springer 1995, S. 295
[135] Ilya Prigogine, Isabelle Stengers, Dialog mit der Natur – Neue Wege naturwissenschaftlichen Denkens, Piper 1990.

kommen. Alles was wahr und wahrhaftig daraus folgt, aber hängt damit mittelbar zusammen.

An dieser Stelle muß dem Mißverständnis gewehrt werden, irgendwoher geholte „Wahrheit" solle nun doch wieder autoritär durch die Berufung auf Gott validiert werden. Jeder Scharlatan kann sich auf Gott berufen, und das geschieht ja auch bis heute. Nein, die Validierung der Wahrheit erfolgt an Hand der Kriterien (W1), (W2) und (W3), die einer solchen Berufung nicht bedürfen. Das das Rahmenkriterium (W3) begründende Prinzip der unbedingten Bejahung des Lebens aber kommt – das ist einzuräumen –, recht verstanden, der Berufung auf Gott ziemlich nahe, denn für den Glaubenden ist Gott das Selbst des Lebens.

Für viele Menschen, auch für solche, die sich als religiös verstehen, ist der Gedanke personaler Beziehungen Gottes zum Menschen angesichts der Winzigkeit des Menschen und der überwältigenden Dimensionen des Kosmos nicht nachvollziehbar. Zu ihnen gehörte auch Einstein unter dem Einfluß Spinozas. Macht man sich aber den Dialogcharakter der Wahrheitserkenntnis, deren letzte Quelle Gott ist, klar, dann wird evident, daß wir Gott in der Tat als Person begegnen. So sehr dies zutrifft, so groß ist hier die Gefahr verkürzender und verfälschender Anthropomorphismen. Die Personalität Gottes hat mit der des Menschen nur so viel zu tun, als daß Gott den Menschen als Partner des Wahrheitsdialogs würdigt. Dazu hat Gott den Menschen zur Erkenntnis der Wahrheit befähigt, wie unvollkommen, vorläufig und bruchstückhaft diese Erkenntnis auch immer sein mag. Jeder Anthropomorphismus in der Vorstellung der Personalität Gottes verstößt gegen das biblische Bilderverbot (2. Mos. 20,4). Jede Rede von oder über Gott birgt schon durch die Verwendung unserer Sprache die Gefahr unterschwelliger Anthropomorphismen, die beispielsweise bereits damit beginnt, daß das Wort Gott ein grammatikalisches Geschlecht hat und von daher die Anrede ‚Vater' nahelegt. Eigentlich kann man nur *mit* Gott, aber nicht *über* ihn reden. Jede um Wahrheit bemühte Rede von und über Gott – auch die in diesem Kapitel – muß sich bewußt sein, daß sie zugleich eine Rede mit Gott, ein Gebet also, sein muß, eben weil es um die Wahrheit geht.

Ich fasse all dies zusammen in dem Satz:

> Weil es Gott gibt, gibt es Wahrheit als Logos des Lebens. Weil und wie es Wahrheit gibt, gibt es Gott, denn die Wirklichkeit Gottes ist die Wahrheit.

Dieser Satz erhellt auch das seit je umstrittene Verständnis der Allmacht Gottes. Im apostolischen Glaubensbekenntnis heißt es: „Ich glaube an Gott, den Allmächtigen, den Schöpfer des Himmels und der Erde." Wie sollte der Schöpfer des Universums nicht allmächtig sein? Aber was bedeutet das? Es sind nicht so sehr vordergründige logische Widersprüche, die sich aus einem falsch verstandenen Begriff der Allmacht leicht konstruieren lassen, als vielmehr die alte bedrängende Frage, wie Gott all das Böse in der Welt zulassen kann, wo er doch allmächtig ist. Sie hat eine nicht endende Debatte des Zweifelns ausgelöst. Sie ist als die Theodizee-Frage bekannt. Immer steht dahinter die Vorstellung, daß Gott, wenn er denn allmächtig ist, eingreifen können muß in verhängnisvolle kausale Vorgänge. Wenn er dies nicht kann, so meint man, ist er nicht allmächtig. Wenn er dies nicht tut, obwohl er es kann, dann ist er nicht der Inbegriff des Guten – so die altbekannte Aporie.

Der obige Satz aber sagt, daß die Macht Gottes die sanfte Macht der Wahrheit ist. Seine Allmacht ist somit die letztliche Allmacht der Wahrheit, die allein Bearnd hat.

Im Abschnitt 5.3 (S. 85/86) habe ich darauf hingewiesen, daß zwischen (irdischer) Macht und Wahrheit eine bis zum Widerspruch reichende Spannung besteht. Die Mächtigen dieser Welt stehen mit der Wahrheit auf Kriegsfuß. Ihre Macht besteht darin, Menschen zwingen zu können, etwas zu tun, was sie nicht wollen. Von dieser Art ist Gottes Macht, die Macht der Wahrheit, nicht. Man kann die Wahrheit unterdrücken, mit den Füßen treten, ja kreuzigen, aber immer nur für kurze Zeit. Am Ende wird sie gegen die Unterdrücker und ihre Ideologie, mit der die Herrschenden ihre Herrschaft rechtfertigen, recht behalten. Das ist die Macht der Wahrheit. Die Allmacht Gottes ist somit ein Zukunftsbegriff: „Ich werde sein, der ich sein werde." Sie kommt in dem Maße zur Geltung wie der noch ausstehende Sinn allen Lebens in Erfüllung geht. Die Bibel alten und neuen Testaments hat dafür die Vision des „Reiches Gottes", des Reiches der Geschwisterlichkeit aller Menschen, in dem Gott „alle Macht und alle Gewalt vernichtet hat" (2. Kor. 15, 24), auch die über die gequälte und ausgeplünderte Natur, „denn auch die Schöpfung wird frei werden von der Knechtschaft der Vergänglichkeit zu der herrlichen Freiheit der Kinder Gottes. Denn wir wissen, daß die ganze Schöpfung bis zu diesem Augenblick mit uns seufzt und sich ängstet" (Röm. 8, 21-22). Dann erst wird die Wahrheit als Logos des Lebens voll zur Geltung kommen und die Allmacht Gottes offenbar werden.

## 7.4 „Im Anfang war das Wort ... voller Gnade und Wahrheit"

Das Johannes-Evangelium beginnt mit den Worten:

> „Im Anfang war das Wort, und das Wort war bei Gott, und Gott war das Wort. Dasselbe war im Anfang bei Gott. Alle Dinge sind durch dasselbe gemacht, und ohne dasselbe ist nichts gemacht, was gemacht ist.
> *In ihm war das Leben,* und das Leben war das Licht der Menschen. Das Licht scheint in der Finsternis, und die Finsternis hat's nicht ergriffen. ....
> Und das Wort ward Fleisch und wohnte unter uns, und wir sahen seine Herrlichkeit, eine Herrlichkeit als des eingeborenen Sohnes vom Vater, *voller Gnade und Wahrheit.*

Diese wenigen Worte voller Kraft und Schönheit stimmen in einer Weise mit Quintessenzen aus Überlegungen dieses Buches überein, daß ich geneigt bin, im Sinne von Wolfgang Pauli von einem „zur-Deckung-Kommen" zwar nicht von „inneren und äußeren Bildern", wohl aber von Verstehensmustern aus gänzlich verschiedenen Bereichen der Wirklichkeitserkenntnis, der Wahrheit also, zu sprechen.
Während der Evangelist seine Worte, die er vor fast 2000 Jahren niederschrieb, schöpfungstheologisch und christologisch verstand, gehen die Überlegungen dieses Buches aus von naturwissenschaftlichen Erkenntnissen aus Physik, Kosmologie und Biologie etc. und versuchen, das Lebensphänomen in seinen Beziehungswirklichkeiten und Sinnbezogenheiten zu verstehen. Von all dem wußte der Evangelist natürlich nichts.
Wenn ich nun die einzelnen Sätze des Johannes-Prologs durchgehe, so ist dies weitgehend ein Erinnern an das, was ich in vorangegangenen Kapiteln ausgeführt habe:

Im Anfang war der Logos, und der Logos war bei Gott.
Im griechischen Urtext steht das Wort ‚Logos', das mit ‚Wort' gut übersetzt ist, aber mehr als das bedeutet, nämlich auch ‚Vernunft' und ‚Sinn'. Im Abschnitt 7.2 (S. 115) kam ich zu dem Schluß: Die universale Potentialität, das absolute Nichts, ist mit ihren Symmetrien der uranfängliche Logos des Kosmos. Dieses Nichts als umfassende Potentialität ist verträglich mit den ersten Worten der Bibel (Gen. 1,1), die Johannes vermutlich im Sinn hatte, als er sein Evangelium begann. Dort ist vom uranfänglichen „Tohuwabohu" die Rede, über dem der „Geist Gottes" schwebte. Die Identifikation „der Logos war bei Gott" habe ich schon bei der Erläuterung des Schemas auf S. 120 zitiert und mich darauf berufen.

Und Gott war das Logos-Wort.
Dieser Satz sagt in aller Kürze, was ich in den Abschnitten 7.1 und 7.3, von ganz woanders herkommend ausgeführt habe, nämlich daß die Wirklichkeit Gottes die umfassende Beziehungswirklichkeit der Wahrheit ist.

Alle Dinge sind durch dasselbe gemacht, und ohne dasselbe ist nichts gemacht, was gemacht ist.
Alle Dinge – das sind Faktifizierungen (Dekohärenzen) aus der primordialen und universalen Potentialität, deren erste Schritte die Dekohärenz, also das klassisch-Werden[136] von Raum und Zeit sowie die primordialen Phasenübergänge des Kosmos waren. Daß und wie solche entscheidenden Faktifizierungen und Strukturbildungen als Kodierungen, also als Wirkungen der schöpferischen *Rede* Gottes verstanden werden können, habe ich am Ende von Abschnitt 7.1 (S. 114) angedeutet. Daß auch die Urzeugung des Lebens und die Entstehung neuer genetischer Information im Laufe der Evolution (Abschnitt 3.5, S. 41) so gesehen werden können, habe ich im Abschnitt 7.3 (S. 123) dargetan.

Darüber hinaus aber gilt, was ich im Abschnitt 5.3 (S. 85) zusammengefaßt habe in den Sätzen: Das Leben lebt nicht vom Stoffwechsel allein, sondern zuerst und vor allem vom Austauch sinnvoller Informationen, deren Gesamtheit die Wahrheit im allgemeinsten Sinne ist. Wahrheit ist somit der „Odem des Lebens", der von Gott kommt (Abschnitt 7.3). Der Satz über das Logos-Wort Gottes:
In ihm war das Leben
hat also Bedeutungsdimensionen, von denen der Evangelist, der sicher nur an menschliches Leben in einem sehr spezifischen Sinn gedacht hat, keine Ahnung haben konnte.

Das nun folgende Wort bezieht sich denn auch ausdrücklich auf den Menschen:
Das Leben war das Licht der Menschen. Das Licht scheint in der Finsternis, und die Finsternis hat's nicht ergriffen.
Wir sehen das Licht des Lebens gar nicht mehr, weil es uns so selbstverständlich zu sein scheint. Wir wundern uns nicht über das Wunder des Lebens. Wir verdanken das Leben nicht uns selbst, aber wir danken nicht dafür. Das ist die Finsternis, in der das Licht des Lebens scheint.

---

[136] Das Wort "klassisch" bezieht sich hier auf die klassische Physik, zu der die Allgemeine Relativitätstheorie Einsteins als die Theorie von Raum und Zeit gehört, im Unterschied zur Quantenphysik.

Gott gab dem Menschen das Geschenk der Begriffssprache als Voraussetzung und das Licht des Verstandes als Mittel für die Erkenntnis der Wirklichkeit und erhob ihn so zu seinem Ebenbild. Gott redete den Menschen an: „Wo bist du, Adam?" Aber der Mensch, der sein wollte wie Gott, versteckte sich. Er versteckt sich noch heute. Abermals redete Gott den Menschen an: „Kain, wo ist dein Bruder Abel?" „Soll ich meines Bruders Hüter sein?" – so die Antwort. So unstet und flüchtig wie Kain sind wir noch heute. Aber das Kainsmal schützt uns. Die Nachfahren Kains bauten den Turm von Babel. Wir bauen ihn heute höher denn je. Mit transgenen Manipulationen maßen wir uns an, die Schöpfung Gottes zu „verbessern" und läuten den „achten Schöpfungstag" ein, denn wir wollen sein wie Gott, heute mehr denn je. Wir wundern uns nicht nur nicht über das Wunder des Lebens, wir achten es nicht einmal, denn wir machen es bedenkenlos zum Mittel für unsere kleinkarierten Zwecke. Dabei machen wir auch vor menschlichem Leben nicht halt. Wir entwürdigen es an seinem Beginn und an seinem Ende, um es für fremdnützige Zwecke verfügbar zu machen.

So ist die Finsternis heute dunkler denn je, wo man sich nur noch auf die empirisch feststellbaren Fakten verlassen will, wo man das Leben verdinglicht, patentiert und kommerzialisiert, aber für die Beziehungswirklichkeit, die das Leben erst lebendig macht und seine Sinnbestimmung enthält, erblindet ist.

Nachdem Gott sich am Sinai an das von ihm befreite und auserwählte Volk wandte, dieses ihn hörte, dann aber trotz prophetischer Mahnung wieder und wieder von ihm abfiel, redete Gott den Menschen in seiner Finsternis ein weiteres Mal an. Diesmal chiffrierte er seine Botschaft annehmender Liebe, die in Worten allein nicht ausgedrückt werden kann, noch eindringlicher als zuvor: Die Lehre, die Liebe, das heilende Tun und das Sterben eines auserwählten Menschen kodieren Gottes Botschaft der Liebe und fassen Gottes Leben schaffendes und erhaltendes Logos-Wort ein für alle Mal zusammen:

Das Wort ward Fleisch und wohnte unter uns, und wir sahen seine Herrlichkeit, eine Herrlichkeit als des eingeborenen Sohnes vom Vater voller Gnade und Wahrheit. Es war die Herrlichkeit des Gekreuzigten, der – recht verstanden – die Wahrheit selbst war und ist. Die Wahrheit aber kann man nicht töten. Sie lebt. So wurde das Kreuz, anscheinend das Zeichen des Scheiterns, der Niederlage und des Todes, zum Symbol des Lebens und des Sieges. Anfänglich sahen die Jüngerinnen und Jünger Jesu auch nur das Scheitern. Sie flohen aus Jerusalem. Dann aber verstanden sie den Kode Gottes (Luk. 24, 13-35) in für sie überwältigenden Wahrheitserlebnissen. Sie kehrten nach Jerusalem zurück und verkündeten, was sie erlebt und verstanden hatten: Der Wahrheits-Logos Gottes, in dem und von dem das Leben lebt, ist von Gott selbst in Lehre, Leben und Sterben ihres Rabbi zum Ausdruck gebracht worden so, wie er es ihnen selbst von sich gesagt hatte (Joh. 14,6):

„Ich bin der Weg, *die Wahrheit und das Leben*."

Wenn man diesen Satz mißversteht, versteht man auch die Fortsetzung dieses Wortes: „Niemand kommt zum Vater, denn durch mich", falsch im Sinne eines ausschließenden Wahrheitsmonopols. Bezogen auf den Menschen lautet ja der Lebens-Logos Gottes, wie Jesus ihn verkörperte, aufs äußerste vereinfacht und zusammengefaßt: Alle Menschen sind Kinder Gottes und somit Schwestern und Brüder. Diese Botschaft Jesu richtet sich gegen niemanden, gegen keine andere

Religion oder Weltanschauung. Aber sie richtet sich gegen Gewalt, ungerechte Herrschaft, Ausbeutung und Unterdrückung, und so breitete sich die frühe Kirche mit ihrer Befreiungsbotschaft besonders unter Sklaven, Ausgebeuteten und Unterdrückten aus und wurde dementsprechend verfolgt. Inzwischen ist sie weltweit verkündigt worden, aber oft in einer verdunkelten und entstellten Form. Nachdem das Christentum unter Kaiser Konstantin um das Jahr 330 zur Staatsreligion im römischen Reich wurde, ging die Kirche die verhängnisvolle Liaison mit der Staatsmacht ein und geriet dabei im Zwiespalt zwischen Macht und Wahrheit oft genug auf die falsche Seite der machtdienlichen Lüge: Die Botschaft Jesu wurde in ihr Gegenteil verkehrt und zur Rechtfertigung und Ausübung von Herrschaft und Unterdrückung mißbraucht. In Gestalt der vielen um der Gerechtigkeit willen Verfolgten, mit denen sich Jesus identifizierte (Mt. 25,40), geriet Jesus selbst vor den Richterstuhl der Inquisition. Seine Wahrheit wurde erneut gekreuzigt – blasphemisch im Zeichen des Kreuzes! So beschreibt es Dostojewski meisterhaft in seinem Roman „Die Brüder Karamasow" in Iwan Karamasows Erzählung „Der Großinquisitor".

Doch die Wahrheitsmacht des Evangeliums war stärker als selbst solche Perversionen. Immer wieder im Laufe der Kirchengeschichte gab es neue Aufbrüche in die Nachfolge Jesu: im frühen Mönchtum, bei den Reformorden des Mittelalters, bei Franz von Assisi und seiner Bewegung, bei den Waldensern, bei Jan Hus und den Böhmischen Brüdern, bei Martin Luther und der Reformation, bei den Jesuiten-Missiones unter den Indianern in Paraguay, bei den Pionieren von Diakonie und Caritas, bis in unsere Tage bei Dietrich Bonhoeffer und der Bekennenden Kirche im Dritten Reich, bei der Theologie der Befreiung und den Basis-Gemeinden in Lateinamerika bis zu Martin Luther King und seiner Bürgerrechtsbewegung. Heute steht die Auflehnung gegen die Herrschaft Mammons im globalisierten neoliberalen Kapitalismus auf der Tagesordnung der Kirchengeschichte.

Ich habe dieses Kapitel geschrieben aus der Sicht des Wahrheitsdialogs Gottes mit Juden und Christen im Verlauf seiner 3500-jährigen Geschichte. Heute, an der Schwelle des dritten Jahrtausends nach der Geburt Jesu sind Juden und Christen endlich bereit, die Anmaßung hinter sich zu lassen, nur sie seien Partner des Wahrheitsdialogs Gottes mit den Menschen. Sie sind zunehmend bereit, in einen Wahrheitsdiskurs mit den anderen Religionen einzutreten. Dabei geht es um Wahrheit als Wahrhaftigkeit in der allumfassenden Beziehungswirklichkeit, und es ist zu beachten, was ich im Abschnitt 5.4 (S. 89) feststellte, nämlich daß hier Wahrheit perspektivisch ist – nun in kultureller Hinsicht – und daß das ausschließende *tertium non datur* hier nicht gilt, so daß die Toleranz der verschiedenen Perspektiven auf der Basis einer zu findenden Gemeinsamkeit zum Kriterium vielgestaltiger Wahrheit wird.

Für diesen interreligiösen Diskurs gibt es eine gemeinsame Herausforderung, nämlich die ganz banale Gottlosigkeit, Schamlosigkeit und Freudlosigkeit der mammonistischen neoliberalen Marktzivilisation, die den individualisierten und entsolidarisierten Menschen unserer Zeit keine andere Orientierung zu geben vermag, als die, möglichst viel haben, konsumieren und sich immer neue „Kicks" verschaffen zu wollen. So ist es an den Religionen, überzeugende Möglichkeiten sinnerfüllten Lebens aufzuzeigen und zu bieten.

## Anhang 1: Das EPR-Paradoxon

Mit seiner Kritik an der Quantentheorie trug Albert Einstein viel zur Klärung dessen bei, was ich die „ontologische Revolution" genannt habe. Als Verfechter der klassischen Physik hielt Einstein fest an folgenden Prinzipien, die Ausdruck der klassischen Ontologie der objektiven, an sich seienden Realität sind:

(1) Die Eigenschaften physikalischer Objekte sind messbar und kommen ihnen unabhängig davon zu, ob sie tatsächlich beobachtet werden oder nicht (Objektivismus).

(2) Jedem Element der Realität muß in einer physikalischen Theorie ein Gegenstück entsprechen, wenn die Theorie vollständig sein soll (Realismus).

(3) Objekte, die sich gegenseitig nicht beeinflussen können, haben von einander unabhängige Eigenschaften (Lokalität).

In einer zusammen mit Podolsky und Rosen im Jahre 1935 publizierten Arbeit versuchte Einstein nachzuweisen, daß die Quantenmechanik unvollständig sei und im Prinzip durch eine Theorie ersetzt werden könne und müsse, die die objektive Realität im Sinne von (2) vollständig beschreibt.

Dazu betrachteten die Autoren ein System aus zwei Teilchen mit den Impulsen $p_1$ und $p_2$ und den Orten $x_1$ und $x_2$[137]. Zwar sind in der Quantenmechanik Ort und Impuls Operatoren und nicht miteinander vertauschbar – es gilt $p_1 x_1 - x_1 p_1 = (\hbar/i) \mathbf{1}$[138] und Entsprechendes für $p_2$ und $x_2$ –, so daß sie nicht zugleich genau bestimmt sein können, aber der Gesamtimpuls $p = p_1 + p_2$ und der Abstand $q = x_1 - x_2$ beider Teilchen sind es doch, wie man leicht nachrechnet und dabei beachtet, daß $p_1$ und $x_2$ sowie $p_2$ und $x_1$ vertauschbar sind. Daher können $p$ und $q$ zugleich genau bestimmt sein. Wegen des Impulserhaltungssatzes kann beispielsweise immer $p = 0$ sein.

Einsteins Argument ist nun wie folgt: Wenn beide Teilchen so weit entfernt sind, daß sie sich nicht mehr beeinflussen können, kann man etwa am Teilchen 1 den Impuls $p_1$ messen und weiß dann wegen $p = 0$, daß Teilchen 2 den Impuls $p_2 = -p_1$ hat. Danach kann man auch den Ort $x_1$ messen – dann ist zwar quantenmechanisch $p_1$ unbestimmt geworden –, aber da $q$ neben $p$ genau bestimmt ist, weiß man doch, daß $x_2 = x_1 - q$ ist. Somit, so schließen Einstein, Podolsky und Rosen, weiß man für Teilchen 2 *zugleich* Ort und Impuls – im Widerspruch zur Quantenmechanik. Das ist das angebliche Paradoxon. Obwohl also die Teilchen Ort und Impuls zugleich „hätten" – so geht das Argument weiter – ist die Quantenmechanik nur in der Lage, ihnen jeweils nur eins von beiden zuzuschreiben. Mithin sei sie unvollständig.

Im Rahmen der Quantenmechanik handelt es sich aber nicht um ein Paradoxon, denn der korrelierte zwei-Teilchen-Zustand, in dem $p$ und $q$ zugleich genau bestimmt sind, wird bereits durch die erste Messung am Teilchen 1 zerstört. Auf Grund der Nichtlokalität der Quantenmechanik (Abschnitt 2.5, S. 22) betrifft die Messung am Teilchen 1 eben doch auch den Zustand des Teilchens 2. Einstein sah dies als „spukhafte Fernwirkung" an, die er durch das Lokalitätsprinzip (3) ausschließen wollte.

---

[137] Es ist üblich, gerichtete Größen(„Vektoren"), wie Impuls und Ort es sind, im 3-dim. Raum durch fett gedruckte Buchstaben zu bezeichnen.
[138] Das Produkt zweier Vektoren ist hier als sog. dyadisches Produkt zu verstehen, das einen Matrix-Charakter hat. Die $\mathbf{1}$ auf der rechten Seite ist demgemäß als Einheitsmatrix zu lesen.

Man kann aus all dem nur schließen, daß die Teilchen Ort und Impuls eben nicht als objektive Eigenschaften „haben", sondern sie erscheinen so, daß sie entweder einen bestimmten Impuls oder einen bestimmten Ort aufweisen, je nachdem wie man sie „anschaut".

Daß man meßbare physikalische Größen den Objekten nicht als objektive Eigenschaften zuschreiben kann, wird noch sinnfälliger bei einer anderen, auf David Bohm zurückgehenden Variante des EPR-„Paradoxons". Hier geht es nicht um Ort und Impuls, sondern um verschiedene Richtungen des Spins. Dazu sind einige Erläuterungen erforderlich:

Der Spin ist als die quantenmechanische Form des Drehimpulses „quantisiert". Der Drehimpuls hat einen Betrag und eine Richtung. Den Betrag „haben" die Teilchen (nach Brechung der Supersymmetrie) tatsächlich als eine Eigenschaft, nicht aber die Komponente des Spins in einer vorgegebenen Richtung, die man ebenfalls messen kann. So haben beispielsweise Elektronen wie andere elementare Teilchen auch den Spin $\frac{1}{2}$. Bei Spin $\frac{1}{2}$-Teilchen kann die Komponente des Spins in einer vorgegebenen Richtung nur zwei Werte haben, nämlich entweder ganz in dieser Richtung oder in der entgegengesetzten. Man sagt, der Spin habe die Einstellungen ‚auf' oder ‚ab'.

Nun kommt der EPR-Gedankenversuch in der Version von Bohm: Diesmal wird ein System aus zwei Spin $\frac{1}{2}$-Teilchen mit antiparallelen Spins betrachtet, so daß der Gesamtspin des Systems Null ist. Dabei kann man aber ‚auf' und ‚ab' den Teilchen nicht mehr eindeutig zuordnen. Das zeigt sich im quantenmechanischen Spinzustand des Systems. Bezeichnen wir die beiden möglichen Spin-Zustände etwa des Teilchens 1 mit $\varphi_1(\uparrow)$ und $\varphi_1(\downarrow)$, so lautet der Spin-0-Zustand des Systems

$$\Phi_{1,2} = 1/\sqrt{2}[\varphi_1(\uparrow)\varphi_2(\downarrow) - \varphi_1(\downarrow)\varphi_2(\uparrow)].$$

Zustände eines Systems von Teilchen, die im Sinne von (3) unabhängig sind, sind das Produkt der Zustände der einzelnen Teilchen. In der Quantenmechanik sind aber lineare Kombinationen – Superpositionen – von Zuständen immer auch mögliche Zustände. $\Phi_{1,2}$ ist eine solche Superposition von Produktzuständen. Weil $\Phi_{1,2}$ kein reiner Produktzustand ist, bleibt eine Korrelation zwischen beiden Teilchen erhalten, selbst wenn sie weit voneinander entfernt sind, sie sind, wie man sagt, auf nicht-lokale Weise „verschränkt".

Mißt man nun an Teilchen 1 die Spinkomponente in einer beliebigen Richtung, nennen wir sie z-Richtung, und stellt dabei, sagen wir, $\uparrow$ fest, so folgt, daß Teilchen 2 $\downarrow$ „haben" muß. „Hat" Teilchen 2 $\downarrow$ in z-Richtung? Nein, denn man hätte an Teilchen 1 auch die Spinkomponente in einer dazu senkrechten , also der x-Richtung, messen können und würde wieder $\leftarrow$ oder $\rightarrow$ finden, so daß Teilchen 2 dann $\rightarrow$ oder $\leftarrow$ in x-Richtung aufweisen müßte. Kein Teilchen kann zugleich widersprechende Eigenschaften haben, wie es eine Spinkomponente $\rightarrow$ in x- *und* $\downarrow$ in z-Richtung wäre. Daraus folgt, daß die Spinkomponente in einer bestimmten Richtung keine dem Teilchen an sich zukommende Eigenschaft sein kann. Woher aber „weiß" Teilchen 2, was man an Teilchen 1 gemessen hat? Teilchen 2 „weiß" das, weil es nicht-lokal verschränkt ist mit Teilchen 1. Das ist es, was Einstein als „spukhaft" abgelehnt hat. Aber eine Fernwirkung im kausalen Sinne ist es auch nicht, denn es gibt kein Signal zwischen den Teilchen, das Teilchen 2 mitteilen könnte, was an Teilchen 1 gemessen wurde.

Die oben genannten drei Prinzipien, an denen Einstein festhielt, treffen also so nicht zu: Man kann messbare Größen den Teilchen nicht als Eigenschaften zuschreiben. Als Meßergebnisse sind sie aber „Elemente der Realität", die keine direkte Entsprechung in der Theorie haben. Dort haben wir nur die Potentialität $\Phi_{1,2}$ möglicher Spineinstellungen, und die ist nicht-lokal verschränkt. Die Quantentheorie ist also in einem ganz spezifischen Sinne erstens nicht objektivistisch, zweitens nicht realistisch und drittens nicht lokal. Und doch ist sie wahr. Denn Theorien, die den drei oben genannten Prinzipien entsprechen, erfüllen auch die Bellschen Ungleichungen. Die aber sind experimentell falsifiziert worden, während die Quantenmechanik bestätigt wurde.

**Anhang 2: Schlüsselexperimente der Quantentheorie**

Das grundlegende Experiment der Quantentheorie ist das wohlbekannte und oft besprochene Doppelspaltexperiment: Eine Teilchenquelle beleuchtet einen Schirm, etwa eine Photoplatte, vor den eine Blende mit zwei Spalten gestellt wird, die man wahlweise auch schließen kann. Schließt man erst den einen und dann den anderen Spalt, so erhält man, wie zu erwarten ist, auf dem Schirm Intensitätsmaxima als Abbilder der beiden Spalte (mit leichten Beugungserscheinungen). Öffnet man aber beide Spalte, so erhält man etwas ganz anderes als das Bild beider Spalte, nämlich ein Streifenmuster von vielen Maxima und Minima der Intensität. Das ist eigentlich nichts Neues. Man kennt das als typische Wellenerscheinung und nennt es Interferenz: Maxima entstehen durch das Zusammentreffen zweier Wellenberge, Minima durch gegenseitige Auslöschung von zusammentreffenden Wellenbergen und -tälern. Erstaunlich ist aber, daß diese Wellen nicht als Grauschleier registriert werden, sondern als Teilchen, die scharfe Punkte erzeugen: Jedes Teilchen schwärzt ein Korn der photographischen Emulsion. Welle oder Teilchen? Das ist hier die Frage. Man kann das Experiment sogar so führen, daß immer nur ein einzelnes „Teilchen" unterwegs ist. Völlig von einander isolierte und unabhängige „Teilchen" erzeugen dennoch in der Häufigkeitsverteilung der Schwärzungen ein Interferenzmuster so, als kooperierten sie miteinander. Interferieren die „Teilchen" mit sich selbst? Wenn sie sind, als was sie registriert werden, nämlich als Teilchen, dann müßten sie einen Weg von der Quelle durch die Spalte bis zum Schirm durchlaufen. Kein wirkliches lokalisiertes Teilchen kann aber durch beide Spalte zugleich laufen. Die Vorstellung von Teilchen, die Bahnen durchlaufen, ist überhaupt falsch. Was da interferiert, ist die Potentialität der Teilchen im Doppelspaltexperiment. Sie wird ausgedrückt durch *komplexe* Zahlen[139]. Sei $\psi_1$ die Potentialität der Teilchen am Schirm, wenn Spalt 1 geöffnet ist und $\psi_2$ die bei geöffnetem Spalt 2. Dann ist $(1/\sqrt{2})(\psi_1 + \psi_2)$ die Potentialität, wenn beide geöffnet sind. Wieder sind $\psi_1$ und $\psi_2$ verschränkt. Die Wahrscheinlichkeitsverteilung für die Registrierung eines Teilchens am Schirm ist gegeben durch die Betragsquadrate der komplexen Potentialitäten: $|\psi_1|^2 = \psi_1\psi_1{}^*$, wenn Spalt 1 offen ist, $|\psi_2|^2 = \psi_2\psi_2{}^*$, wenn Spalt 2 offen ist, und

---

[139] Komplexe Zahlen $z = x+iy$ setzen sich zusammen aus dem Realteil x und dem Imaginärteil iy, wobei i die imaginäre Einheit mit $i^2 = -1$ ist. $z^* = x-iy$ ist die zu z konjugiert komplexe Zahl. Das Produkt $zz^* = |z|^2 = x^2 + y^2$ ist reell und das Quadrat des „Betrages" |z| von z.

134

$\frac{1}{2}|\psi_1 + \psi_2|^2 = \frac{1}{2}(|\psi_1|^2 + |\psi_2|^2 + \psi_1\psi_2{}^* + \psi_1{}^*\psi_2)$, wenn beide Spalte offen sind. Die Interferenz wird hier erzeugt durch den Term $\psi_1\psi_2{}^* + \psi_1{}^*\psi_2$.

Statt durch einen Doppelspalt kann man bei optischen Experimenten die beiden möglicherweise interferierenden Strahlen eleganter auch durch einen Strahlteiler erzeugen, und dann sieht das Doppelspaltexperiment schematisch wie folgt aus:

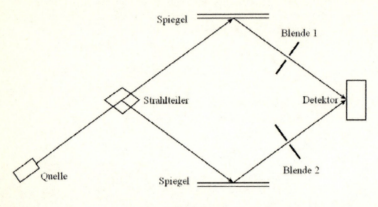

Figur 1

Ein Strom von Photonen kommt aus der Lichtquelle, wird am Strahlteiler in zwei Teilstrahlen geteilt, die durch Spiegel so umgelenkt werden, daß sie, sofern beide Blenden geöffnet sind, in der Detektorebene interferieren können. Die Photoplatte ist hier ersetzt durch einen beweglichen Detektor, etwa einen Photomultiplier.

Ich stelle das Experiment in dieser Form dar, um drei weitere raffinierte Varianten diskutieren zu können. Die erste der beiden Varianten wurde 1991 von *Leonard Mandel* ausgeführt[140]:

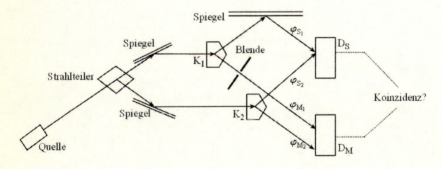

Figur 2

---

[140] Spektrum der Wissenschaft, Sept. 1992

Ein Laserstrahl wird durch einen halbdurchlässigen Spiegel (Strahlteiler) in zwei Strahlen aufgeteilt, die getrennt auf sog. parametrische Konverter $K_1$ und $K_2$ fallen. Diese haben die Eigenschaft, die einfallenden Photonen in zwei Photonen der halben Energie zu verwandeln. Das eine wird Signalphoton $\varphi_S$ und das andere Mitläuferphoton $\varphi_M$ genannt. Die von $K_1$ und $K_2$ ausgehenden Signalphotonen $\varphi_{S1}$ und $\varphi_{S2}$ werden im Signaldetektor $D_S$ gezählt. Man findet Superposition $\varphi_{S1} + \varphi_{S2}$ und folglich Interferenz, weil nicht feststellbar ist, welchen der Wege ein Photon genommen hat. Die Potentialität erstreckt sich dann immer auf beide möglichen Wege, so daß Interferenz passiert. Die Mitläuferphotonen $\varphi_{M1}$ und $\varphi_{M2}$ werden im Detektor $D_M$ gezählt. Erstaunlich ist nun folgendes: Ohne daß man an der Konfiguration der Signalphotonen $\varphi_{S1}$ und $\varphi_{S2}$ etwas ändert, geht die Interferenz bei $D_S$ verloren, wenn man einen der beiden Mitläuferstrahlen unterbricht. Unterbricht man nämlich $\varphi_{M1}$ und stellt Koinzidenz (Gleichzeitigkeit) zwischen $D_S$ und $D_M$ fest, dann weiß man, daß es sich um $\varphi_{S2}$, also den unteren Weg gehandelt haben muß. Die bloße *Möglichkeit*, durch Koinzidenz des Ansprechens von $D_S$ und $D_M$ festzustellen, welchen der Wege das bei $D_S$ registrierte Signalphoton gegangen ist, reicht aus, die Interferenz zu zerstören, selbst wenn man diese Koinzidenzmessung gar nicht macht.

Man kann dies auch so ausdrücken: Ob man am Ende durch Koinzidenz feststellen *kann* (man muß es gar nicht tun), ob sich bei $D_S$ $\varphi_{S1}$ oder $\varphi_{S2}$ oder die Superposition $\varphi_{S1} + \varphi_{S2}$ realisiert, entscheidet gleichsam rückwirkend darüber, ob die Potentialität $\varphi$ am Strahlteiler „reflektiert" *oder* „transmittiert" wird (keine Interferenz) oder ob sie dort „reflektiert" *und* „transmittiert" wird (Interferenz).

Eine andere Verfeinerung des Doppelspaltexperimentes ist das von *Wheeler* 1980 vorgeschlagene Experiment der „verzögerten Wahl". Es ist 1985 realisiert worden. Auch dieses Experiment scheint so etwas wie Rückwirkung zu demonstrieren. Es ist gegenüber Fig.1 nur dadurch geändert, daß eine der beiden Blenden durch eine sog. Pockels-Zelle ersetzt worden ist und die andere wegfällt.

Es sieht wie folgt aus:

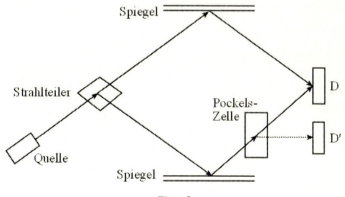

Figur 3

136

Ein Laserstrahl wird wie oben durch einen halbdurchlässigen Spiegel (Strahlteiler) in zwei Teilstrahlen aufgeteilt, die dann durch Spiegel wieder überlagert werden, so daß Interferenz entsteht. So weit die übliche „Doppelspalt"-Anordnung. Einer der beiden Teilstrahlen wird aber durch eine Pockels-Zelle, einen elektro-optischen Kristall geführt, der bei Anlegen einer Spannung den Strahl so ablenken kann, daß er gesondert im Detektor D' registriert werden kann. Der Witz des Experiments besteht darin, daß man die Pockels-Zelle durch eine Ultrakurzzeit-Elektronik erst einschalten kann, *nachdem* das Laserphoton den Strahlteiler bereits passiert hat, deshalb „verzögerte Wahl" (delayed choice). Trotzdem „entscheidet" die Pockels-Zelle gleichsam rückwirkend darüber, ob die Wellenfunktion (Potentialität) φ des Photons am Strahlteiler schon vor ihrem eventuellen Einschalten reflektiert *und* transmittiert (Pockels-Zelle aus, Interferenz bei D) oder ob sie dort reflektiert *oder* transmittiert wurde (Pockels-Zelle ein, keine Interferenz, D *oder* D' sprechen an).

Der Anschein rückwirkender Kausalität rührt natürlich her von der stillschweigenden Unterstellung, die Wellenfunktion $\varphi(\mathbf{x},t)$ – x sind räumliche Koordinaten und t die Zeit – beschreibe die an sich seiende Realität. Die gibt es als primäre Wirklichkeit nicht, wie wir nun wissen. $\varphi(\mathbf{x},t)$ ist vielmehr die Potentialität eines Photons, und die Zeitabhängigkeit ist die innere unitäre und nicht die äußere kausale (Abschnitt 2.5 S. 21/22). Die scheinbare Rückwirkung des Endes auf den Anfang ist vielmehr Ausdruck der zeitlichen Nichtlokalität quantenmechanischer Potentialität, von der schon die Rede war (S. 22).

Die dritte Variante des Doppelspalt-Experiments ist 1993 von *Elitzur* und *Vaidman*[141] als ein Gedankenexperiment in Gestalt eines Bombentests vorgeschlagen worden. Die Versuchsanordnung ist wie in Fig. 1, nur daß an der Stelle des Detektors ein weiterer Strahlteiler und erst dahinter zwei Detektoren angeordnet sind. Einer der Spiegel ist mit dem Bombenzünder verbunden:

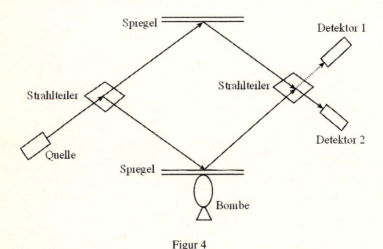

Figur 4

[141] A.C. Elitzur, L. Vaidman, Quantum-mechanical interaction-free measurements, in: Foundations of Physics 23, 1993, S. 987-997.

Ein von der Lichtquelle kommendes Photon wird vom ersten Strahlteiler in den verschränkten Überlagerungszustand beider möglichen Wege versetzt. Klemmt der Zünder der Bombe, so ist der mit ihm verbundene Spiegel fest, und der Überlagerungszustand bleibt erhalten. Am zweiten Strahlteiler kommt es zur Interferenz. Die Potentialität eines Teilstrahlen wird ausgelöscht, so daß nur der Detektor 2 das Photon registrieren kann. Klemmt der Zünder nicht, dann kann das eventuell auf den Spiegel treffende Photon die Bombe zünden, und es ist die *Möglichkeit* gegeben, den Weg des Photons zu bestimmen. Allein durch diese Möglichkeit verschwindet die Interferenz der Potentialität, und beide Detektoren können ansprechen. Nun ist die Wahrscheinlichkeit, daß der Spiegel getroffen wird, gleich ½ und die Hälfte der scharfen Bomben geht im Mittel in der Tat verloren, aber die andere Hälfte bleibt erhalten. Wieder ist die Wahrscheinlichkeit des Ansprechens des einen oder des anderen Detektors gleich ½, und nur, wenn der Detektor 1 anspricht, wissen wir, daß die Bombe scharf ist, denn wäre sie ein Blindgänger, könnte dieser Detektor nicht reagieren. Spricht der Detektor 2 an, so kann beides sein: Die Bombe ist scharf oder sie ist ein Blindgänger. Immerhin kann man im Mittel in einem Viertel der Fälle wirklich feststellen, daß man es mit einer scharfen Bombe zu tun hat, ohne sie auch nur „angeschaut" zu haben, denn schon dies würde sie zerstören.

Die mit einem Spiegel gekoppelte Bombe ist natürlich auch nichts anderes als ein spezieller Detektor. Daß er sich beim Ansprechen selbst zerstört, ist nur für die zugespitzte Argumentation der Autoren von Bedeutung.

**Anhang 3: Was sind Eichfeldtheorien? – Das Beispiel der Elektrodynamik**

Das sog. Standardmodell, das alle bisher durchgeführten Experimente der Teilchenphysik erklären kann, ist eine Eichfeldtheorie mit den Eichgruppen SU(3)×SU(2)×U(1). Eichfeldtheorien kommen daher dem nahe, „was die Welt im Innersten zusammenhält", obwohl klar ist, daß das Standardmodell noch nicht der Weisheit letzter Schluß ist. Eichfeldtheorien enthüllen etwas von der Schönheit des fundamentalen Bauplans der Natur.

Die Struktur einer Eichfeldtheorie möchte ich kurz erläutern am Beispiel ihres Prototyps, der Maxwellschen Elektrodynamik. Das ist leider nicht ohne etwas Mathematik möglich. Gebraucht werden Vektoren und Tensoren in der 4-dim. Raumzeit, dem sog. Minkowski-Raum. Vektoren sind 4-komponentige gerichtete Größen, die dementsprechend mit einem Index, üblicherweise einem griechischen Buchstaben, gekennzeichnet werden. Das gilt schon für einen Raum-Zeit-Punkt, der ausgehend von einem Koordinatenursprung durch einen Vierer-Vektor $x^\mu = (ct, x_1, x_2, x_3)$, $\mu = 0, 1, 2, 3$, markiert wird. Tensoren sind Matrizen, die sich auf spezifische Weise unter den raumzeitlichen Symmetrietransformationen, den sog. Lorentz-Transformationen, transformieren. Sie werden dementsprechend durch zwei griechische Indizes gekennzeichnet.

Des weiteren wird aus der Differentialrechnung der Begriff der partiellen Ableitung nach einer raumzeitlichen Koordinaten $\partial/\partial x^\mu$, abgekürzt $\partial_\mu$, benötigt. Die Kollektion der Ableitungen $\partial_\mu \varphi$ einer Funktion $\varphi(x)$ von Raum und Zeit nach den raumzeitlichen Koordinaten $x_\mu$ bildet einen Vektor, den man auch den Gradienten von $\varphi$ nennt.

Schließlich werden noch die in Fußnote 139 kurz eingeführten komplexen Zahlen benötigt, insbesondere die Zahlen $e^{i\varphi} = \cos\varphi + i\sin\varphi$[142] des Einheitskreises in der Gaußschen Zahlenebene. Sie bilden die Gruppe U(1), denn das Produkt $e^{i\alpha}e^{i\beta} = e^{i(\alpha+\beta)}$ zweier Zahlen auf dem Einheitskreis ist wieder eine solche. Das elektromagnetische Feld setzt sich zusammen aus dem elektrischen Feld $\mathbf{E} = (E_1, E_2, E_3)$ und dem magnetischen Feld $\mathbf{H} = (H_1, H_2, H_3)$. Beides sind als Kraftfelder gerichtete Größen, Vektoren also, diesmal aber im 3-dim. Raum.

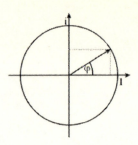

Der enge Zusammenhang zwischen beiden Feldern wird erst sichtbar, wenn man die beiden 3-dim. Vektoren in einem 4-dim. antisymmetrischen Tensor

$$F_{\mu\nu} = \begin{bmatrix} 0 & -E_1 & -E_2 & -E_3 \\ E_1 & 0 & -H_3 & H_2 \\ E_2 & H_3 & 0 & -H_1 \\ E_3 & -H_2 & H_1 & 0 \end{bmatrix}$$

vereinigt. Antisymmetrisch bedeutet, daß $F_{\mu\nu} = -F_{\nu\mu}$ ist. Die inhomogene Maxwell-Gleichung nimmt dann die schöne Form

$$\partial^\mu F_{\nu\mu} = j_\nu$$

an. Dabei ist $j_\nu(x)$ – ebenfalls ein Vierer-Vektor – die Stromdichte geladener Teilchen, und es gilt die Konvention, daß über doppelt vorkommende Indizes – hier ist es $\mu$ – zu summieren ist ($\mu = 0,1,2,3$).

Es ist ja wohlbekannt, daß sich das elektrische und das magnetische Feld von einem „skalaren" (d.h. einkomponentigen) Potential $\Phi$ und einem 3-komponentigen sog. Vektor-Potential $\mathbf{A}$ ableiten. Diese beiden Potentiale lassen sich zu einem 4-komponentigen Vektor $A_\mu = (\Phi, A_1, A_2, A_3)$ zusammenfassen, so daß

$$F_{\mu\nu} = \partial_\mu A_\nu - \partial_\nu A_\mu$$

ist. Daraus ergibt sich, daß das elektromagnetische Potential $A_\mu$ nicht eindeutig ist, denn man kann zu $A_\mu$ den 4-komponentigen Gradienten $\partial_\mu\varphi$ einer Funktion $\varphi(x)$ hinzuaddieren:

$$A'_\mu = A_\mu + \partial_\mu\varphi,$$

ohne daß sich am Feldtensor $F_{\mu\nu}$ etwas ändert, wenn man $A'_\mu$ einsetzt, weil die zweite Ableitung $\partial_\mu\partial_\nu\varphi$ von $\varphi$ nicht von der Reihenfolge der Differentiationen abhängt. Man sagt, $A_\mu$ könne mit $\partial_\mu\varphi$ „umgeeicht" werden.

Die Feldoperatoren $\Psi$ der geladenen Teilchen können mit einem U(1)-Faktor $e^{i\varphi(x)}$ multipliziert werden, ohne daß sich die Stromdichte $j_\nu$ und alle anderen mit ihnen gebildeten physikalischen Größen ändern. Sie sind, wie man sagt, U(1)-invariant. In

---

[142] Von dieser sog. Eulerschen Relation überzeugt man sich leicht, wenn man die Taylorreihe $e^{i\varphi} = \Sigma(i\varphi)^n/n!$ mit Rücksicht auf $i^2 = -1$, d.h. $i^{2n} = (-1)^n$ und $i^{2n+1} = i(-1)^n$, in die Teilsummen der geraden und ungeraden Potenzen zerlegt und mit den Taylorreihen für sin und cos vergleicht.

der Dirac-Gleichung für $\Psi(x)$ tritt die Operation $\partial_\mu - ieA_\mu$ auf, wobei $e$ die elektrische Elementarladung und $A_\mu$ das Vektorpotential ist. Daß $\Psi(x) \rightarrow e^{ie\varphi(x)}\Psi(x)$ eine Eichtransformation ist, erkennt man nun daran, daß in

$$e^{ie\varphi(x)}(\partial_\mu - ieA_\mu)\,e^{-ie\varphi(x)} = \partial_\mu - ie(A_\mu + \partial_\mu\varphi)$$

das umgeeichte Vektorpotential $A'_\mu = A_\mu + \partial_\mu\varphi$ auftritt. Dabei ist von der Kettenregel der Differentialrechnung im Sinne von $\partial_\mu e^{-ie\varphi(x)} = -ie\,e^{-ie\varphi(x)}(\partial_\mu\varphi)$ Gebrauch gemacht worden. Somit ist U(1) die Eichgruppe der Quanten-Elektrodynamik.

**Anhang 4: Unitäre Transformationen**

Das Symbol U(n) bezeichnet die Gruppe der unitären Transformationen $a_i' = \Sigma_j\,U_{ij}\,a_j$ eines n-dim. komplexen Vektorraumes, in dem ein „Skalarprodukt" $(a,b) = \Sigma_i\,a_i{}^*b_i$ zweier Vektoren a und b mit den Komponenten $a_i$ und $b_i$ (i = 1, ... ,n) definiert ist. Es ist dies ein sog. Hilbert-Raum. Diese Gruppe ist definiert durch ihre sog. Fundamentaldarstellung, d.h. durch unitäre nxn-Matrizen $U_{ij}$. Ich erinnere daran, daß das Produkt zweier Matrizen U und V gegeben ist durch $(UV)_{ij} = \Sigma_k U_{ik}V_{kj}$. Unitäre Matrizen sind solche, für die $U^+U = UU^+ = 1$ ist, wobei $U^+{}_{ij} = U_{ji}{}^*$. Sie lassen das Skalarprodukt invariant: $(a',b') = (a,b)$.

SU(n) – das S steht für „speziell" – bezeichnet die Untergruppe der unitären Matrizen mit der Determinante 1. So ist SU(3) die Gruppe der unitären Transformationen eines 3-dim. komplexen Vektorraumes mit der Determinante 1. Die 3 Dimensionen sind bedingt durch die drei sog. „Farbladungen" „rot", „grün", „blau" der starken Wechselwirkung, die natürlich bloße Namen sind und mit unserer Farbwahrnehmung nichts zu tun haben.

Im Hilbert-Raum eines Objekts mit dem Energie-Operator H wird die „unitäre" Zeitabhängigkeit eines „Zustands" $\psi$ dieses Objekts gegeben durch „unitäre Drehungen"

$$\psi(t) = U(t-t_0)\psi(t_0) \text{ mit } U(t-t_0) = e^{iH(t-t_0)/\hbar},$$

wobei $\psi(t_0)$ der Zustand zur Zeit $t_0$ ist.

# Münchner Theologische Beiträge

herausgegeben von

Gunther Wenz
Friedrich Wilhelm Graf
Roger Busch
Ewald Stübinger

Erhältlich im Buchhandel oder direkt beim Verlag:
Herbert Utz Verlag GmbH, München
089-277791-00 · utz@utzverlag.de

Gesamtverzeichnis mit mehr als 1700 lieferbaren Titeln: www.utzverlag.de